Handels- und gesellschaftsrechtliche Rechtsverhältnisse der Ltd. & Co. KG

Europäische Hochschulschriften

European University Studies

Publications Universitaires Européennes

Reihe II Rechtswissenschaft

Series II Law

Série II Droit

Band/Volume **5466**

Ronald Kagan

Handels- und gesellschaftsrechtliche Rechtsverhältnisse der Ltd. & Co. KG

Insbesondere Handelsregisterrecht, Kapitalverfassung und Haftungsdurchbrechung

PL ACADEMIC RESEARCH

Bibliografische Information der Deutschen Nationalbibliothek
Die Deutsche Nationalbibliothek verzeichnet diese Publikation in der Deutschen Nationalbibliografie; detaillierte bibliografische Daten sind im Internet über http://dnb.d-nb.de abrufbar.

Zugl.: Tübingen, Univ., Diss., 2011

D 21
ISSN 0531-7312
ISBN 978-3-631-62800-3

PL Academic Research ist ein Imprint der Peter Lang GmbH.
Peter Lang – Frankfurt am Main · Bern · Bruxelles · New York · Oxford · Warszawa · Wien

www.peterlang.de

Vorwort

Die vorliegende Arbeit lag im Wintersemester 2010/2011 der Rechtswissenschaftlichen Fakultät der Universität Tübingen als Dissertation vor. Die mündliche Prüfung erfolgte am 26. Juli 2011. Zur Drucklegung wurden die Teile der Arbeit, die sich mit deutschem Recht befassen, aktualisiert, so dass neuere Entwicklungen in Rechtsprechung und Literatur größtenteils noch bis zum Jahreswechsel 2012/2013 berücksichtigt werden konnten.

An vorderster Stelle gilt mein Dank meinem Doktorvater Prof. Dr. Dres. h.c. Harm Peter Westermann. Er hat nicht nur die Betreuung der Arbeit übernommen, ihm kommt aufgrund seiner stets hilfreichen und freundlichen Unterstützung sowie seiner Geduld in manch schwieriger Phase des Promotionsvorhabens ein großer Anteil an der Fertigstellung der Arbeit zu. Ebenso gebührt mein Dank Herrn Prof. Dr. Walter G. Paefgen für die rasche Erstellung des Zweitgutachtens und die damit verbundenen Anregungen für die Veröffentlichung.

Ermöglicht wurde das Promotionsverfahren auch durch die Gewährung eines Stipendiums aus der Graduiertenförderung der Konrad-Adenauer-Stiftung e. V., für das ich mich herzlich bedanken möchte. Weiterhin danke ich dem Max-Planck-Institut für ausländisches und internationales Privatrecht für den gewährten Zugang zur Institutsbibliothek. Dies hat mir die intensive Auseinandersetzung mit dem englischen Recht sehr erleichtert. Letztlich danke ich der Stiftung Landesbank Baden-Württemberg für die großzügige Gewährung eines Druckkostenzuschusses.

Weiterhin danke ich all jenen, die mich persönlich bei meinem Promotionsvorhaben begleitet haben. Besonderer Dank gilt dabei meiner Familie, insbesondere meinen Eltern und meiner Frau. Die Unterstützung und das Verständnis meiner Frau waren mir stets eine unerlässliche Stütze. Meine Eltern haben mit ihrer Förderung und ihrer liebevollen Begleitung meinen gesamten akademischen Werdegang erst möglich gemacht. Sie waren mir stets Ansporn und Rückhalt zugleich.

Stuttgart, im Februar 2013
Ronald Kagan

Inhaltsverzeichnis

Literaturverzeichnis

Altmeppen, Holger — Schutz vor „europäischen“ Kapitalgesellschaften
in NJW 2004, S. 97 ff.

Altmeppen, Holger / Wilhelm, Jan — Quotenschaden, Individualschaden und Klagebefugnis bei der Verschleppung des Insolvenzverfahrens über das Vermögen der GmbH
in NJW 1999, S. 673 ff.

Altmeppen, Holger / Wilhelm, Jan — Gegen die Hysterie um die Niederlassungsfreiheit der Scheinauslandsgesellschaften
in DB 2004, S. 1083 ff.

Ammon, Ludwig — Die Anmeldung zum Handelsregister
in DStR 1993, S. 1025 ff.

Anhäusser, Volker — Der GmbHR-Kommentar zu OLG Karlsruhe v. 29.06.2012
in GmbHR 2011, S. 1326 ff.

Baetge, Jörg / Kirsch, Hans- Jürgen / Thiele, Stefan — Bilanzen
12. Auflage, 2012, Düsseldorf, IDW Verlag
zit.: Baetge / Kirsch / Thiele, Bilanzen

Baetzgen, Oliver — Insichgeschäfte im Gesellschaftsrecht
in RNotZ 2005, S. 193 ff.

Baumbach, Adolf bearbeitet von Hopt, Klaus / Merkt, Hanno / Dr. Markus Roth — Handelsgesetzbuch
35. Auflage, 2012, München, C. H. Beck
zit.: *Bearbeiter* in Baumbach / Hopt, HGB

Baumbach, Adolf / Hueck, Alfred bearbeitet von Fastrich, Lorenz (u.a.) — GmbH-Gesetz
18. Auflage, 2006, München, C. H. Beck
zit.: *Bearbeiter* in Baumbach / Hueck, GmbHG, 18. Aufl.

Baumbach, Adolf/ Hueck, Alfred bearbeitet von Fastrich, Lorenz (u.a.)	GmbH-Gesetz 19. Auflage, 2010, München, C.H. Beck zit.: *Bearbeiter* in Baumbach/Hueck, GmbHG
Bayer, Walter/Hoffmann, Thomas	Erste Unternehmergesellschaft (haftungsbeschränkt) seit Inkrafttreten des MoMiG in GmbHR 2008, S. 1302
Bayer, Walter/Hoffmann, Thomas	Die Unternehmergesellschaft (haftungsbeschränkt) des MoMiG zum 1.1.2009 – eine erste Bilanz in GmbHR 2009, S. 124 f.
Bayer, Walter/Lieder, Jan	Ersatz des Vertrauensschadens wegen Insolvenzverschleppung und Haftung des Teilnehmers in WM 2006, S. 1 ff.
Bayer, Walter/Schmidt, Jessica	Der Schutz der grenzüberschreitenden Verschmelzung durch die Niederlassungsfreiheit – Zugleich Besprechung von EuGH v 13-12-2005 – Rs C-411/03, ZIP 2005, 2311 – Sevic in ZIP 2006, S. 210 ff.
Bayer, Walter/Schmidt, Jessica	Das Vale-Urteil des EuGH: Die endgültige Bestätigung der Niederlassungfreiheit als „Formwechselfreiheit“ in ZIP 2012, S. 1481 ff.
Behme, Caspar/ Nohlen, Nicolas	Zur Wegzugsfreiheit von Gesellschaften – Der Schlussantrag von Generalanwalt Maduro in der Rechtssache Cartesio (C-210/06) in NZG 2008, S. 496 ff.
Behrens, Peter	Die Umstrukturierung von Unternehmen durch Sitzverlegung oder Fusion im Lichte der Niederlassungsfreiheit im Europäischen Binnenmarkt in ZGR 1994, S. 1 ff.
Behrens, Peter	Niederlassungsfreiheit und Internationales Gesellschaftsrecht in RabelsZ 1988, S. 498 ff.

Berlin, Sascha Alexander — Gläubigerschutz durch Kapitalschutz bei der englischen private company limited by shares mit Verwaltungssitz in Deutschland
Diss., 2008, Frankfurt/Main, Peter Lang
zit.: Berlin, Kapitalschutz der Limited

Beuthien, Volker/Gummert, Hans — Münchener Handbuch des Gesellschaftsrechts, Band 5, Verein u. Stiftung
3. Auflage, 2009, München, C. H. Beck
zit.: *Bearbeiter* in Mü-Hdb. GesR, Bd. 5

Binz, Marc/Mayer, Gerd — Die ausländische Kapitalgesellschaft & Co. KG im Aufwind
in GmbHR 2003, S. 249 ff.

Binz, Mark/Sorg, Martin — Die GmbH & Co. KG
11. Auflage, 2010, München, C. H. Beck
zit.: Binz/Sorg, GmbH & Co. KG

Birds, John, et al. — Boyle & Birds' Company Law
6th edition, 2007, Bristol, Jordan Publishing
zit.: Boyle & Birds', Company Law

Bitter, Georg — Flurschäden im Gläubigerschutzrecht durch „Centros & Co."? – Eine Zwischenbilanz –
in WM 2004, S. 2190 ff.

Bittmann, Folker/Gruber, Urs Peter — Limited-Insolvenzantragspflicht gemäß § 15 a Inso: Europarechtlich unwirksam?
in GmbHR 2008, S. 867 ff.

Böcker, Philipp/Poertzgen, Christoph — Kausalität und Verschulden beim künftigen § 64 Satz 3 GmbHG
in WM 2007, S. 1203 ff.

Bohl, Werner/Riese, Joachim/Schlüter, Jörg — Beck'sches IFRS-Handbuch
3. Auflage, 2009, München, C. H. Beck
zit.: *Bearbeiter* in Beck'sches IFRS-Hdb.

Bormann, Jens/Apfelbaum, Sebastian — Handelsregister und GmbH-Gründung als „best practise" im Vergleich zum anglo-amerikanischen Rechtskreis
in ZIP 2007, S. 946 ff.

Bormann, Michael	Die Kapitalaufbringung nach dem Regierungsentwurf des MoMiG in GmbHR 2007, S. 897 ff.
Boujong, Karlheinz / Ebenroth, Carsten Thomas herausgegeben von Joost, Detlev / Strohn, Lutz	Ebenroth/Boujong/Joost/Strohn, Handelsgesetzbuch 2. Auflage, 2008 – 2009, München, C. H. Beck – Franz Vahlen zit.: *Bearbeiter* in Ebenroth / Boujong / Joost / Strohn, HGB
Brambring, Günter / Jerschke, Hans-Ulrich / Waldner, Wolfram	Beck'sches Notarhandbuch 5. Auflage, 2009, München, C. H. Beck zit.: *Bearbeiter* in Beck'sches Notarhandbuch
Bumiller, Ursula / Harders, Dirk	FamFG – Freiwillige Gerichtsbarkeit 10. Auflage, 2011, München, C. H. Beck zit.: Bumiller / Harders, FamFG
Calliess, Christian / Ruffert, Matthias	EUV / AEUV – Das Verfassungsrecht der Europäischen Union mit Europäischer Grundrechtscharta 4. Auflage, 2011, München, C. H. Beck zit.: *Bearbeiter* in Calliess / Ruffert, EUV / AEUV
Cranshaw, Friedrich	Anmerkung zu OLG FFM, Beschluss vom 28.7.2006 in jurisPR-InsR 26/2006, Anmerkung 4
Dauner-Lieb, Barbara	Die Existenzvernichtungshaftung als deliktische Innenhaftung gemäß § 826 BGB – Besprechung der Entscheidung BGH DStR 2007, S.1586 (TRIHOTEL) in ZGR 2008, S. 34 ff.
Davies, Paul	Gower and Davies' Principles of modern company law 8th Edition, 2008, London, Sweet & Maxwell zit.: Gower and Davies, Company Law
Dreibus, Alexandra	Die Vertretung verselbstständigter Rechtsträger in europäischen Ländern, Teil IV, Vereinigtes Königreich von Großbritannien und Nordirland Diss., 2000, Berlin, Duncker & Humblot zit.: Dreibus, Vertretung verselbstständigter Rechtsträger – Vereinigtes Königreich

Duys, Oliver — Auslands-Kapitalgesellschaft & Co. KG
Diss., 2001, Regensburg, S. Roderer
zit.: Duys, Auslands-Kapitalgesellschaft & Co. KG

Ebenroth, Carsten Thomas / Auer, Thomas — Die ausländische Kapitalgesellschaft & Co. KG – ein Beitrag zur Zulässigkeit grenzüberschreitender Typenvermischung
in DNotZ 1990, Seite 139 ff.

Ebert, Sabine / Levedag, Christian — Die zugezogene „private company limited by shares (Ltd.)" nach dem Recht von England und Wales als Rechtsformalternative für in- und ausländische Investoren in Deutschland
in GmbHR 2003, S. 1337 ff.

Ebke, Werner F. — Die „ausländische Kapitalgesellschaft & Co. KG" und das europäische Gemeinschaftsrecht
in ZGR 1987, Seite 245 ff.

Eidenmüller, Horst (Hrsg.) — Ausländische Kapitalgesellschaften
1. Auflage, 2004, München, C. H. Beck
zit.: *Bearbeiter* in Eidenmüller, Ausländische Kapitalgesellschaften

Ellrott, Jochen / Förschle, Gerhart / Hoyos, Martin / Winkeljohann, Norbert — Beck'scher Bilanz-Kommentar
8. Auflage, 2012, München, C. H. Beck
zit.: *Bearbeiter* in Beck'scher Bil. Komm.

Eylmann, Horst / Vaasen, Hans-Dieter / Baumann, Wolfgang — Bundesnotarordnung, Beurkundungsgesetz
3. Auflage, 2011, München, C. H. Beck
zit.: *Bearbeiter* in Eylmann / Vaasen / Baumann, BNotO

Fenzl, Alexander — Betriebspacht-, Betriebsüberlassungs- und Betriebsführungsverträge in der Konzernpraxis
Diss., 2007, Köln – Berlin – München, Heymanns
zit.: Fenzl, Konzernpraxis

Fleischer, Holger — Aktuelle Entwicklungen der Managerhaftung
in NJW 2009, S. 2337 ff.

Freitag, Robert/ Riemenschneider, Markus	Die Unternehmergesellschaft – „GmbH light“ als Konkurrenz für die Limited? in ZIP 2007, S. 1485 ff.
Fritz, Daniel/Hermann, Ottmar	Die Private Limited Company in Deutschland 1. Auflage, 2008, Münster, ZAP zit.: Fritz/Hermann, Limited in Deutschland
Fröhler, Oliver	§ 181 BGB in der notariellen Praxis in BWNotZ 2006, S. 97 ff.
Germelmann, Claas Friedrich	Konkurrenz von Grundfreiheiten und Missbrauch von Gemeinschaftsrecht – Zum Verhältnis von Kapitalverkehrs- und Niederlassungsfreiheit in der neueren Rechtsprechung in EuZW 2008, S. 596 ff.
Gillessen, Frederick	Europäische transnationale Sitzverlegung und Fusion im Vereinigten Königreich und in Irland Diss., 2000, Frankfurt/Main, Peter Lang zit.: Gillessen, Sitzverlegung
Gloger, Christian/ Goette, Constantin/ van Huet, Fabienne	Die neue Rechtsprechung zur Existenzvernichtungshaftung mit Ausblick in das englische Recht in DStR 2007, S. 1141 ff. (Teil I) und 1194 ff. (Teil II)
Goette, Wulf	Wo steht der BGH nach „Centros“ und „Inspire Art“? in DStR 2005, S. 197 ff.
Goette, Wulf	Einführung in das neue GmbH-Recht 1. Auflage, 2008, München, C.H. Beck zit.: Goette, Einführung GmbH Recht
Goette, Wulf/Habersack, Mathias (Hrsg.)	Münchener Kommentar zum Aktiengesetz 3. Auflage, 2008 – 2012, München, C.H. Beck zit.: *Bearbeiter* in MüKo-AktG
Grabitz, Eberhard/Hilf, Meinhard/Nettesheim, Martin (Hrsg.)	Das Recht der Europäischen Union Losebl.-Ausg., 48. Lieferung, September 2012, München, C.H. Beck zit.: *Bearbeiter* in Grabitz/Hilf, EU-Recht
Grasmann, Günther	System des internationalen Gesellschaftsrechts Habil., 1970, Herne, Neue Wirtschafts-Briefe zit.: Grasmann, System des internat. GesR

Greulich, Sven / Rau, Thomas — Zur Insolvenzverschleppungshaftung des Geschäftsführers einer Auslandsgesellschaft mit Inlandsverwaltungssitz
in NZG 2008, S. 565 ff.

Grothe, Helmut — Die „ausländische Kapitalgesellschaft & Co.“
Diss., 1989, Köln – Berlin – Bonn – München, Heymanns
zit.: Grothe, ausländische Kapitalgesellschaft & Co.

Gummert, Hans / Weipert, Lutz — Münchener Handbuch des Gesellschaftsrecht
Band 2 – Kommanditgesellschaft, GmbH & Co. KG, Publikums-KG, Stille Gesellschaft
3. Auflage, 2009, München, C.H. Beck
zit.: *Bearbeiter* in Mü-Hdb. GesR, Bd. 2

Habersack, Mathias / Schürnbrand, Jan — Die Rechtsnatur der Haftung aus §§ 93 Abs. 3 AktG, 43 Abs. 3 GmbHG
in WM 2005, S. 957 ff.

Habersack, Mathias / Verse, Dirk A. — Wrongful Trading – Grundlage einer europäischen Insolvenzverschleppung?
in ZHR 2004, S. 174 ff.

Haidinger, Michael — Die „ausländische Kapitalgesellschaft & Co. KG“
Diss., 1989, Frankfurt / Main – Bern – New York – Paris, Peter Lang
zit.: Haidinger, ausländische Kapitalgesellschaft & Co. KG

Happ, Wilhelm / Holler, Lorenz — „Limited“ statt GmbH? – Risiken und Kosten werden gern verschwiegen
in DStR 2004, S. 730 ff.

Haug, Felix — Ex-post-Gläubigerschutz in der private company limited by shares
Diss., 2009, Jena, Jenaer Wissenschaftliche Verlagsgesellschaft
zit: Haug, Gläubigerschutz

Heckschen, Heribert — Die Ltd. – wie legitimiert sie sich in Deutschland?
in NotBZ 2005, S. 24 ff.

Heckschen, Heribert	Kurzkommentar zu OLG Dresden vom 21.5.2007 in EwiR 2007, S. 663 f.
Heckschen, Heribert	Gründungserleichterungen nach dem MoMiG – Zweifelsfragen in der Praxis in DStR 2009, S. 166 ff.
Heeg, Volker	Die UG (haftungsbeschränkt) & Co. KG als (weiteres) hybrides Rechtsgebilde im deutschen Gesellschaftsrecht in DB 2009, S. 719 ff.
Heil, Michael	Insolvenzantragspflicht und Insolvenzverschleppungshaftung bei der Scheinauslandsgesellschaft in Deutschland Diss, 2008, Baden-Baden, Nomos zit.: Heil, Insolvenzverschleppung
Heinrich, Michael	Die ausländische juristische Person & Co. KG Diss., 1995, Frankfurt am Main, Peter Lang zit.: Heinrich, ausl. jur. Person & Co. KG
Heinz, Volker	Vertretung und Existenznachweise ausländischer Gesellschaften – Teil III Existenz- und Vertretungsnachweise englischer Gesellschaften in ZNotP 2000, S. 410 ff.
Hennerkes, Brun-Hagen / Binz, Mark / Sorg, Martin	Die Stiftung als Rechtsform für Familienunternehmen – Teil II in DB 1986, S. 2269 ff.
Hennerkes, Brun-Hagen / Schiffer, Jan	Regelung der Unternehmensnachfolge durch Stiftungskonstruktionen? in BB 1992, S. 1940 ff.
Hennrichs, Joachim / Kleindiek, Detlef / Watrin, Christoph	Münchener Kommentar zum Bilanzrecht – Band 1 IFRS 3. Ergänzungslieferung, 2012, München, C. H. Beck zit.: *Bearbeiter* in MüKo-Bilanzrecht

Herchen, Axel — „Checkliste" zur Eintragung einer Zweigniederlassung einer englischen private company limited by shares im Handelsregister
in RIW 2005, S. 529 ff.

Hesselmann, Malte / Tillmann, Bert bearbeitet von Müller-Thuns, Thomas — Handbuch der GmbH & Co. KG
20. Auflage, 2009, Köln, Dr. O. Schmidt
zit.: *Bearbeiter* in Hesselmann / Tillmann, Hdb. GmbH & Co. KG

Hilpert, Christian — Englische Ltd. und deutsche GmbH – Haftungsprivileg und Haftungsdurchgriff im Vergleich
Diss., 2006, Baden-Baden, Nomos
zit.: Hilpert, Haftung

Hirte, Heribert — Die Unternehmergesellschaft (UG) nach dem Gesetz zur Modernisierung des GmbH-Rechts und zur Bekämpfung von Missbräuchen (MoMiG)
in ZInsO 2008, S. 933 ff.;

Hirte, Heribert — Insolvenzantragsrecht und -pflicht bei „Schein-Auslandsgesellschaften" – vom untauglichen Versuch einer Abwehr „böser Eindringlinge"
in Festschrift für Hans-Jochem Lüer zum 70. Geburtstag, 2008, München, C. H. Beck, S. 387 ff.
zit.: *Hirte* in Lüer-FS

Hirte, Heribert / Bücker, Thomas — Grenzüberschreitende Gesellschaften
2. Auflage, 2006, Köln – Berlin – München, Heymanns
zit.: Hirte / Bücker

Holzborn, Timo / Israel, Alexander — Internationale Handelsregisterpraxis
in NJW 2003, S. 3014 ff.

Hölzle, Gerrit — Gesellschafterfremdfinanzierung und Kapitalerhaltung im Regierungsentwurf des MoMiG
in GmbHR 2007, S. 729 ff.

Horn, Norbert (Hrsg.) bearbeitet von Berger, Klaus Peter u. a. — Heymann – Handelsgesetzbuch
2. Auflage, 1995 – 2005, Berlin – New York, de Gruyter
zit.: *Bearbeiter* in Heymann, HGB

Huber, Ulrich	Gesellschafterkonten in der Personengesellschaft in ZGR 1998, S. 1 ff.
Hueck, Götz / Windbichler, Christine	Gesellschaftsrecht 22. Auflage, 2009, München, C. H. Beck zit.: Hueck / Windbichler, GesR
Hüffer, Uwe	Aktiengesetz 10. Auflage, 2012, München, C. H. Beck zit.: Hüffer, AktG
Hunscha, Axel	Die Anwendung der §§ 30 Abs. 1, 31 GmbHG auf Zahlungen der GmbH & Co. KG an ihre Kommanditisten in GmbHR 1973, S. 257 ff.
Joost, Detlev	Unternehmergesellschaft, Unterbilanz und Verlustanzeige in ZIP 2007, S. 2242 ff
Joost, Detlev	Eigenkapitalersetzende Kommanditistenleistungen – Zugleich ein Beitrag zur Außenhaftung des Kommanditisten – in ZGR 1987, S. 370 ff.
Just, Clemens	Die englische Limited in der Praxis 4. Auflage, 2012, München, C. H. Beck zit.: Just, Limited in der Praxis
Karollus, Martin	Gedanken zum Kapitalschutz bei der GmbH & Co. KG in Festschrift für Bruno Kropff, 1997, Düsseldorf, IDW-Verlag, S. 669 ff. zit.: *Karollus* in Kropff-FS
Kegel, Gerherd / Schurig, Klaus	Internationales Privatrecht 9. Auflage 2004, München, C. H. Beck zit.: Kegel / Schurig, IPR
Kegel, Gerherd / Schurig, Klaus	Internationales Privatrecht 8. Auflage, 2000 – 2001, München, C. H. Beck zit.: Kegel / Schurig, IPR, 8. Aufl.

Kieser, Markus — Die Typenvermischung über die Grenze – Ein Beitrag zum Internationalen Gesellschafts- und Insolvenzrecht
Diss., 1988, Konstanz, Hartung-Gorre
zit.: Kieser, Typenvermischung

Kindler, Peter — „Inspire Art“ – Aus Luxemburg nichts Neues zum internationalen Gesellschaftsrecht
in NZG 2003, S. 1086 ff.

Kindler, Peter — Ende der Diskussion über die so genannte Wegzugsfreiheit
in NZG 2009, S. 130 ff.

Kleinert, Jens / Probst, Peter — Erneute klare Absage an Wegzugsbeschränkungen durch EuGH und Kommission
in NJW 2004, S. 2425 ff.

Klose-Mokroß, Lydia — Die Eintragung der Zweigniederlassung einer englischen „private limited company“ in das deutsche Handelsregister, Teil II
in DStR 2005, S. 1013 ff.

Knobbe-Keuk, Brigitte — Umzug von Gesellschaften in Europa
in ZHR 1990, S. 325 ff.

Knof, Béla — Die neue Existenzverursachungshaftung nach § 64 Satz 3 RegE-GmbHG
in DStrR 2007, S. 1536 ff. (Teil I) und 1580 ff. (Teil II)

Kock, Stephan / Vater, Nicole / Mraz, Andreas — Die Zulässigkeit einer UG (haftungsbeschränkt) & Co. KG auch bei Gewinnausschluss zu Lasten der Komplementärin
in BB 2009, S. 848 ff.

Kölbl, Angela — Die Haftung wegen existenzvernichtenden Eingriffs: gesicherte Erkenntnisse und Entwicklungen seit Trihotel
in BB 2009, S. 1194 ff.

Koller, Ingo / Morck, Winfried / Roth, Wulf-Henning — Handelsgesetzbuch
7. Auflage, 2011, München, C. H. Beck
zit.: Koller / Roth / Morck, HGB

König, David / Bormann, Jens	„Genuine Link" und freie Rechtsformwahl im Binnenmarkt in NZG 2012, S. 1241 ff.
Koppensteiner, Hans-Georg	Internationale Unternehmen im deutschen Gesellschaftsrecht Habil., 1971, Frankfurt a. M., Athenäum zit.: Koppensteiner, Internat. Unternehmen
Kornblum, Udo	Bundesweite Rechtstatsachen zum Unternehmens- und Gesellschaftsrecht (Stand 1.1.2012) in GmbHR 2012, S. 728 ff.
Kowalski, Andre / Bormann, Michael	Die Beteiligung einer ausländischen juristischen Person als Komplementärin einer deutschen KG in GmbHR 2005, S. 1045 ff.
Krafka, Alexander / Willer, Heinz	Registerrecht 8. Auflage, 2010, München, C. H. Beck zit.: Krafka / Willer, Registerrecht
Kropff, Bruno / Semler, Johannes (Hrsg.)	Münchener Kommentar zum Aktiengesetz 2. Auflage, 2000 – 2006, München, C. H. Beck zit.: *Bearbeiter* in MüKo-AktG, 2. Aufl.
Krüger, Frank	Die persönliche Haftung der handelnden Personen einer Private Limited Company im Überblick in ZInsO 2007, S. 861 ff.
Kuhn, Georg	Haftungsprobleme bei der GmbH & Co. in Ehrengabe für Bruno Heusinger, 1968, München, C. H. Beck, S. 203 ff. zit.: *Kuhn*, Ehrengabe Heusinger
Langhein, Gerd	Vertretungs- und Existenznachweise ausländischer Kapitalgesellschaften (Teil I) in ZNotP 1999, S. 218 ff.
Lawlor, Daniel	Reform der englischen Limited und ihre praktischen Auswirkungen in ZIP 2007, 2202 ff.
Leible, Stefan / Hoffmann, Jochen	Cartesio – fortgeltende Sitztheorie, grenzüberschreitender Formwechsel und Verbot materiellrechtlicher Wegzugsbeschränkungen in BB 2009, S. 58 ff.

Lerch, Klaus / Sandkühler, Gerd begründet von Arndt, Herbert	BNotO – Bundesnotarordnung 7. Auflage, 2012, Köln, Heymann zit.: *Bearbeiter* in Arndt / Lerch, BNotO
Leyendecker, Bejamin E.	Rechtsökonomische Überlegungen zur Einführung der Unternehmergesellschaft (haftungsbeschränkt) in GmbHR 2008, S. 302 ff.
Lieder, Jan	Die Haftung der Geschäftsführer und Gesellschafter von EU-Auslandsgesellschaften mit tatsächlichem Verwaltungssitz in Deutschland in DZWIR 2005, S. 399 ff.
Liese, Jens	Die Handelsregistereintragung Europäischer Auslandsgesellschaften in Deutschland – oder: Ceci n'est pas une pipe? in NZG 2006, S. 201 ff.
Lüdenbach, Norbert / Hoffmann, Wolf-Dieter	Haufe IFRS Kommentar 10. Auflage, 2012, Freiburg i. Br., Haufe zit.: *Bearbeiter* in Haufe IFRS Kommentar
Lutter, Marcus	Europäische Auslandsgesellschaften in Deutschland 1. Auflage, 2005, Köln, Dr. O. Schmidt zit.: *Bearbeiter* in Lutter, Europäische Auslandsgesellschaften
Lutter, Marcus / Hommelhoff, Peter / Bayer, Walter / Kleindiek, Detlef	GmbH-Gesetz 18. Auflage, 2012, Köln, Dr. O. Schmidt zit.: *Bearbeiter* in Lutter / Hommelhoff, GmbHG
Lutter, Marcus / Scholz, Manfred / Sigle, Walter	Festschrift für Martin Peltzer zum 70. Geburtstag 2001, Köln, Dr. O. Schmidt zit.: *Bearbeiter* in Peltzer-FS
Mayer, André	Der englische Companies Act 2006 – Stand der Inkraftsetzung in RiW 2007, S. 645 ff.
Melchior, Robin / Rudolph, Sven	Der GmbHR-Kommentar zu LG Berlin v. 27.2.2007 in GmbHR 2008, S. 431

Mödl, Robert — Die ausländische Kapitalgesellschaft in der notariellen Praxis
in RNotZ 2008, S. 1 ff.

Mülsch, Hanns-William / Nohlen, Nicolas — Die ausländische Kapitalgesellschaft und Co. KG mit Verwaltungssitz im EG-Ausland
in ZIP 2008, S. 1358 ff.

Otte, Sabine — Das Kapitalschutzsystem der englischen private limited company im Vergleich zur deutschen GmbH
Diss., 2006, Hamburg, Dr. Kovac
zit.: Otte, Kapitalschutz der Limited im Vergleich

Paefgen, Walter G. — Wider die gesellschaftsrechtliche Ausländerphobie
in ZIP 2004, S. 2253 ff.

Palandt, Otto bearbeitet von Bassenge, Peter, (u. a.) — Bürgerliches Gesetzbuch
72. Auflage, 2013, München, C. H. Beck
zit.: *Bearbeiter* in Palandt, BGB

Palmer, Francis Beaufort / Morse, Geoffrey — Palmer's Company Law
Losebl.-Ausgabe, London, Sweet & Maxwell
zit.: Palmer's Company Law

Pöhlmann, Peter / Fandrich, Andreas / Bloehs, Joachim — Genossenschaftsgesetz
4. Auflage, 2012, München, C. H. Beck
zit.: *Bearbeiter* in Pöhlmann / Fandrich / Bloehs, GenG

Priester, Hans-Joachim — Kapitalbindung bei der UG (haftungsbeschränkt) – einer GmbH mit ernstzunehmenden Sonderregeln –
in Festschrift für Günter H. Roth zum 70. Geburtstag, 2011, München, C. H. Beck, S. 571 ff.
zit: *Priester* in Roth-FS

Raiser, Thomas / Veil, Rüdiger — Mitbestimmungsgesetz
5. Auflage, 2009, Berlin, De Gruyter
zit.: Raiser / Veil, MitbestG

Rauscher, Thomas / Wax, Peter / Wenzel, Joachim (Hrsg.) — Münchener Kommentar zur Zivilprozessordnung
4. Auflage, 2012 – 2013 (Band 1 und 2)
3. Auflage, 2008 – 2010 (Band 3 und 4)
München, C. H. Beck
zit.: *Bearbeiter* in MüKo-ZPO

Rebmann, Kurt / Rixecker, Roland / Säcker, Franz Jürgen (Hrsg.) | Münchener Kommentar zum Bürgerlichen Gesetzbuch
6. Auflage, 2012 (Bände 1 bis 4 und 8)
5. Auflage, 2009 – 2010 (Bände 5 bis 7/2 und 9 bis 11)
München, C. H. Beck
zit.: *Bearbeiter* in MüKo-BGB

Richardi, Reinhard / Wlotzke, Otfried / Wißmann, Hellmut / Oetker, Hartmut | Münchener Handbuch zum Arbeitsrecht
3. Auflage, 2009, München, C. H. Beck
zit.: *Bearbeiter* in Mü-Hdb. ArbR.

Riegger, Bodo | Centros – Überseering – Inspire Art: Folgen für die Praxis
in ZGR 2004, S. 510 ff.

Ries, Peter | Anmerkung zu LG Berlin v. 22.6.2004
in ZIP 2004, S. 2382 f.

Röhricht, Volker | Insolvenzrechtliche Aspekte im Gesellschaftsrecht
in ZIP 2005, S. 505 ff.

Röhricht, Volker / Graf von Westphalen, Friedrich | Handelsgesetzbuch
3. Auflage, 2008, Köln, Dr. O. Schmidt
zit.: *Bearbeiter* in Röhricht / Graf von Westphalen, HGB

Roth, Günther / Altmeppen, Holger | Gesetz betreffend die Gesellschaften mit beschränkter Haftung (GmbHG)
7. Auflage, 2012, München, C. H. Beck
zit.: *Bearbeiter* in Roth / Altmeppen, GmbHG

Rotheimer, Silke | Referentenentwurf zum Internationalen Gesellschaftsrecht
in NZG 2008, S. 181 ff.

Sandrock, Otto | Die Konkretisierung der Überlagerungstheorie in einigen zentralen Einzelfragen. Ein Beitrag zum internationalen Gesellschaftsrecht
in Festschrift für Günther Beitzke zum 70. Geburtstag am 26. April 1979, Berlin, De Gryuter, S. 669 ff.
zit.: *Sandrock* in Beitzke-FS

Schall, Alexander	Englischer Gläubigerschutz bei der Limited in Deutschland in ZIP 2005, S. 965 ff.
Schippel, Helmut / Bracker, Ulrich (Hrsg.)	Bundesnotarordnung 9. Auflage, 2011, München, F. Vahlen zit.: *Bearbeiter* in Schippel / Bracker, BNotO
Schlichte, Johannes	Die Zulässigkeit der Ltd. & Co. KG in DB 2006, S. 87 ff.
Schlichte, Johannes	Kapitalerhaltung in der Ltd. & Co. KG in DB 2006, S. 1357 ff.
Schlichte, Johannes	Existenzvernichtungshaftung in der Ltd. & Co. KG in DB 2006, S. 2672 ff.
Schmidt, Karsten	Gesellschaftsrecht 4. Auflage, 2002, Köln – Berlin – Bonn – München, Heymanns zit.: K. Schmidt, Gesellschaftsrecht
Schmidt, Karsten	Handelsrecht 5. Auflage, 1999, Köln – Berlin – Bonn – München, Heymann zit.: K. Schmidt, Handelsrecht
Schmidt, Karsten	Sitzverlegung, Freizügigkeit, Gesellschaftsrechtspraxis in ZGR 1999, S. 20 ff.
Schmidt, Karsten	Kapitalaufbringung, Kapitalerhaltung und Unterkapitalisierung bei der GmbH & Co. in DB 1973, S. 2227 ff.
Schmidt, Karsten	Kapitalsicherung in der GmbH & Co. KG: Schlussbilanz oder Zwischenbilanz einer Rechtsfortbildung? in GmbHR 1989, S. 141 ff.
Schmidt, Karsten	Mittelaufbringung und Mittelverwendung bei der GmbH & Co. KG – Funktionelles oder formelles Denken im Recht der Unternehmensfinanzierung in ZIP 2008, S. 481 ff.

Schmidt, Karsten (Hrsg.)	Münchener Kommentar zum Handelsgesetzbuch 3. Auflage, 2010 – 2013 (Bände 1 bis 4) 2. Auflage, 2007 – 2009 (Bände 5 bis 7) München, C. H. Beck – Franz Vahlen zit.: *Bearbeiter* in MüKo-HGB
Schmidt, Karsten / Uhlenbruck, Wilhelm	Die GmbH in Krise, Sanierung und Insolvenz 4. Auflage, 2009, Köln, Dr. O. Schmidt zit.: K. Schmidt / Uhlenbruck
Scholz, Franz bearbeitet von Crezelius, Georg, u. a.	GmbHG 11. Auflage, 2012 (Band 1) 10. Auflage, 2007 – 2010 (Bände 2 und 3) Köln, Dr. O. Schmidt zit.: *Bearbeiter* in Scholz, GmbHG
Scholz, Franz bearbeitet von Crezelius, Georg, u. a.	GmbHG 10. Auflage, 2006 (Band 1) Köln, Dr. O. Schmidt zit.: *Bearbeiter* in Scholz, GmbHG, 10. Aufl. Bd. 1
Schön, Wolfgang	Die stille Beteiligung an dem Handelsgewerbe einer Kommanditgesellschaft in ZGR 1990, S. 220 ff.
Schulze, Reiner / Zuleeg, Manfred / Kadelbach, Stefan	Europarecht – Handbuch für die Rechtspraxis 2. Auflage, 2010, Baden-Baden, Nomos zit.: *Bearbeiter* in Schulze / Zuleeg / Kadelbach, EuropaR
Schumann, Alexander	Die englische Limited mit Verwaltungssitz in Deutschland: Kapitalaufbringung, Kapitalerhaltung und Haftung in Insolvenz in DB 2004, S. 743 ff.
Seibert, Ulrich	Der Regierungsentwurf des MoMiG und die haftungsbeschränkte Unternehmergesellschaft in GmbHR 2007, S. 673 ff.
Sieg, Harald / Leifermann, Werner	Gewerbeordnung 4. Auflage, 1978, München, C. H. Beck zit.: *Bearbeiter* in Sieg / Leifermann, GewO, 4. Aufl.

Spahlinger, Andres / Wegen, Gerhard	Internationales Gesellschaftsrecht in der Praxis 1. Auflage, 2005, München, C. H. Beck zit.: *Bearbeiter* in Spahlinger / Wegen, Internationales Gesellschaftsrecht
Staub, Hermann herausgegeben von Canaris, Claus-Wilhelm / Schilling, Wolfgang / Ulmer, Peter	Handelsgesetzbuch 5. Auflage, 2009 – 2013 (Bände 1 bis 3) Berlin – New York, de Gruyter zit.: *Bearbeiter* in Staub, HGB
Steffek, Felix	Geschäftsleiterpflichten im englischen Kapitalgesellschaftsrecht – Kodifizierung der Directors´duties im Companies Act 2006 in GmbHR 2007, S. 810 ff.
Steffek, Felix	Der subjektive Tatbestand der Gesellschafterhaftung im Recht der GmbH – zugleich ein Beitrag zum Haftungsdurchgriff in JZ 2009, S. 77 ff.
Stengel, Arndt	Die Beteiligung einer Stiftung an einer Personengesellschaft des Handelsrechts Diss., 1991, Universität Trier zit.: Stengel, Stiftung
Stenzel, Igor	Die Pflicht zur Bildung einer gesetzlichen Rücklage bei der UG (haftungsbeschränkt) und die Folgen für die Wirksamkeit der UG (haftungsbeschränkt) & Co. KG in NZG 2009, S. 168 ff.
Sudhoff, Heinrich bearbeitet von Breitfeld, Anja (u. a.)	GmbH & Co. KG 6. Auflage, 2005, München, C. H. Beck zit.: *Bearbeiter* in Sudhoff, GmbH & Co. KG
Süß, Rembert	Muss die Limited sich vor Gründung einer Ltd. & Co. KG in das deutsche Handelsregister eintragen lassen? in GmbHR 2005, S. 673 ff.
Süß, Rembert	Häufige Probleme mit Zweigniederlassungen englischer Limited Companies in DNotZ 2005, S. 180 ff.

Tamm, Marina — Die Unternehmergesellschaft (haftungsbeschränkt) – Kapitalaufbringung und Gläubigerschutz – in MDR 2012, S. 1025 ff.

Teichmann, Christoph — Binnenmarktkonformes Gesellschaftsrecht Habil., 2006, Berlin, De Gruyter zit.: Teichmann, GesR

Tomat, Oliver — Handelsregisteranmeldung einer Ltd. & Co. KG (II) in GmbH-StB 2007, S. 339

Torwegge, Christoph — UK Company Act 2006 – (Almost entirely) Enacted! in GmbHR 2007, S. 195 ff.

Ullrich, Benjamin D. — Die gemeinnützige GmbH nach dem MoMiG in GmbHR 2009, S. 750 ff.

Ulmer, Peter — Schutzinstrumente gegen die Gefahren aus der Geschäftstätigkeit inländischer Zweigniederlassungen von Kapitalgesellschaften mit fiktivem Auslandssitz in JZ 1999, S. 663 ff.

Ulmer, Peter — Gläubigerschutz bei Scheinauslandsgesellschaften – Zum Verhältnis zwischen gläubigerschützendem nationalem Gesellschafts-, Delikts- und Insolvenzrecht und der EG-Niederlassungsfreiheit in NJW 2004, S. 1201 ff.

Ulmer, Peter / Habersack, Mathias / Henssler, Martin — Mitbestimmungsrecht 3. Auflage, 2013, München, C. H. Beck zit.: *Bearbeiter* in Ulmer / Habersack / Henssler, MitbestG

Ulmer, Peter / Habersack, Mathias / Winter, Martin (Hrsg.) — Gesetz betreffend die Gesellschaften mit beschränkter Haftung (GmbHG) – Großkommentar 1. Auflage, 2005 – 2008, Tübingen, Mohr Siebeck (vormals Hachenburg, Großkommentar GmbHG) zit.: *Bearbeiter* in GroßKomm-GmbHG

Veelken, Winfried — Der Betriebsführungsvertrag im deutschen und amerikanischen Aktien– und Konzernrecht Diss, 1975, Baden-Baden, Nomos zit.: Veelken, Betriebsführungsvertrag

Veil, Rüdiger	Die Unternehmergesellschaft nach dem Regierungsentwurf des MoMiG – Regelungsmodell und Praxistauglichkeit in GmbHR 2007, S. 1080 ff.
Veil, Rüdiger	Die Unternehmergesellschaft im System der Kapitalgesellschaften in ZGR 2007, S. 623 ff.
Vetter, Jochen	Die neue dogmatische Grundlage des BGH zur Existenzvernichtungshaftung in BB 2007, S. 1965 ff.
von Bar, Christan/ Mankowski, Peter	Internationales Privatrecht 2. Auflage, 2003, München, C.H. Beck zit.: von Bar, IPR
von Bar, Christian/ Mankowski, Peter	Internationales Privatrecht 1. Auflage, 1987 – 1991, München, C.H. Beck zit.: von Bar, IPR, 1. Aufl.
von der Groeben, Hans/ Schwarze, Jürgen	Kommentar zum Vertrag über die Europäische Union und zur Gründung der Europäischen Gemeinschaft 6. Auflage, 2003, Baden-Baden, Nomos zit.: *Bearbeiter* in von der Groeben/Schwarze, EUV/EGV
von Staudinger, Julius bearbeitet von Abeltshauser, Thomas E., u.a.	Kommentar zum Bürgerlichen Gesetzbuch mit Einführungsgesetz und Nebengesetzen Neubearbeitung 1998, Berlin, Sellier – de Gruyter zit.: *Bearbeiter* in Staudinger, BGB
Wachter, Thomas	Kurzkommentar zu AG Bad Oeynhausen v. 15.3.2005 in EwiR 2005, S. 541 f.
Wachter, Thomas	Aktuelle Probleme der Ltd. & Co. KG in GmbHR 2006, S. 79 ff.
Wachter, Thomas	Der GmbH-Kommentar zu OLG Dresden v. 21.5.2007 in GmbHR 2007, S. 1158 ff.
Wachter, Thomas	Der GmbH-Kommentar zu LG Chemnitz vom 3.8.2006 in GmbHR 2007, S. 265 ff.

Wachter, Thomas	Insichgeschäfte bei englischen private limited companies in NZG 2005, S. 338 ff.
Wachter, Thomas	Existenz- und Vertretungsnachweis bei der englischen Private Limited Company in DB 2004, S. 2975 ff.
Wachter, Thomas	Zweigniederlassungen englischer private limited companies im deutschen Handelsregister in ZNotP 2005, S. 122 ff.
Wagner, Heidemarie/Rux, Joachim	Die GmbH & Co. KG 11. Auflage, 2009, Freiburg – München – Berlin, Haufe zit.: *Bearbeiter* in Wagner/Rux, GmbH & Co. KG
Waldenberger, Arthur/Sieber, Dorothée	Die Unternehmergesellschaft (haftungsbeschränkt) jenseits der „Existenzgründer“ – Rechtliche Besonderheiten und praktischer Nutzen in GmbHR 2009, S. 114 ff.
Weber, Jörg-Andreas	Die Unternehmergesellschaft (haftungsbeschränkt) in BB 2009, S. 842 ff.
Weimar, Robert/Reeh, Michael	Rechts- und Gestaltungsformen zur Vermeidung der Register- bzw. Hauspublizität in DB 1988, S. 1637 ff.
Werner, Rüdiger	Die Ltd. & Co. KG – eine Alternative zur GmbH & Co. KG? in GmbHR 2005, S. 288 ff.
Werner, Rüdiger	Der GmbHR-Kommentar zu OLG FFM v. 28.7.2006 in GmbHR 2006, S. 1158 f.
Wernicke, Thomas	Die Niederlassung der ausländischen Gesellschaft als Hauptniederlassung: Zwangsweise Durchsetzung ihrer Eintragung als „Zweigniederlassung“ widerspricht der Rechtsfähigkeit in BB 2006, S. 843 ff.
Westermann, Harm Peter	Auf dem Weg zum Wettbewerb der Gesellschaftsrechtsordnungen: die Kapitalbindung im Recht der GmbH in ZIP 2005, S. 1849 ff.

Westermann, Harm Peter	Das neue GmbH-Recht (i. d. F. des MoMiG) im Überblick in DZWIR 2008, S. 485 ff.
Westermann, Harm Peter (Hrsg.)	Handbuch der Personengesellschaften Losebl.-Ausgabe, Köln, Dr. O. Schmidt zit.: *Bearbeiter* in Westermann, Hdb. d. PersGes
Westhoff, André O.	Die Verbreitung der englischen Limited mit Verwaltungssitz in Deutschland in GmbHR 2007, S. 474 ff.
Wicke, Hartmut	Gesetz betreffend die Gesellschaften mit beschränkter Haftung (GmbHG) 2. Auflage, 2011, München, C. H. Beck zit.: Wicke, GmbHG
Wiedemann, Herbert	Reflexionen zur Durchgriffshaftung – Zugleich eine Besprechung des Urteils des BGH WM 2002, 1804 – KBV in ZGR 2003, S. 283 ff.
Wilhelm, Jan	Unternehmergesellschaft (haftungsbeschränkt) – Der neue § 5a GmbHG in dem RegE zum MoMiG in DB 2007, S. 1510 ff.
Winkler, Karl	Die Haftungsverfassung der GmbH & Co. (KG) in NJW 1969, S. 1009 ff.
Winter, Michael	Upstream-Finanzierung nach dem MoMiG-Regierungsentwurf – Rückkehr zum bilanziellen Denken in DStR 2007, S. 1484 ff.
Würdiger, Markus	Die Analogiefähigkeit von Normen in AcP 2006, S. 946 ff.
Zacher, Thomas	Kapitalsicherung und Haftung in der GmbH & Co. KG Diss., 1992, Köln, Kommunikationsforum Recht, Wirtschaft, Steuern zit.: Zacher, Kapitalsicherung GmbH & Co. KG
Zessel, Marco	Durchgriffshaftung gegenüber einer in Deutschland ansässigen Limited Diss., 2008, Baden-Baden, Nomos zit.: Zessel, Durchgriffshaftung

Zimmer, Daniel	Internationales Gesellschaftsrecht Habil., 1996, Heidelberg, Recht und Wirtschaft zit.: Zimmer, Internat. GesR.
Zöller, Richard bearbeitet von Geimer, Reinhold u. a.	Zivilprozessordnung 26. Auflage, 2008, Köln, Dr. O. Schmidt zit.: *Bearbeiter* in Zöller, ZPO
Zöllner, Wolfgang	Konkurrenz für inländische Kapitalgesellschaften durch ausländische Rechtsträger, insbesondere durch die englische Private Limited Company in GmbHR 2006, S. 1 ff.

A. Einleitung

I. Heranführung

Die Typenvermischung, also eine aus einer Kapital- und Personengesellschaft bestehende, verbundene Gesellschaftsstruktur, ist beileibe kein neues Phänomen. Die ersten Überlegungen hierzu sind schon beinahe so alt wie das HGB selbst. Ebenso alt sind die heftigen juristischen Kontroversen hierüber, bei welchen anfänglich die entschiedene Ablehnung[1] weit überwog. Dessen ungeachtet hat das BayObLG Fakten geschaffen und der GmbH & Co. KG schon in den zwanziger Jahren des vergangenen Jahrhunderts die Tür geöffnet.[2] Andere Gerichte, unter anderem auch der BGH,[3] sind den Weg mitgegangen. Inzwischen hat auch der Gesetzgeber die GmbH & Co. KG in einigen Vorschriften anerkannt.[4] Die zahlreichen Kontroversen, Probleme und Einzelfragen, die aus dieser Vermischung resultieren, kann man – bei aller in solchen Fragen grundsätzlich gebotenen Zurückhaltung – für die GmbH & Co. KG als überwiegend geklärt und gesichert ansehen.

Doch blieb die Rechtsentwicklung hier nicht stehen. Die anerkannte Möglichkeit des Einsatzes einer GmbH als Komplementärin legt weitere Gestaltungsalternativen nahe. Neben deutschen Gesellschaften wie z. B. Aktiengesellschaften oder Stiftungen kommen auch ausländische Kapitalgesellschaften,[5] wie z. B. die *private company limited by shares*[6] nach dem Recht des Vereinigten Königreichs[7] als Komplementäre in Betracht. Darüber hinaus wurde die Typenvermi-

---

1 *Holdheim* bezeichnete die Kapitalgesellschaft & Co. als „juristisches Monstrum“, vgl. Holdheim, Holdheims Wochenschrift für Aktienrecht und Bankwesen 1 (1892), S. 195 zitiert nach K. Schmidt, Gesellschaftsrecht, S. 1623. Weitere Nachweise auch aus neuerer Zeit finden sich bei K. Schmidt, Gesellschaftsrecht, S. 1623 ff.

2 BayObLG, OLGE 27, S. 331 = DJZ 1913, S. 647; RG, RGZ 105, S. 101 ff.

3 BGH, BGHZ 46, S. 7 ff. = NJW 1966, S. 1813 ff.

4 §§ 19 Abs. 2, 125a Abs. 1 S. 2, 129 Abs. 1, 130a Abs. 1 S. 1, Abs. 4, 172a S. 1 HGB.

5 Solche Beteiligungen werden bereits seit etwa 20 Jahren diskutiert. Aus der Rechtsprechung erstmalig BayObLG, GmbHR 1986, 305 f.; aus der älteren Literatur z. B. Ebke, ZGR 1987, 245 ff.; Ebenroth/Auer, DNotZ 1990, 139 ff.

6 Künftig als „*Limited*“ oder „Ltd.“ bezeichnet.

7 In Schottland, in Irland und in weiteren Staaten gibt es ebenfalls die Gesellschaftsform *private company limited by shares*. Diese Gesellschaften genießen in Deutschland aber ungleich geringere Bedeutung.

schung auch auf die KGaA ausgedehnt, die mittlerweile in Gestalt der GmbH & Co. KGaA ebenfalls die Anerkennung der Rechtsprechung gefunden hat.[8] Man braucht nicht viel Fantasie, um vorherzusagen, dass auch dieser Schritt die Frage nach dem Einsatz anderer Gesellschaften als einer GmbH aufwerfen wird.[9]

Diese Weiterentwicklung hat die „gesellschaftsrechtlichen Karten" neu gemischt. Die Auslandskapitalgesellschaft & Co. KG steht noch lange nicht auf einem vergleichbar gesicherten Fundament wie die GmbH & Co. KG. Zwar findet sich eine beachtliche Vielzahl von Judikaten und Literaturstimmen, die die Frage, ob die Übernahme der Komplementärstellung durch eine ausländische Kapitalgesellschaft grundsätzlich zulässig ist, fokussierten. Diese Diskussion ist jedoch durch die allfällig bekannte gesellschaftsrechtliche Entscheidungsserie „Centros",[10] „Überseering"[11] und „Inspire Art"[12] des EuGH weitestgehend gegenstandslos geworden: Das Ergebnis steht fest, die Zulässigkeit ist zumindest europarechtlich vorgegeben.[13]

Rechtspolitisch kann man diese Entwicklung unterschiedlich betrachten: Auf der einen Seite befürchten nicht wenige Stimmen einen „Dammbruch" im Sinne einer Aufweichung der im zurückliegenden Jahrhundert entwickelten Mechanismen des Gläubiger- und Verkehrsschutzes durch (präventive) Kapitalaufbringung und Kapitalerhaltung. Auf der anderen Seite finden sich durchaus auch Stimmen, die die damit verbundene erheblich erweiterte Gestaltungsfreiheit für die Wirtschaft sehr begrüßen. Auch wenn sich der durch die europarechtliche Entwicklung hervorgerufene rechtspolitische Aufruhr, der „Pulverdampf Waterloos"[14], mittlerweile etwas gelegt haben mag, verzogen hat er sich noch nicht. Noch immer gewinnt man bei vielen gesellschaftsrechtlichen Teilfragen den Eindruck, dass die rechtspolitisch geprägte Ablehnung den Blick auf eine objektive Analyse des Rechts de lege lata zurücktreten lässt. Dabei eröffnet die Grundsatzentscheidung pro Zulässigkeit der Auslandskapitalgesellschaft & Co. KG erst die Frage, wie die Verbindung der unterschiedlichen Rechtsträger im Detail auszugestalten ist. Da beide Partner „ihr" Recht mitbringen, fragt sich, wie dies in Einklang zu bringen ist bzw. welche der beiden in Konfliktsituationen die Oberhand behält.

---

8 BGH, BGHZ 134, S. 392 ff. = NJW 1997, S. 1923 ff.

9 Sie hat zum Teil bereits gewisse Prominenz erlangt. Als Beispiel genannt sei die Fluggesellschaft Air Berlin. Sie betreibt ihr Geschäft in der Rechtsform einer PLC & Co. KGaA. Die PLC ist eine Aktiengesellschaft nach englischem Recht.

10 EuGH, Rs. C-212/97, Slg. 1999, I-1459 = NJW 1999, S. 2027 ff.

11 EuGH, Rs. C-208/00, Slg. 2002, I-9919 = NJW 2002, S. 3614 ff.

12 EuGH, Rs. C-167/01, Slg. 2003, I-10155 = NJW 2003, S. 3331 ff.

13 Vgl. ausführlich im Teil B. III. 3.

14 Westermann, ZIP 2005, S. 1849, 1850.

Die vorliegende Arbeit widmet sich daher diesen gesellschaftsrechtlichen Fragen und Problemen jenseits der rechtspolitischen Konfliktlinien.

II. Eingrenzung des Themas

Die erhebliche Breite der möglichen Fragestellungen in diesem Bereich macht es notwendig, den Umfang der vorliegenden Arbeit zu begrenzen. Insbesondere sollen alle Probleme, die sich in Zusammenhang mit der ausländischen Kapitalgesellschaft & Co. KGaA stellen, ausgeklammert werden. Die Kommanditgesellschaft auf Aktien weicht als eigene Rechtsform in so erheblicher Weise vom Recht der KG ab, dass eine gemeinsame Betrachtung wenig gewinnbringend wäre und den Umfang der vorliegenden Arbeit sprengen würde.

Beschäftigt man sich nicht mehr primär mit der Frage der grundsätzlichen Zulässigkeit der Auslandskapitalgesellschaft & Co. KG, sondern mit den Details der Kompatibilität der einzelnen ausländischen Gesellschaftsrechte mit dem deutschen Recht der Kommanditgesellschaft, erfordern die Vielzahl und die Verschiedenheit der möglicherweise zum Einsatz kommenden ausländischen Kapitalgesellschaften eine weitere Beschränkung.

In den vergangenen Jahren hat sich herausgestellt, dass insbesondere die *Limited* die größte Verbreitung gefunden hat. Die Ltd. & Co. KG soll daher allein Gegenstand der Arbeit sein. Sie ist – soweit ersichtlich – die am häufigsten anzutreffende Form der ausländischen Kapitalgesellschaft & Co. KG. Im Oktober 2006 waren insgesamt 2853 Kommanditgesellschaften in deutsche Handelsregister eingetragen, bei welchen eine *Limited* die Stellung der einzigen persönlich haftenden Gesellschafterin übernommen hatte.[15] Eine Abfrage über das Internetportal www.handelsregister.de im Juni 2012 ergab mit insgesamt 3119[16] eingetragenen entsprechenden Kommanditgesellschaften keine wesentliche Abweichung, wobei eine solche Abfrage mehr als Richtschnur denn als exakte Erfassung aller existierenden Gesellschaften verstanden werden kann.[17] Darunter sind auch Unternehmen mit bundesweitem Bekanntheitsgrad, wie zum Beispiel die Drogeriekette Müller Ltd. & Co. KG und die deutsche Tochtergesellschaft Rolls-Royce

15 Westhoff, GmbHR 2007, S. 474, 476.

16 Abgerufen am 15.06.2012. Zum 01.01.2012 gibt *Kornblum* nach seiner Recherche die Anzahl mit 3585 an, vgl. Kornblum, GmbHR 2012, S. 728, 729.

17 Auf der einen Seite dürfte die Zahl zu hoch sein, denn nicht alle eingetragenen Gesellschaften sind auch operativ tätig. Wahrscheinlich ist die Anzahl aber eher zu niedrig, denn erfasst werden können naturgemäß nur solchen Gesellschaften, die tatsächlich eingetragen sind.

Deutschland Ltd. & Co. KG.[18] Wenngleich bei einigen Komplementärgesellschaften der tatsächliche Verwaltungssitz noch immer in England liegen mag, dürfte es sich bei der Mehrzahl der Komplementär-*Limited*s um sog. Scheinauslandsgesellschaften handeln.[19]

III. Gang der Darstellung

Im Zuge der Arbeit wird zunächst die grundsätzliche Zulässigkeit dieser Form der Typenvermischung betrachtet.[20] Dabei wird auf die bereits seit längerem andauernde Diskussion und die in diesem Zusammenhang vorgebrachten Argumente wie auch auf die jüngeren Entwicklungen des Europarechts einzugehen sein.

In einem weiteren Schritt werden die Gründung und die registerrechtliche Behandlung[21] thematisiert. Es gilt hier zu untersuchen, ob und inwieweit die *Limited* als Komplementärin der Publizität des deutschen Handelsregisters unterliegt. Weiterhin wird der Frage nachgegangen, wie sich die *Limited* und ihre Vertreter im Rechtsverkehr mit dem deutschen Handelsregister legitimieren können.

Daran schließt sich die Betrachtung der Frage an, ob besondere Regeln der Kapitalerhaltung für die Ltd. & Co. KG gelten.[22] Denkbar wäre dabei zum einen, das für die GmbH & Co. KG entwickelte Reflexschutzsystem analog den §§ 30 ff GmbHG auch auf die Komplementär-*Limited* anzuwenden. Ebenso denkbar wäre eine Lösung über ein eigenständiges Kapitalschutzsystem für die Kapitalgesellschaft & Co. KG, das dann nicht von der konkreten Rechtsform der Komplementärin abhinge. Abschließend wird untersucht, ob eine praktikable Lösung über eine Einbeziehung des englischen Rechts der Kapitalerhaltung für die Ltd. in die Schutzmechanismen der KG entwickelt werden kann.

Im letzten Kapitel[23] soll untersucht werden, ob und gegebenenfalls nach welcher näheren Ausgestaltung die Gesellschafter und die *Directors* einer *Limited* einer Durchgriffshaftung für Verbindlichkeiten der KG unterliegen.

---

18 Als bekanntestes Beispiel genannt werden könnte auch die AIR BERLIN PLC & Co. Luftverkehrs KG. Allerdings übernimmt hier mit der AIR BERLIN PLC eine *public company limited by shares* die Rolle der einzigen Komplementärin. Damit gehört die AIR BERLIN PLC & Co. Luftverkehrs KG nicht in die obige Aufzählung.

19 Zu diesem Begriff vgl. Fn. 57.

20 Vgl. Teil B.

21 Vgl. Teil C.

22 Vgl. Teil D.

23 Vgl. Teil E.

IV. Hinweise zum englischen Recht

Das englische Gesellschaftsrecht der *Limited* ist im *Companies Act* geregelt. Die letzte umfassende Neufassung[24] stammt aus dem Jahr 2006 und wird im Folgenden als „CA 2006“ bezeichnet.[25] Davor erfolgte die letzte grundlegende Neufassung im Jahr 1985, die entsprechende Gesetzesfassung wird daher als „CA 1985“[26] bezeichnet. Die verschiedenen Teile des CA 2006 traten zeitversetzt in Kraft.[27] Zum Zeitpunkt der Drucklegung dieser Arbeit sind jedoch alle Teile in Kraft getreten, so dass die Darstellung vollständig auf Grundlage des CA 2006 erfolgen kann.

Das geltende englische Insolvenzrecht ist vorwiegend im *Insolvency Act* 1986 kodifiziert.[28] Dieser wird im Folgenden als „IA 1986“ zitiert.

24 Vgl. die Übersichten bei Lawlor, ZIP 2007, S. 2202 ff.; Steffek, GmbHR 2007, S. 810 ff.; Torwegge, GmbHR 2007, S. 195 ff.

25 Sie ist abrufbar im Internet unter http://www.legislation.gov.uk/ukpga/2006/46/contents (zuletzt abgerufen am 13.12.2012).
Englische Gesetze werden in *sections* (entspricht Paragraphen nach der bei deutschen Gesetzen üblichen Nummerierung) und *subsections* (entspricht Absätzen) eingeteilt. Im Folgenden werden englische Normen wie folgt zitiert werden: Sec. [...] Abs. [...] CA [...].

26 In der bis zum Inkrafttreten des CA 2006 geltenden Fassung abrufbar im Internet unter http://www.legislation.gov.uk/ukpga/1985/6/contents (zuletzt abgerufen am 13.12.2012).

27 Zum Inkrafttreten des CA 2006 vergleiche auch Mayer, RiW 2007, S. 645 ff.

28 In der geltenden Fassung abrufbar unter http://www.legislation.gov.uk/ukpga/1986/45/contents (zuletzt abgerufen am 13.12.2012).

B. Zulässigkeit der Gestaltungsvariante Ltd. & Co. KG

Seitdem das BayObLG[29] erstmals im Jahre 1986 in der Entscheidung „Landshuter Druckhaus“ ausgeurteilt hatte, dass die Komplementärstellung bei einer KG auch durch einen ausländischen Rechtsträger übernommen werden kann, haben sich zahlreiche Publikationen und Judikate mit der Zulässigkeit der ausländischen Kapitalgesellschaft & Co. KG im Allgemeinen befasst.[30] In Anbetracht der Vielzahl der ergangenen Stellungnahmen kann man mittlerweile durchaus davon sprechen, dass sowohl die ständige Rechtsprechung wie auch die herrschende Meinung in der Literatur von der Zulässigkeit dieser Variante der Typenvermischung ausgehen.[31] Dies war im Anschluss an die zitierte Entscheidung des

---

29 BayObLG, NJW 1986, S. 3029, 3030 = ZIP 1986, S. 840 ff.

30 Befürwortend: OLG FFM, GmbHR 2008, S. 707, 708 = ZIP 2008, 1286 ff.; OLG FFM, GmbHR 2006, S. 1156 ff. = ZIP 2006, 1673 ff.; OLG Stuttgart, NJW-RR 1995, S. 1067, 1069 = JZ 1995, 795 ff.; OLG Saarbrücken, NJW 1990, S. 647, 648 = DNotZ 1990, 194; LG Bielefeld, NZG 2006, S. 504 = GmbHR 2006, 89 ff.; LG Chemnitz, GmbHR 2007, S. 263 ff. = ZIP 2007, 1013 ff.; LG Berlin, GmbHR 2008, S. 431 ff.; Binz/Sorg, GmbH & Co. KG, § 25 Rn. 103; *Blaum* in Westermann, Hdb. d. PersGes, § 57 Rn. 3451 ff.; *Eidenmüller* in Ausländische Kapitalgesellschaften, 2. § 4. C. IV Rn. 51 ff.; *Grunewald* in MüKo-HGB, § 161 Rn. 105; *Hopt* in Baumbach/Hopt, HGB, nach § 177a Rn. 11; *Henze* in Ebenroth/Boujong/Joost/Strohn, HGB, Anh. nach § 177a Rn. 23; *Koller* in Koller/Roth/Morck, HGB, § 105 Rn. 17; *Roth* in Roth/Altmeppen, GmbHG, § 4a Rn. 75; *Westermann* in Scholz, GmbHG, Anhang § 4a Rn. 60; *Lüke* in Hesselmann/Tillmann, Hdb. GmbH & Co. KG, § 2 Rn. 425 f.; Kowalski/Bormann, GmbHR 2005, S. 1045, 1048; Mülsch/Nohlen, ZIP 2008, S. 1358; Schlichte, DB 2006, S. 87 ff.; Süß, GmbHR 2005, S. 673, 674; Tomat, GmbH-StB 2007, S. 339; Wachter, EWiR 2005, S. 541; ders., GmbHR 2006, S. 79 ff.; Werner, GmbHR 2005, S. 288 ff.;
Die Zulässigkeit mit Einschränkungen bejahend: Binz/Mayer, GmbHR 2003, S. 249 ff.; Duys, Auslands-Kapitalgesellschaft & Co. KG, S. 169 f.; Grothe, ausländische Kapitalgesellschaft & Co., S. 332; Haidinger, ausländische Kapitalgesellschaft & Co. KG, S. 175; K. Schmidt, Gesellschaftsrecht, § 56 VII 2; Ebke, ZGR 1987, S. 245 ff.;
Ablehnend: AG Bad Oeynhausen, GmbHR 2005, S. 692 ff.; Ebenroth/Auer, DNotZ 1990, S. 139, 168; *Großfeld* in Staudinger, BGB, Int. GesR, Rn. 537 ff.; Kieser, Typenvermischung, S. 247; *Kindler* in MüKo-BGB, Band 11, Abschnitt Internationales Wirtschaftsrecht Unterabschnitt Internationales Handels- und Gesellschaftsrecht Rn. 576; Heinrich, ausl. jur. Person & Co. KG;
Zu weiteren Nachweisen zum älteren Schrifttum vgl. Duys, Auslands-Kapitalgesellschaft & Co. KG, in Fn. 20.

31 So explizit auch *Roth* in Roth/Altmeppen, GmbHG, § 4a Rn. 75.

BayObLG jedoch keinesfalls abzusehen. Insbesondere *Großfeld*[32], *Ebenroth*[33], *Kindler*[34] und *Kieser*[35] haben dies in ihren ausführlichen Stellungnahmen mit erheblichen Argumenten in Zweifel gezogen.

Obgleich der Streit vor dem Hintergrund der europarechtlichen Entwicklung im Ergebnis obsolet geworden ist, sollen die Eckpunkte der Diskussion um die Zulässigkeit der ausländischen Kapitalgesellschaft & Co. KG nachfolgend rekapituliert werden. Dies dient dem besseren Verständnis für die Streitfragen, welche die Zweifel an dieser Gestaltungsform noch immer – ausgesprochen oder unausgesprochen – prägen. Aspekte, denen für die spezifische Ausgestaltung als Ltd. & Co. KG keine Bedeutung beizumessen ist, bleiben dabei außer Betracht.

I. Voraussetzungen der Zulässigkeit

In einem ersten Schritt ist zunächst Klarheit darüber zu erlangen, von welchen Voraussetzungen die Zulässigkeit abhängt. Schon darüber konnte in der Literatur bislang kein uneingeschränkter Konsens erzielt werden. Einigkeit besteht nur über zwei Aspekte: Zum einen muss die *Limited* nach Maßgabe des internationalen Privatrechts in Deutschland rechtsfähig sein, zum andern muss das deutsche materielle Gesellschaftsrecht eine solche Beteiligung zulassen.[36]

Streitig ist dagegen, ob auch ein dritter Aspekt eine Rolle spielt: Hängt die Zulässigkeit auch davon ab, ob das jeweilige Gesellschaftsrecht des Gründungsstaates eine Beteiligung an ausländischen Gesellschaften zulässt?[37] Bedeutung erlangt der Streit, wenn es nach dem Recht des Gründungsstaats unzulässig ist, dass eine Kapitalgesellschaft die Stellung des einzigen persönlich haftenden Gesellschafters einer Kommanditgesellschaft – bzw. dem entsprechenden Pen-

32 *Großfeld* in Staudinger, BGB, Int. GesR, Rn. 537ff.

33 Ebenroth/Auer, DNotZ 1990, S. 139, 168.

34 *Kindler* in MüKo-BGB, Band 11, Abschnitt Internationales Wirtschaftsrecht Unterabschnitt Internationales Handels- und Gesellschaftsrecht Rn. 576; allerdings hält er diese Ablehnung für Komplementäre aus der EU nicht mehr aufrecht, vgl. *Kindler,* ebenda, Rn. 577.

35 Kieser, Typenvermischung, S. 247.

36 BayObLG, NJW 1986, S. 3029, 3030; *Hopt* Baumbach/Hopt, HGB, nach § 177a Rn. 11; Schlichte, DB 2006, S. 87; Binz/Sorg, GmbH & Co. KG, § 25 Rn. 103; davon geht *Duys* auch aus, ohne dies jedoch explizit zu erwähnen, vgl. Duys, Auslands-Kapitalgesellschaft & Co. KG, § 2.

37 Dafür Schmidt-Hermesdorf, RIW 1990, S. 707, 714f.; Binz/Sorg, GmbH & Co. KG, § 25 Rn. 103; Schlichte, DB 2006, S. 87; *Großfeld* in Staudinger, BGB, Int. GesR, Rn. 642; dagegen OLG Stuttgart, NJW-RR 1955, S. 1067, 1069; *Hopt* in Baumbach/Hopt, HGB, nach § 177a Rn. 11; ausführlich hierzu Heinrich, ausl. jur. Person & Co. KG, S. 216f.

dant zu dieser Rechtsform – innehat.[38] Enthält das jeweilige Heimatrecht jedoch keine Beschränkung hierfür, wie zum Beispiel das englische Gesellschaftsrecht,[39] entfaltet die Frage keinerlei praktische Relevanz und muss folglich hier nicht näher betrachtet werden.

II. IPR und europarechtliche Implikationen

1. Einführung

Wie bereits festgestellt, ist zunächst die (Anerkennung der) Rechtsfähigkeit der englischen *Limited* in Deutschland entscheidend. Da es sich um einen grenzüberschreitenden Sachverhalt handelt, bestimmen die Regeln des internationalen Privatrechts welches materielle Recht für die Bestimmung der Rechtsverhältnisse der Gesellschaft maßgeblich ist.[40] Wiewohl üblich, birgt der Begriff „Anerkennung“ die Gefahr der Fehlinterpretation. In Deutschland wird darunter kein besonderer staatlicher Akkreditierungsakt verstanden. Vielmehr gilt nach allgemeiner Meinung das Prinzip der ipso jure Anerkennung. Das bedeutet, dass die ausländische Gesellschaft ohne weiteres als wirksam angesehen wird, soweit sich dies aus ihrem Gesellschaftsstatut ergibt.[41]

In Deutschland wurde von der ständigen Rechtsprechung und der herrschenden Lehre – zumindest im Ausgangspunkt – traditionell die sog. Einheitslehre[42] vertreten. Danach unterfallen alle im „Leben“ einer Gesellschaft auftretenden Fragen, wie z. B. die Rechts- und Parteifähigkeit, das Innen- und Außenverhältnis sowie die Gründung und Beendigung einer Gesellschaft, einem einheitlichen Gesellschaftsstatut.[43] Allerdings wird die Einheitslehre vor dem Hintergrund der

38 Zweifelhaft ist allerdings, ob es Rechtsordnungen gibt, die Kapitalgesellschaften diese besondere Rechtsfähigkeit nicht zuerkennen. Dies wurde zwar für die schweizerische AG diskutiert, dort aber letztlich abgelehnt (vgl. OLG Saarbrücken, NJW 1990, S. 647f. = GmbHR 1990, S. 348). Andere landesspezfische Beschränkungen finden – soweit ersichtlich – keine Erwähnung.

39 Schlichte, DB 2006, S. 87, 91; Werner, GmbHR 2005, S. 288, 291, *Fritz* in Fritz/Hermann, *Limited* in Deutschland, Rn, 387.

40 *Behrens* in GroßKomm-GmbHG, Einleitung B Rn. B1.

41 *Thorn* in Palandt, BGB, Anh. zu Art. 12 EGBGB Rn. 20 m. w. N.

42 Nachweise bei *Westermann* in Scholz, GmbHG, Anhang § 4a Rn. 1.

43 BGH, BGHZ 25, S. 134, 144 = NJW 1954, S. 1433, 1434; NZG 2000, S. 926, 927 = BB 2000, S. 1106; *Westermann* in Scholz, GmbHG, Anhang § 4a Rn. 1 und 26; *Behrens* in GroßKomm-GmbHG, Einleitung B Rn. 58 m. w. N.; ablehnend dagegen z. B. *Altmeppen/Ego* in MüKo-AktG Bd. 7, Abschnitt Europ. Aktienrecht Unterabschnitt Europ. Niederlassungsfreiheit Rn. 279 ff.

jüngeren europarechtlichen Entwicklung zunehmend von der Frage überlagert, ob einzelne Rechtsinstitute – wie z. B. die Existenzvernichtung[44] oder die Insolvenzverschleppungshaftung[45], um nur zwei „prominente" Beispiele zu nennen – trotz der Nähe zum Gesellschaftsrecht tatsächlich nicht vielmehr insolvenzrechtlich oder deliktsrechtlich zu qualifizieren sind und damit dem Gesellschaftsstatut gar nicht unterfallen.[46] Von einer umfassenden Geltung des anwendbaren materiellen Rechts für alle Fragen im Zusammenhang mit der Entstehung, der Existenz und dem Untergang einer Gesellschaft und den Rechtsbeziehungen zu den Gesellschaftern kann daher nicht mehr ausgegangen werden.

Es sei schon hier darauf hingewiesen, dass die Frage der Rechtsfähigkeit der *Limited* beziehungsweise der Auslands-(kapital-)gesellschaft im Allgemeinen in älteren Monografien einen sehr deutlichen Bearbeitungsschwerpunkt darstellte.[47] Dadurch könnte sich der Eindruck aufdrängen, an dieser Frage allein entscheide sich das Schicksal der diskutierten Gestaltungsform.[48] Zwar ist dem entgegenzuhalten, dass die oben genannten Voraussetzungen gleichberechtigt kumulativ erfüllt sein müssen. Die herausgehobene Betrachtung wird aber nachvollziehbar, wenn man sich bewusst macht, dass ein gewinnbringender Einsatz der *Limited* als Gestaltungsalternative nur dann möglich ist, wenn die Charakteristika der ausländischen Kapitalgesellschaft zumindest in den Kernfragen der Teilnahme am Rechtsverkehr und der Kapitalverfassung in Deutschland erhalten bleiben.

2. Ansätze zur Bestimmung des Gesellschaftsstatuts

Die Bestimmung des Gesellschaftsstatuts erfolgt durch Festlegung des maßgeblichen Anknüpfungsmoments.[49] Das EGBGB enthält dazu keine Regelung. Dadurch entstand ein lange Zeit anhaltender Theorienstreit zwischen zwei denkbaren Alternativen: einer Anknüpfung an den Staat der Inkorporation, Standpunkt der

---

44 Vgl. die Ausführungen bei *Westermann* in Scholz, GmbHG, Anhang § 4a Rn. 68; *Paefgen* in Westermann, Hdb. d. PersGes, § 60 Rn. 4152 ff.; *Weller* in Müko-GmbHG, Einl. Int. GesR, Rn. 415 ff.

45 Vgl. dazu *Westermann* in Scholz, GmbHG, Anhang § 4a Rn. 70 f.; *Paefgen* in Westermann, Hdb. d. PersGes, § 60 Rn. 4155 ff.; *Weller* in Müko-GmbHG, Einl. Int. GesR, Rn. 424 f.

46 Vgl. zu diesem Effekt auch *Westermann* in Scholz, GmbHG, Anhang § 4a Rn. 26.

47 Bei *Kieser* macht dieser Teil etwa ¾ der Ausarbeitung aus (vgl. Kieser, Typenvermischung), bei *Grothe* etwas über die Hälfte der Ausarbeitung (vgl. Grothe, Ausländische Kapitalgesellschaft & Co.).

48 Auf diesen Aspekt weist zu Recht auch *Duys* hin (Duys, Auslands-Kapitalgesellschaft & Co. KG, S. 4).

49 Zu diesem Begriff *Sonnenberger* in MüKo-BGB, Band 10, Abschnitt EGBGB Unterabschnitt IPR Teil Einleitung Rn. 657.

sogenannten Gründungstheorie, oder an den Staat des Sitzes der Gesellschaft, Standpunkt der sogenannten Sitztheorie.[50] Auch wenn diese Zusammenfassung etwas vereinfacht ist, führt die Gründungstheorie in der Regel zur Anerkennung Gesellschaften ausländischen Rechts in Deutschland, während die Sitztheorie ausländischen Gesellschaftsformen die Anerkennung in der Regel versagt und diese nach Verlegung ihres Verwaltungssitzes nach Deutschland nicht als solche behandelt.

a. Sitztheorie

Nach der Sitztheorie wird das Gesellschaftsstatut durch den tatsächlichen Verwaltungssitz der Gesellschaft bestimmt.[51] Liegt der Verwaltungssitz einer Gesellschaft in Deutschland, sind die Anforderungen des deutschen Rechts für die Frage maßgeblich, ob eine Gesellschaft als Kapitalgesellschaft anerkannt wird. Dagegen genügt es nicht, dass die Anforderungen eingehalten wurden, welche die Inkorporationsrechtsordnung an die Gründung und Wirksamkeit einer Kapitalgesellschaft stellt.

Die Sitztheorie entsprach in Deutschland der ständigen Rechtsprechung[52] und der herrschenden Meinung in der Literatur.[53] Innerhalb der Vertreter der Sitztheorie bestand jedoch Uneinigkeit darüber, wie der Sitz der Gesellschaft tatsäch-

---

50 Daneben gibt es noch eine Reihe vermittelnder Lehren, die aber wenig bis keine Bedeutung erlangt haben (vgl. die Übersichten bei *Behrens* in GroßKomm-GmbHG, Einleitung B Rn. B 4; *Habersack* in MüKo-AktG, Bd 1, Einl. 1. Teil Abschnitt C, Rn. 93). Zu nennen sind die sog. Überlagerungstheorie von *Sandrock* (Sandrock, RabelsZ 1978, S. 227, 250 ff.), die sog. Differenzierungstheorie von *Grasmann* (Grasmann, System des internat. GesR, S. 343 ff.) und die Kombinationslehre von *Zimmer* (Zimmer, Internat. GesR, S. 232 ff.). Zu den Gründen der Ablehnung vgl. *Westermann* in Scholz, GmbHG, Anhang § 4a Rn. 13; *Altmeppen* in MüKo-AktG, 2. Aufl., Bd. 9/2 Abschnitt B. 2. I. Rn. 60, 65, 68.

51 *Behrens* in GroßKomm-GmbHG, Einleitung B Rn. B15; *Westermann* in Scholz, GmbHG, Anhang § 4a Rn. 10; *Kindler,* MüKo-BGB, Band 11, Abschnitt Internationales Wirtschaftsrecht Unterabschnitt Internationales Handels- und Gesellschaftsrecht Rn. 420.

52 Zuletzt etwa BGH, NJW 2002, S. 3539, 3540 = BGHZ 151, S. 204 ff.; ständig seit RG, JW 1904, S. 231; dies wurde vom BGH erneut bestätigt für Gesellschaften, die nicht in den Geltungsbereich der Niederlassungsfreiheit fallen, vgl. BGH, NJW 2009, S. 290 f. = BGHZ 178, S. 192 ff. („Trabrennbahn"); zu umfangreichen Nachweisen zur Rechtsprechung vgl. *Kindler,* MüKo-BGB, Band 11, Abschnitt Internationales Wirtschaftsrecht Unterabschnitt Internationales Handels- und Gesellschaftsrecht Fn. 15 zu Rn. 5.

53 Auswahl: Kegel/Schurig, IPR, 8. Aufl., § 17 II 1; von Bar, IPR, 1. Aufl., Bd. II Rn. 619 ff.; *Kindler,* MüKo-BGB, Band 11, Abschnitt Internationales Wirtschaftsrecht Unterabschnitt Internationales Handels- und Gesellschaftsrecht Rn. 5; *Großfeld* in Staudinger, BGB, Int. GesR, Rn. 38 ff.; *Behrens* in GroßKomm-GmbHG, Einleitung B Rn. B17.

lich ermittelt wird.[54] In der Rechtsprechung hatte sich dazu die auf *Sandrock*[55] zurückgehende Formel durchgesetzt, dass der Sitz der Gesellschaft dort liegt, wo „die grundlegenden Entscheidungen der Unternehmensleitung effektiv in laufende Geschäftsführungsakte umgesetzt werden".[56]

Diese Formel führt zu folgendem Ergebnis: Liegt der Verwaltungssitz einer nach englischem Recht gegründeten *Limited* in Deutschland, handelt es sich also um eine Scheinauslandsgesellschaft,[57] wird sie hier nicht als haftungsbeschränkte Kapitalgesellschaft anerkannt. Dies liegt daran, dass sie die Anforderungen, die das hiesige Recht an die Gründung einer haftungsbeschränkten Kapitalgesellschaft stellt, nicht erfüllt. Die *Limited* ist daher als solche nicht rechts- und parteifähig, vor allem aber ist die Haftung der Gesellschafter nicht beschränkt.[58] Die letztgenannten Rechtsfolgen beruhen darauf, dass ausländische Gesellschaften mit Verwaltungssitz in Deutschland nach früher vertretener Auffassung als rechtliches Nullum[59] angesehen wurden. Nach einer neueren Ansicht werden diese Gesellschaften als Personengesellschaften[60] deutschen Rechts behandelt.[61]

Unter Geltung der Sitztheorie ist es für den Regelfall, dass der Geschäftsbetrieb der *Limited* auf die Übernahme der Komplementärstellung beschränkt ist, rechtlich hoch riskant und wirtschaftlich praktisch ausgeschlossen, eine Ltd. & Co. KG in Deutschland zu gründen:[62] Abhängig vom Vorstehenden wären die Gesellschafter der *Limited* und/oder der KG einer unmittelbaren persönlichen Haftung ausgesetzt.[63] Alle Rechtsbeziehungen innerhalb der Gesellschaft und zu Dritten wären erheblicher Rechtsunsicherheit ausgesetzt.

---

54 Nachweise dazu bei *Behrens* in GroßKomm-GmbHG, Einleitung B Rn. B19.

55 *Sandrock* in Beitzke-FS, S. 669, 683 f.

56 BGH, NJW 1986, S. 2194, 2195 = BGHZ 97, S. 269 ff.; weitere Nennungen bei *Behrens* in GroßKomm-GmbHG, Einleitung B FN 19, auch zu abweichenden Ansätzen.

57 Zum Begriff vgl. *Altmeppen/Ego* in MüKo-AktG Bd.7, Abschnitt Europ. Aktienrecht Unterabschnitt Europ. Niederlassungsfreiheit Rn. 341 ff.

58 Siehe auch *Behrens* in GroßKomm-GmbHG, Einleitung B Fn. 31.

59 BGH, NJW 1986, S. 2194, 2195 = BGHZ 97, S. 269 ff.; *Großfeld* in Staudinger, BGB, Int. GesR, Rn. 427 ff.

60 Konkret handelt es sich entweder um einer BGB-Gesellschaft oder eine OHG. Die Unterscheidung erfolgt nach allgemeinen Grundsätzen, also danach, ob ein Handelsgewerbe im Sinne von § 1 Abs. 1 und 2 HGB gegeben ist .

61 BGH, NJW 2002, S. 3539, 3540 = BGHZ 151, S. 204 ff.; Behrens, ZGR 1994, S. 1, 24 ff.; K. Schmidt, ZGR 1999, S. 20, 24 ff.

62 Duys, Auslands-Kapitalgesellschaft & Co. KG, S. 12; *Großfeld* in Staudinger, Int. GesR, Rn. 537.

63 Dies hängt von den Beteiligungsverhältnissen ab. Deutet man die *Limited* im Anschluss an die Sitzverlegung nach Deutschland in eine OHG oder BGB-Gesellschaft um, ist zumindest ein Rechtssubjekt vorhanden, das die Komplementärstellung innehaben kann. Dieses Rechtssubjekt haftet nach § 161 Abs. 2 i. V. m. § 128 HGB für die Verbindlichkeiten der KG. Die Gesellschafter der Komplementärin haften hierfür persönlich nach § 128 HGB, ent-

Eine *Limited & Co. KG* wäre nur noch dann eine denkbare Gestaltungsalternative, wenn der tatsächliche Verwaltungssitz der *Komplementär-Limited* auch nach Übernahme der Komplementärstellung im Inkorporationsstaat läge.[64]

b. Gründungstheorie

Einen grundsätzlich anderen Ansatz verfolgt die Gründungstheorie. Hiernach wird für die Beurteilung des maßgeblichen Rechts insgesamt auf das Recht des Staates, nach welchem die Gesellschaft gegründet und organisiert wurde, verwiesen. Dies ist in der Regel der Staat, in dessen Register die Gesellschaft eingetragen ist und in welchem der Satzungssitz der Gesellschaft liegt.[65] Die Verweisung umfasst sowohl das materielle Recht wie auch das IPR des Gründungsstaats.[66] Nur wenn auch das IPR dieses Staats der Gründungstheorie folgt, verbleibt es bei der Anwendung des dortigen Gesellschaftsrechts. Folgt der Gründungsstaat dagegen der Sitztheorie, nimmt jedenfalls das deutsche IPR nach Art. 4 Abs. 1 Satz 2 EGBGB diese Rückverweisung an. Es käme also doch zur Anwendung deutschen Sachrechts. Unter Geltung der Gründungstheorie wäre englisches Gesellschaftsrecht auf eine *Limited* mit Verwaltungssitz in Deutschland anwendbar, da dann auf das materielle Recht des Inkorporationsstaates verwiesen werden würde und das englische internationale Privatrecht der Gründungstheorie folgt, somit die Verweisung also annimmt.

---

weder direkt (OHG) oder analog (BGB-Gesellschaft, vgl. dazu BGH, NJW 2001, S. 1056, 1061 = BGHZ 146, S. 341 ff.; *Sprau* in Palandt, BGB, § 714 Rn. 12 ff.). Ist ein Gesellschafter daher allein als Kommanditist beteiligt, verbleibt es bei seiner Haftungsbeschränkung. Behandelt man die *Limited* infolge der Sitzverlegung als rechtliches Nullum, hat die KG keine rechtlich fortbestehende Komplementärin. Eine KG kann jedoch ohne persönlich haftenden Gesellschafter nicht bestehen (allg. Meinung, vgl. nur *Hopt* in Baumbach/Hopt, HGB, § 161 Rn. 3). Führen die Gesellschafter der KG die Geschäfte fort, wird diese zur OHG, was zur persönlichen Haftung der Gesellschafter nach § 128 HGB führt (vgl. *Hopt* in Baumbach/Hopt, HGB, § 177 Rn. 1). In diesem Fall wäre gegen diejenigen Gesellschafter, die allein an der *Limited* beteiligt sind, keine Haftungsgrundlage erkennbar, allenfalls aus Rechtsscheingründen könnte noch eine Haftung eintreten.

64 Dieser Fall dürfte selten sein (ebenso *Großfeld* in Staudinger, Int. GesR, Rn. 537). Insbesondere als Gestaltungsalternative zur GmbH & Co. KG fällt die Ltd. & Co. KG dann weg, denn dass potentiellen Gründern eine *Limited* zur Verfügung steht, deren Verwaltungssitz in Großbritannien liegt, ist kaum vorstellbar. Dies wird verkannt bei Duys, Auslands-Kapitalgesellschaft & Co. KG, S. 13, soweit er in gestalterischer Hinsicht in der Sitztheorie kein Problem für die Ltd. & Co. KG zu erkennen vermag.

65 *Behrens* in GroßKomm-GmbHG, Einl. B Rn. B 37; *Westermann* in Scholz, GmbHG, Anhang § 4a Rn. 12.

66 Zuletzt etwa OLG Hamm, NZG 2001, S. 562; *Thorn* in Palandt, BGB, Anh. zu Art. 12 EGBGB Rn. 4.

Die Gründungstheorie entstammt dem anglo-amerikanischen Rechtskreis und gilt dort (Großbritannien, Irland) auch, darüber hinaus in den Niederlanden und in der Schweiz.[67] Im deutschen Schrifttum wurde eine Gründungsrechtsanknüpfung – wenn auch nicht in Reinform – ebenfalls gelegentlich vertreten.[68]

Die Folgen für die Ltd. & Co. KG liegen auf der Hand: Auch wenn der tatsächliche Verwaltungssitz der *Limited* mit Übernahme der Komplementärfunktion in der Regel in Deutschland liegen wird, bestimmen sich die Rechtsverhältnisse der *Limited* dennoch nach englischem Gesellschaftsrecht. Wurde die *Limited* in England ordnungsgemäß gegründet, wird sie als solche auch in Deutschland umfassend anerkannt. Einem Einsatz der *Limited* als Komplementärin stünden somit internationalprivatrechtliche Aspekte nicht schon grundsätzlich entgegen.

3. Kollisionsrechtliches Abspaltungsverbot / Rechtsnormenvermischung

Großfeld, Kindler, Ebenroth und *Kieser* führen die Unzulässigkeit auf einen weiteren kollisionsrechtlichen Aspekt zurück.[69] Bei der Ltd. & Co. KG sei auf die KG deutsches Sachrecht anwendbar. Die Rechtsverhältnisse der Komplementärin unterlägen hingegen dem materiellen Recht des Inkorporationsstaats. Durch die so hervorgerufene Vermischung der beiden Rechte werde eine unannehmbare Belastung des Rechtsverkehrs hervorgerufen, die zudem mit dem Ziel einer einheitlichen Anknüpfung aller gesellschaftsrechtlichen Fragen nicht zu vereinbaren sei.[70]

Dem kann jedoch nicht gefolgt werden. Schon der dogmatische Ansatz überzeugt nicht. *Duys und Grothe* haben bereits darauf hingewiesen, dass eine solche Sichtweise die Grenzen zwischen Kollisions- und Sachrecht nicht hinreichend

---

67 *Behrens* in GroßKomm-GmbHG, Einl. B Rn. B 38 auch mit Nachweisen für die jeweiligen Staaten.

68 Auswahl: Knobbe-Keuk, ZHR 1990, S. 325, 355; Behrens, RabelsZ 1988, S. 498, 517 ff.; *ders.* in GroßKomm-GmbHG, Einl. B Rn. B 38; Koppensteiner, Internat. Unternehmen, S. 137.

69 *Großfeld* in Staudinger, Int. GesR, Rn. 542 und 544; *Kindler* in MüKo-BGB, Band 11, Abschnitt Internationales Wirtschaftsrecht Unterabschnitt Internationales Handels- und Gesellschaftsrecht Rn. 576; Ebenroth/Auer, DNotZ 1990, S. 139, 153 f.; Kieser, Typenvermischung, S. 180 ff.

70 Auf derselben Begründungslinie liegt auch ein nach den Entscheidungen des EuGH in Sache Centros, Überseering und Inspire Art ergangenes Urteil des AG Bad Oeynhausen (vgl. EWiR 2005, S. 541 = GmbHR 2005, S. 692 ff.), ohne sich freilich explizit auf das Abspaltungsverbot zu beziehen. Das Urteil wurde in Literatur zu Recht kritisiert (vgl. Wachter, EWiR 2005, S. 541 f.; Kowalski/Bormann, GmbHR 2005, S. 1045 ff.) und in der nächsten Instanz aufgehoben (vgl. LG Bielefeld, GmbHR 2006, S. 89 ff. = NZG 2006, S. 504).

beachtet.[71] Das Kollisionsrecht ist nach allgemeiner Ansicht Rechtsanwendungsrecht, es enthält dagegen keine Regelungen in der Sache selbst.[72] Daher kann aus kollisionsrechtlichen Prinzipien nicht auf die materielle Unzulässigkeit einer KG-Beteiligung geschlossen werden.

4. Europarechtliche Vorgaben

Eine Auseinandersetzung mit der jeweiligen dogmatischen Begründung ist für die Praxis jedoch obsolet, denn die Antwort ist durch die Rechtsprechung des EuGH mittlerweile grundsätzlich vorgegeben. Es handelt sich um die bereits genannten Entscheidungen „Centros",[73] „Überseering"[74] und „Inspire Art".[75] Die Kernaussagen der Urteile betreffen die Reichweite der europarechtlichen Niederlassungsfreiheit nach Art 49, 54 AEUV.

a. Voraussetzungen und Umfang der Niederlassungsfreiheit

i. Schutzbereich

Sachlich gewährleistet die Niederlassungsfreiheit verschiedene Facetten des Rechts auf wirtschaftliche Betätigungsfreiheit in allen Staaten des Geltungsbereiches des Vertrags,[76] beispielsweise durch Gründung und Betrieb einer Zweigniederlassung von Gesellschaften (sog. sekundäre Niederlassungsfreiheit).[77] Die Eröffnung des sachlichen Schutzbereichs ist grundsätzlich nicht abhängig von der Art der ausgeübten Tätigkeit. Eine Einschränkung besteht nur insoweit, als eine missbräuchliche oder betrügerische Berufung auf Gemeinschaftsrecht nicht gestattet ist.[78]

Persönlich steht sie allen Bürgern der Europäischen Union sowie den rechtsfähigen Gesellschaften zu.[79]

---

71 Duys, Auslands-Kapitalgesellschaft & Co. KG, S. 15 f.; Grothe, ausländische Kapitalgesellschaft & Co., S. 211 ff.

72 Von Bar, IPR, § 4 Rn. 1 f.

73 EuGH, Rs. C-212/97, Slg. 1999, I-1459 = NJW 1999, S. 2027 ff.

74 EuGH, Rs. C-208/00, Slg. 2002, I-9919 = NJW 2002, S. 3614 ff.

75 EuGH, Rs. C-167/01, Slg. 2003, I-10155 = NJW 2003, S. 3331 ff.

76 *Bröhmer* in Calliess/Ruffert, EUV/AEUV, Art. 49 AEUV Rn. 9.

77 *Bröhmer* in Calliess/Ruffert, EUV/AEUV, Art. 43 AEUV Rn. 17.

78 EuGH, NJW 1999, S. 2027, 2028, Tz. 24 („Centros"); *Behrens* in GroßKomm-GmbHG, Einleitung B Rn. B10.

79 *Bröhmer* in Calliess/Ruffert, EUV/AEUV, Art. 49 AEUV Rn. 7 f.

ii. Beeinträchtigungsmodalitäten

Einzelstaatliche Maßnahmen können dieses Recht mittelbar oder unmittelbar verkürzen. Solche Verkürzungen, sog. „Beeinträchtigungen", bedürfen einer Rechtfertigung, wobei die Anforderungen an die Rechtfertigung von der Art der Beeinträchtigung abhängen. Folgende Modalitäten werden unterschieden:

Es kann sich zunächst um Diskriminierungen handeln,[80] die wiederum als direkte oder auch als verdeckte Diskriminierungen auftreten können. Direkte Diskriminierungen sind solche, die als Differenzierungskriterium an die Staatsbürgerschaft bzw. an den bisherigen Satzungssitz- oder Gründungsstaat einer Gesellschaft anknüpfen.[81] Unter verdeckten Diskriminierungen werden Maßnahmen verstanden, die zwar formal unterschiedslos zur Anwendung kommen, Ausländer aber typischerweise stärker belasten als Inländer.[82] Darunter fallen zum Beispiel Regelungen, die an eine bestimmte Ansässigkeit des Betroffenen oder an Sprachkenntnisse[83] anknüpfen.

Auch eine bloße Behinderung der Ausübung von Grundfreiheiten wird als rechtfertigungsbedürftige Beeinträchtigung angesehen.[84] Eine Behinderung ist eine unterschiedslos anwendbare nationale Regelung, die geeignet ist, die Ausübung von Grundfreiheiten zu unterbinden, zu behindern oder weniger attraktiv zu machen.[85]

80 *Bröhmer* in Calliess/Ruffert, EUV/AEUV, Art. 49 AEUV Rn. 20 ff; *Tiedje/Troberg* in von der Groeben/Schwarze, EUV/EGV, Art. 43 EGV Rn. 69 ff. (entspricht nunmehr Art. 49 AEUV).

81 *Pache* in Schulze/Zuleeg/Kadelbach, EuropaR, § 10 Rn. 183; *Tiedje/Troberg* in von der Groeben/Schwarze, EUV/EGV, Art. 43 EGV Rn. 71 (entspricht nunmehr Art. 49 AEUV).

82 *Pache* in Schulze/Zuleeg/Kadelbach, EuropaR, § 10 Rn. 183; *Tiedje/Troberg* in von der Groeben/Schwarze, EUV/EGV, Art. 43 EGV Rn. 74 f. (entspricht nunmehr Art. 49 AEUV).

83 Vgl. zu diesen Beispielen *Forthoff* in Grabitz/Hilf, Recht der EU, Art. 49 AEUV Rn. 84. Beispiele aus der Rechtsprechung finden sich häufig im Bereich des Steuerrechts, vgl. dazu *Voß* in Grabitz/Hilf, Recht der EU, Einl. Rn. 15 ff.

84 *Bröhmer* in Calliess/Ruffert, EUV/AEUV, Art. 49 AEUV 24 ff.; *Tiedje/Troberg* in von der Groeben/Schwarze, EUV/EGV, Art. 43 EGV Rn. 87 ff. (entspricht nunmehr Art. 49 AEUV); *Pache* in Schulze/Zuleeg/Kadelbach, EuropaR, § 10 Rn. 187.

85 Grundlegend EuGH, Rs. C-55/94, Slg. 1995, I–4165 Rn. 37 = NJW 1996, S. 579 ff. („Gebhard"); *Bröhmer* in Calliess/Ruffert, EUV/AEUV, Art. 49 AEUV, Rn. 28; *Tiedje/Troberg* in von der Groeben/Schwarze, EUV/EGV, Art. 43 EGV Rn. 87 ff. (entspricht nunmehr Art. 49 AEUV).

iii. Rechtfertigung

An die Rechtfertigung von Beschränkungen werden unterschiedliche Anforderungen gestellt, die davon abhängen, ob eine Diskriminierung oder eine Behinderung vorliegt.[86]

Für Fälle offener Diskriminierungen ist die Möglichkeit auf die ausdrücklich im AEUV vorgesehenen Ausnahmen beschränkt,[87] die in Art. 52, 54 AEUV normiert sind.

Behinderungen[88] und verdeckte Diskriminierungen[89] können zum einen ebenso wie offene Diskriminierungen gerechtfertigt werden. Daneben besteht nach der Judikatur des EuGH auch die Möglichkeit einer Rechtfertigung aus zwingenden Gründen des Allgemeinwohls.[90] Dies setzt voraus, das vier Kriterien kumulativ erfüllt sind: Die Beeinträchtigung muss in nicht diskriminierender Weise angewandt werden, aus zwingenden Gründen des Allgemeininteresses gerechtfertigt sein, sie muss geeignet sein, die Verwirklichung des angestrebten Ziels zu gewährleisten, und sie darf nicht über das hinausgehen, was zur Erreichung dieses Zieles erforderlich ist.[91]

Die Prüfungspunkte weisen untereinander Überschneidungen aus. In der Sache nimmt der EuGH eine Prüfung am Maßstab der Verhältnismäßigkeit vor.[92] Diese wird jedoch um die Prüfung einer diskriminierenden Anwendung ergänzt. Eine Maßnahme ist geeignet, wenn sie dem damit verfolgten Ziel, also dem Schutz eines vom Allgemeininteresse gedeckten Guts, dienen kann. Eine Maßnahme ist ungeeignet, wenn sie den angestrebten Schutz oder Vorteil gar nicht gewährt, nicht dagegen schon dann, wenn sie das angestrebte Ziel nicht vollständig erreicht.[93] Im Rahmen der Erforderlichkeit ist zu prüfen, ob die vom

---

86 Ausführlich hierzu auch *Behrens* in GroßKomm-GmbHG, Einl. B Rn. B10 ff.; *Pache* in Schulze/Zuleeg/Kadelbach, EuropaR, § 10 Rn. 190.

87 EuGH, Rs. 352/85, Slg. 1988, I–2085 Rn. 32 = NZG 1989, S. 2189, 2191 („Bond van Adverteerders"); *Pache* in Schulze/Zuleeg, EuropaR, § 10 Rn. 188, 190; *Tiedje/Troberg* in von der Groeben/Schwarze, EUV/EGV, Art. 43 EGV Rn. 114 (entspricht nunmehr Art. 49 AEUV).

88 Zuletzt etwa EuGH, Rs. C-518/06, Slg. 2009, I–3491 Rn. 72 mwN; EuGH, Rs. C-400/08, EuZW 2011, S. 557, 560 Rn. 72.

89 Zuletzt etwa EuGH, Rs. 383/05, Slg 2007, I–2555 Rn. 35 = IStR 2007, S. 368, 369.

90 EuGH, NJW 1996, S. 579, 581 („Gebhard"); vgl. auch *Bröhmer* in Calliess/Ruffert, EUV/AEUV, Art. 49 AEUV 27f.; *Pache in* Schulze/Zuleeg/Kadelbach, EuropaR, § 10 Rn. 188, 190.

91 EuGH, NJW 1996, S. 579, 581 Tz. 37 („Gebhard") und ständig, insbesondere auch für gesellschaftsrechtliche Regelungen; *Bröhmer* in Calliess/Ruffert, EUV/AEUV, Art. 49 AEUV Rn. 28.

92 *Forsthoff* in Grabitz/Hilf, Recht der EU, Art. 45 AEUV Rn. 374.

93 EuGH, NJW 1999, S. 2027, 2029; *Forsthoff* in Grabitz/Hilf, Recht der EU, Art. 45 AEUV Rn. 375.

Mitgliedsstaat gewählten Mittel verhältnismäßig sind, um das anerkannte Ziel zu verfolgen.[94]

b. Zulassung des Zuzugs von Scheinauslandsgesellschaften

Der Zuzug von Scheinauslandsgesellschaften wurde bis zur Wende durch die angesprochenen Urteile des EuGH in Deutschland durch die oben beschriebenen[95] Rechtsfolgen der Sitztheorie wirtschaftlich unmöglich gemacht. Die Anhänger der Sitztheorie wähnten sich mit ihrer Ansicht auch nicht im Widerspruch zur Niederlassungsfreiheit. Der EuGH wies jedoch alle gegenläufigen Argumente zurück und stellte demgegenüber fest:

Eine Berufung auf die Niederlassungsfreiheit scheitert bei Scheinauslandsgesellschaften nicht bereits daran, dass ihnen auf Grund einer missbräuchlichen Gestaltung die Berufung auf die Niederlassungsfreiheit versagt ist. Allein die Ausnutzung von Gestaltungsmöglichkeiten durch die Gründung einer Gesellschaft nach dem Recht desjenigen Staates, dessen gesellschaftsrechtliche Regelungen die größte Freiheit lassen, und die darauf folgende Geschäftsausübung ausschließlich über Zweigniederlassungen in einem anderen Staat stellt keine missbräuchliche Gestaltung dar und genießt den Schutz der Niederlassungsfreiheit.[96]

Die Rechts- und Parteifähigkeit der Gesellschaft ist im Zuzugsstaat als solche zu achten, denn in der Versagung der Anerkennung liegt eine Beeinträchtigung der Niederlassungsfreiheit, die weder aufgrund zwingender Allgemeininteressen noch sonst gerechtfertigt ist.[97] Die Betätigung über die Zweigniederlassung kann auch nicht von der Einhaltung von Regeln zum Mindestkapital oder zur Geschäftsführerhaftung, wie sie für die innerstaatliche Gründung von Gesellschaften gelten, abhängig gemacht werden, denn solche Beschränkungen der Niederlassungsfreiheit sind ebenfalls nicht zu rechtfertigen.[98]

Dogmatisch mag man sich über die Einordnung dieser Entscheidungen und ihre Bedeutung für die vorstehend referierten Theorien zum Anknüpfungsmoment trefflich streiten.[99] Für die praktische Rechtsanwendung jedoch teilen sowohl

---

94 *Tiedje/Troberg* in von der Groeben/Schwarze, EUV/EGV, Art. 43 EGV Rn. 106 (entspricht nunmehr Art. 49 AEUV).

95 Vgl. unter Teil B. II. 2. a.

96 EuGH, NJW 1999, S. 2027, 2028 f., Tz. 27 und 29 („Centros").

97 EuGH, NJW 3614, 3617, Tz. 95 („Überseering").

98 EuGH, NJW 2003, S. 3331, 3334 f., Tz. 134 ff. („Inspire Art").

99 Dazu ausführlich Teichmann, GesR., S. 409 ff. und S. 423 ff.; Schneider, BB 2008, S. 566, 567 ff.

die höchstrichterliche Rechtsprechung[100] und die nahezu einhellige Meinung in der Literatur[101] die Auffassung, dass Gesellschaften aus einem Mitgliedsstaat der Europäischen Gemeinschaft, die in einem anderen Mitgliedsstaat tätig werden, grundsätzlich nach ihrem Gründungsrecht zu beurteilen sind. Dies erfasst jedenfalls die vorgenannten Teilbereiche des Gesellschaftsstatuts, die unmittelbar entscheidungsgegenständlich waren. Bei den verbliebenden Teilbereichen bleibt eine Sonderanknüpfung dagegen noch denkbar.[102] [103]

Das jeweilig auf die Rechtsverhältnisse einer Gesellschaft aus dem Geltungsbereich des AEUV[104] anwendbare materielle Recht ist demgemäß nach folgender Methode festzustellen: Bei Regelungskomplexen, die dem Gesellschaftsstatut unterfallen, ist im Ausgangspunkt anzunehmen, dass umfassend das materielle Gesellschaftsrecht des Inkorporationsstaates zur Anwendung kommt. In einem zweiten Schritt ist eine Sonderanknüpfung zu prüfen, also die punktuelle Anwendung deutschen Sachrechts. Dieser zweite Schritt ist ebenfalls wieder aufgrund der Rechtfertigungskriterien zu beurteilen, die der EuGH für die Einschränkung der Niederlassungsfreiheit aufstellt.[105]

---

100 BGH, NJW 2003, S, 1461 ff. = BGHZ 154, S. 185 ff.; NJW 2005, S. 1648, 1649 = GmbHR 2005, S. 630; NJW 2009, S. 289, 290 = BGHZ 178, S. 192 ff.; BayObLG, NZG 2003, S. 290 f. = DNotZ 2003, S. 295; OLG Zweibrücken, NZG 2003, S. 537, 538 = BB 2003, S. 864 f.

101 Auswahl: *Westermann* in Scholz, GmbHG, Anhang § 4a Rn. 24; *Behrens* in GroßKomm-GmbHG, Einl. B Rn. B 39; *Kindler* in MüKo-BGB, Band 11, Abschnitt Internationales Wirtschaftsrecht Unterabschnitt Internationales Handels- und Gesellschaftsrecht Rn. 427 ff. (unter konkludenter Aufgabe der früher vertretenen gegenteiligen Auffassung, vgl. ders., NZG 2003, S. 1086 f); *Thorn* in Palandt, BGB, Anh. zu Art. 12 EGBGB Rn. 6 ff.; *Hirte* in Hirte/Bücker, § 1 Rn. 25 f.; Goette, DStR 2005, S. 197; zahlreiche weitere Nachweise auch bei Altmeppen/Wilhelm, DB 2004, S. 1083 Fn. 7; für eine weitgehende Fortgeltung deutschen materiellen Rechts dagegen vor allem Altmeppen, NJW 2004, S. 97 ff.

102 Dazu bereits die Hinweise in Teil B. II. 1.

103 In der letzten Legislaturperiode lag zudem ein Referentenentwurf zur Novellierung des EGBGB vor, der die Gründungsrechtsanknüpfung auch gesetzlich umfassend festschreiben wollte (vgl. Referentenentwurf zum Gesetz zum Internationalen Privatrecht der Gesellschaften, Vereine und juristischen Personen. Abrufbar im Internet unter rsw.beck.de/rsw/upload/Beck_Aktuell/Referentenentwurf-IGR.pdf; vgl. Rothheimer, NZG 2008, S. 181 ff.). Es bleibt aber abzuwarten, ob der Entwurf noch weiterverfolgt wird.

104 Am Rande sei erwähnt, dass dies nach Auffassung des BGH auch für US-amerikanische Gesellschaften gilt. Diese unterfallen zwar nicht dem Schutzbereich des AEUV, jedoch führt Art. 5 XXV Abs. 5 S. 2 des Freundschafts-, Handels- und Schiffahrtsvertrags zwischen der BRD und den USA zu demselben Ergebnis (vgl. BGH, NJW-RR 2004, S. 1618 = ZIP 2004, S. 1549). Eine umfassende Geltung für alle Auslandsgesellschaften unabhängig von ihrem Herkunftsstaat lehnt der BGH dagegen ab, so insbesondere für die schweizer AG (vgl. BGH, NJW 2009, S. 289 ff. = BGHZ 178, S. 192 ff. „Trabrennbahn“).

105 *Westermann* in Scholz, GmbHG, Anhang § 4a Rn. 28; *Behrens* in Groß-Komm. GmbHG, Einl. B Rn. B 155.

Im Ergebnis steht also fest, dass die Rechts- und Parteifähigkeit,[106] die Finanz- und Haftungsverfassung[107] sowie die tragenden Organisationsprinzipien nach dem Gründungsrecht zu beurteilen sind.

c. Grenzüberschreitende Mobilität ohne Grenzen?

Wenn in den vorstehenden Erwägungen vom „Zuzug" einer Gesellschaft die Rede ist, so ist dieser Begriff bewusst unscharf gewählt. Grenzüberschreitende „Mobilität" von Gesellschaften kann auf ganz verschiedene Art und Weise realisiert werden. Vergleichsweise naheliegende Varianten sind die Verlegung des Satzungssitzes einer Gesellschaft vom Gründungs- in den Aufnahmestaat oder die Verlegung des tatsächlichen Verwaltungssitzes, die mit der Begründung einer Zweigniederlassung der Gesellschaft im Aufnahmestaat und gegebenenfalls der Aufgabe jeglicher Tätigkeit im Gründungsstaat einhergeht.

Aufgrund der vorstehenden Ausführungen könnte man den Eindruck gewinnen, die vom EuGH vertretene Auslegung der Niederlassungsfreiheit eröffne Gesellschaften aus dem Geltungsbereich des AEUV ein Recht auf „uneingeschränkte grenzüberschreitende Mobilität". Tatsächlich hat der EuGH neben den bereits erwähnten Urteilen „Centros",[108] „Überseering"[109] und „Inspire Art"[110] auch in den Entscheidungen „de Lasteyrie du Saillant"[111] und „Sevic"[112] die Gestaltungsfreiheit in Bezug auf Gesellschaften aus dem Geltungsbereich des AEUV kontinuierlich weiter ausgebaut. Das Gericht schien dabei seine früher teilweise vertretene restriktivere Linie, wie sie etwa noch in der Rechtssache

106 EuGH, NJW 2002, S. 3614, S. 3617 Tz. 95 („Centros"); BGH, NJW 2005, S. 1648, 1649 = GmbHR 2005, S. 630 ff.

107 EUGH, NJW 2003, S. 3331, 3335 Tz. 143 („Inspire Art"); BGH, NJW 2005, S. 1648, 1649 = GmbHR 2005, S. 630 ff.

108 EuGH, Rs. C-212/97, Slg. 1999, I–1459 = NJW 1999, S. 2027 ff.

109 EuGH, Rs. C-208/00, Slg. 2002, I–9919 = NJW 2002, S. 3614 ff.

110 EuGH, Rs. C-167/01, Slg. 2003, I–10155 = NJW 2003, S. 3331 ff.

111 EuGH, Rs. C-9/02, Slg. 2004, I–2409 = NJW 2004, S. 2439 ff. Die Entscheidung betraf steuerlich induzierte Wegzugsbeschränkungen für Kapitalgesellschaften und erteilte solchen eine Absage. In diesem Rahmen schärfte der EuGH zudem die Konturen der möglichen Rechtfertigung einer Beeinträchtigung der Niederlassungsfreiheit in Wegzugsfällen; vgl. dazu auch Grohmann, DZWIR 2009, S. 322, 324 f. und ausführlich z. B. Kleinert/Probst, NJW 2004, S. 2425 ff.

112 EuGH, Rs. C-410/03, Slg. 2005, I–10805 = NJW 2004, S. 425 f. Der EuGH entschied hier, dass die Niederlassungsfeiheit auch ein Recht auf grenzüberschreitende (Herein-)Verschmelzung gewährleiste und die Versagung einer solchen Verschmelzung, die einen Verstoß gegen die Niederlassungsfreiheit mit sich bringt, nicht gerechtfertigt werden könne, vgl. Grohmann, DZWIR 2009, S. 322, 325 sowie ausführlich Bayer/Schmidt, ZIP 2006, S. 210 ff.

„Daily Mail“[113] zum Ausdruck kam, vollständig verlassen zu haben. Mit seinen jüngsten Entscheidungen in Sachen „Cartesio“[114] und „Vale“[115] hat der EuGH diesen Weg der fortschreitenden Liberalisierung allerdings verlassen und klar gemacht, dass die Einzelstaaten auch weiterhin das Recht haben, gewisse Gestaltungsoptionen zu verbieten.

In der Rechtssache „Cartesio“ entschied der EuGH zum einen, dass sich eine Gesellschaft nicht bereits zur Beantwortung der Frage, ob überhaupt ein Rechtssubjekt vorliegt, dem Niederlassungsfreiheit nach Art. 49, 54 AEUV zukommen kann, auf eben dieses Recht berufen kann.[116] Vielmehr hat jeder Einzelstaat das Recht, die Umstände festzulegen, die für die wirksame Gründung einer Gesellschaft erfüllt sein müssen. Kehrseitig komme den Staaten auch das Recht zu, die Grenzen für die Existenz der nach seinem Recht gegründeten Rechtsträger festzulegen und daher insbesondere das Erlöschen einer Gesellschaft anzuordnen, wenn sie ihren Verwaltungssitz aus den Staatsgrenzen hinaus verlegt.[117] Dieser sehr „technisch“ anmutende Aspekt hat einen praktisch außerordentlich wichtigen Effekt. Liegt auf Grund einer grenzüberschreitenden Verlegung des tatsächlichen Verwaltungssitzes schon kein fortbestehender Rechtsträger mehr vor, stellt sich für den Aufnahmestaat die Frage nach einer Anerkennung dieses Rechtsträgers nicht mehr. Die jeweiligen Gründungsstaaten haben es somit in der Hand, den Einsatz von Scheinauslandsgesellschaft in anderen Staaten zu verhindern. Damit hat der EuGH für die Praxis in der Debatte[118] um das Bestehen eines Rechts auf Wegzug einstweilen wohl einen Schlusspunkt gesetzt, auch wenn die zwischenzeitlich erhobene wissenschaftliche Kritik[119] erwarten lässt, dass die Diskussion damit nicht zum Erliegen kommen wird.

113 EuGH, Rs. C-81/87, Slg. 1988, 5483 = NJW 1989, S. 2186 ff. Kernaussage des Urteils war, dass die Niederlassungsfreiheit den nationalen Rechtsordnungen nicht gebiete, eine Sitzungsverlegung über die Grenze zuzulassen. Vielmehr sei jede Rechtsordnung berechtigt, die Grenzen für die Existenz in Wegzugsfällen festzulegen.

114 EuGH, Rs. C-210/06, NJW 2009, S. 569 ff. = ZIP 2009, S. 24 ff.

115 EuGH, Rs. 378/10, NZG 2012, S. 871 ff. = ZIP 2012, 1394 ff.

116 EuGH, NJW 2009, S. 569, 571 Tz. 109 („Cartesio“).

117 EuGH, NJW 2009, S. 569, 571 Tz. 110 („Cartesio“). Dieses Ergebnis kam für viele Beobachter überraschend, da erwartet wurde, dass der EuGH in diesem Verfahren ein „Recht auf Wegzug“ begründen würde. Nicht zuletzt hat auch der für das Verfahren zuständige Generalanwalt Maduro in seinem Schlussantrag ausgeführt, dass der Wegzug von Gesellschaften der Niederlassungsfreiheit unterfällt und sich dabei dezidiert von den Gründen der Entscheidung „Daily mail“ distanziert (vgl. EuGH, Schlussantrag, IStR 2008, S. 478, 479; dazu auch Behme/Nohlen, NZG 2008, S. 496 ff.). Der EuGH hielt aber an seiner einschränkenden Auffassung fest.

118 So Kindler, NZG 2009, S. 130, 131 auch mit Nachweisen zum bisherigen Meinungsstand.

119 Kritisch zur Dogmatik des Urteils zum Beispiel Leible/Hoffmann, BB 2009, S. 58, 59.

Weiterhin führt der EuGH in der Entscheidung obiter aus, dass Gesellschaften auch kein Recht auf grenzüberschreitende Verlegung ihrer Satzungssitzes unter Wahrung ihrer Gründungsrechtsform haben. Eine solche Verlegung muss jedoch dann gewährleistet sein, wenn sie zwar unter Wahrung der Identität der Gesellschaft, aber unter Wechsel in eine Rechtsform des Aufnahmestaates geschehe.[120]

Zweifel über den Anwendungsbereich der Niederlassungsfreiheit könnten sich zudem aus Ausführungen des EuGH im Urteil zur Rechtssache „Vale" ergeben.[121] Dort weist der EuGH darauf hin, dass „die Niederlassungsfreiheit die tatsächliche Ausübung einer wirtschaftlichen Tätigkeit mittels einer festen Einrichtung im Aufnahmemitgliedstaat auf unbestimmte Zeit" impliziere und daher „eine tatsächliche Ansiedlung der betreffenden Gesellschaft und die Ausübung einer wirklichen wirtschaftlichen Tätigkeit in diesem Staat" voraussetze.[122] Teilweise wird daraus geschlossen, der EuGH habe den Mitgliedsstaaten die Möglichkeit eröffnet, die Verwendung von Scheinauslandsgesellschaft im Zuzugsstaat einzuschränken.[123] Die weitere Entwicklung wird man im Auge behalten müssen.

d. Auswirkungen auf die Ltd. & Co. KG

Aus dem Vorstehenden ergibt sich, dass die *Limited* in Deutschland anerkannt wird und somit Komplementärin einer KG sein kann. Sie ist rechtsfähig, sofern die *Limited* ihren Satzungssitz in England behält. Zu beachten ist, dass die Komplementärin in Großbritannien ein *registered office* unterhalten muss, da das englische Recht andernfalls in zulässiger Weise die Auflösung der *Limited* anordnet.[124]

Die Kapitalstruktur und Haftungsverfassung der Komplementärin werden unter diesen Voraussetzungen in Deutschland anerkannt. Einer Beteiligung kann

120 EuGH, NJW 2009, S. 569, 571 f. Tz. 112 ff. („Cartesio").

121 EuGH, Rs. 378/10, NZG 2012, S. 871 ff. („Vale").

122 EuGH, Rs. 378/10, NZG 2012, S. 871, 873 Tz. 34 („Vale").

123 In diesem Sinne etwa König, Bormann, NZG 2012, S. 1241, 1242 m.w.N.; dagegen etwa Bayer/Schmidt, ZIP 2012, S. 1481, 1486 f. Die Entscheidung in der Rechtssache „Vale" erging nach Fertigstellung dieser Arbeit. Eine ausführliche Auseindersetzung mit der Entscheidung und eine Einordnung für die künftige Rechtsentwicklung war daher nicht mehr möglich.

124 Nach Sec. 9 Abs. 2 b), Sec. 9 Abs. 6, Sec. 15 Abs. 2 e) CA 2006 muss das *registered office* zwingend in England und Wales, in Schottland oder in Nordirland liegen. Siehe auch Gower and Davies, Company Law, S. 138, Kap. 6 – 13. Das *registered office* ist nicht mit dem Satzungssitz gleichzusetzen. Es ist lediglich erforderlich, Postzustellungen an diesem Ort zu gewährleisten und bestimmte Einsichtspflichten in Gesellschaftsunterlagen zu ermöglichen, vgl. *Gillessen,* Sitzverlegung, S. 49.

weder die Nichtanerkennung der Komplementärgesellschaft entgegengehalten werden noch das Argument der unzulässigen Rechtsnormenvermischung.[125] Das Kollisionsrecht steht also weder in streng rechtlicher noch mittelbar wirtschaftlicher Hinsicht der Ltd. & Co. KG entgegen.

Nicht möglich ist die Begründung einer solchen jedoch dann, wenn sie mit einer Verlegung des Satzungssitzes der *Limited* nach Deutschland einhergehen soll. Die Verlegung des Satzungssitzes in das Ausland führt nach englischem materiellem Gesellschaftsrecht zur Auflösung der Gesellschaft.[126]

III. Materiellrechtliche Zulässigkeit

Auch auf Ebene der zweiten Voraussetzung, also der materiellrechtlichen Zulässigkeit der Typenverbindung, sind verschiedene Einwände gegen die Zulässigkeit erhoben worden. Es wird sich jedoch zeigen, dass auch keiner dieser Einwände überzeugt.

1. Keine materiell-rechtlichen Hindernisse

a. Kapitalausstattung

K. Schmidt,[127] *Duys*[128] sowie *Haidinger*[129] haben die Ansicht vertreten, dass nur solche ausländischen Kapitalgesellschaften komplementärfähig sind, die über ein Stammkapital in Höhe des Mindeststammkapitals der deutschen GmbH verfügen. *Heinrich* fordert zwar keine besondere Kapitalisierungspflicht ausländischer Kapitalgesellschaften als Komplementäre.[130] Er sieht jedoch eben darin ein Gläubigerschutzgefälle gegenüber der GmbH & Co. KG und stützt darauf seine Zweifel an der Zulässigkeit der ausländischen Kapitalgesellschaft & Co. KG.[131]

K. Schmidt hat die These aufgestellt, dass Normativbestimmungen, wie sie als Gründungsvoraussetzungen der Kapitalgesellschaften bekannt sind,[132] auch

---

125 Kowalski/Bormann, GmbHR 2005, S. 1045, 1046.

126 Zu Nachweisen aus der englischen Rechtsprechung vergleiche *Gillessen,* Sitzverlegung, S. 199ff.

127 K. Schmidt, Gesellschaftsrecht, S. 1662.

128 Duys, Auslands-Kapitalgesellschaft & Co. KG, S. 87 und 67ff.

129 Heidinger, ausländische Kapitalgesellschaft & Co. KG, S. 175.

130 Allerdings geht er dabei nicht auf eine denkbare Analogie zu § 5 GmbHG ein.

131 Heinrich, ausl. jur. Person & Co. KG, S. 224.

132 Z. B. K. Schmidt, Gesellschaftsrecht, S. 192.

für die KG existieren und erfüllt sein müssten. Aus diesen ließe sich ableiten, dass nur solche Kapitalgesellschaften komplementärfähig sind, die ein mit der GmbH vergleichbares Gläubigerschutzniveau, das unter anderem durch die Höhe des Stammkapitals erzielt wird, gewährleisten.[133]

Duys knüpft dogmatisch an diese These *K. Schmidts* an. Auch er gründet das Erfordernis eines mit dem der GmbH vergleichbaren Stammkapitals für Auslandsgesellschaften auf ein System von Normbestimmungen, welches auch für die Kommanditgesellschaft Geltung beanspruchen könne, obwohl das Konzept der Normativbestimmungen nach traditioneller Dogmatik auf das Recht der Kapitalgesellschaften beschränkt ist.[134] Diese Normativbestimmungen umfassten unter anderem eine analoge Geltung von § 5 GmbHG, soweit kein Komplementär der KG eine natürliche Person ist.[135] Die Zulassung haftungsbeschränkter Komplementäre habe zu einer Regelungslücke in den Bestimmungen der §§ 161 ff. HGB geführt.[136] Die Berechtigung der Analogie folge aus der Ratio des § 22 BGB, wonach eine Haftungsbeschränkung für wirtschaftlich tätige Personenvereinigungen nur durch die Gründung einer haftungsbeschränkten deutschen Rechtsform (AG, GmbH, e. G.) erlangt werden könne.[137] Auf die KG übertragen liege zu diesem Grundsatz nur bei solchen Komplementären kein Widerspruch vor, deren Haftungsbeschränkung ihrerseits durch die Einhaltung von Normativbestimmungen legitimiert sei.[138] Weiterhin gebiete auch die Intention des Reichsgerichts bei der Anerkennung der GmbH & Co. KG im Jahr 1922[139] eine entsprechende Mindestkapitalausstattung.[140] Die Anerkennung beruhe auch auf der Erwägung, dass eine Gläubigerbenachteiligung durch die faktisch haftungsbeschränkte KG wegen der (damalig) guten Kapitalausstattung der GmbH nicht zu befürchten sei.[141] Letztlich entspreche die Analogie auch dem Willen des Gesetzgebers, denn die Anhebung des Mindeststammkapitals der GmbH anlässlich der GmbHG-Novellierung sei gerade mit Blick auf die GmbH & Co. KG erfolgt und habe zum Ziel gehabt, den notwendigen Kapitaleinsatz zur Erlangung der Haftungsbeschränkung zu erhöhen.[142]

133 K. Schmidt, Gesellschaftsrecht, S. 1662.
134 Duys, Auslands-Kapitalgesellschaft & Co. KG, S. 41 f.
135 Duys, Auslands-Kapitalgesellschaft & Co. KG, S. 67 ff.
136 Duys, Auslands-Kapitalgesellschaft & Co. KG, S. 48 ff.
137 Duys, Auslands-Kapitalgesellschaft & Co. KG, S. 79.
138 Duys, Auslands-Kapitalgesellschaft & Co. KG, S. 81.
139 RG, RGZ 105, S. 101 ff.
140 Duys, Auslands-Kapitalgesellschaft & Co. KG, S. 82 f.
141 Duys, Auslands-Kapitalgesellschaft & Co. KG, S. 82 f.
142 Duys, Auslands-Kapitalgesellschaft & Co. KG, S. 83 f.

Diese Einschränkung überzeugt jedoch nicht. Dagegen hat bereits *Grothe* zutreffend angeführt, dass – wie allgemein anerkannt[143] – das Recht der KG de lege lata gerade keine Mindestkapitalausstattung hinsichtlich des Komplementärs kennt. Dies hatte der BGH im sog. „Rektor-Fall"[144] ausdrücklich klargestellt. Dort hatte sich der vermögende, „wahre" Geschäftsleiter formal auf die Position eines Kommanditisten zurückgezogen und die Komplementärstellung einer völlig mittellosen Person überlassen. Dadurch lief die persönliche Haftung des §§ 161 Abs. 2, 128 HGB faktisch leer. Beide Situationen sind vergleichbar. Hier wie dort unterliegen die Komplementäre der persönlichen Haftung, hier wie dort können sie diese jedoch wegen ihrer wirtschaftlichen Lage eventuell nicht erfüllen. Wenn aber ein qualitativer Unterschied beider Situationen nicht auszumachen ist, ist eine Gleichbehandlung beider Fälle geboten.

Auch die von *Duys* gegen die Übertragbarkeit der Grundsätze des „Rektor-Falls" vorgebrachten Argumente verfangen nicht. Allein der Verweis auf die Tatsache, dass die *Limited* eine juristische und nicht eine natürliche Person ist,[145] ist keine Begründung, sondern eine petitio principii. Ebenso wenig zutreffend ist es, auf den Unterschied zwischen der noch zulässigen Ausnutzung einer typischen KG und einer atypischen Kapitalgesellschaft & Co. KG abzustellen.[146] Die Klassifizierung in typische und atypische Gesellschaften ist eine reine Frage der Bezeichnung. Es ist nicht erkennbar, inwieweit dies als Begründung für eine Ungleichbehandlung herangezogen werden kann. Vielmehr hat der Senat in der Begründung der besagten „Rektor-Fall"-Entscheidung explizit auch atypische Konstellationen mit einbezogen und für diese ebenso Rechtssicherheit angemahnt.[147]

b. Historische Aspekte

i. Publizität

Ebenroth hatte die Auffassung vertreten, eine ausländische Kapitalgesellschaft sei nicht komplementärfähig, da der Rechtsverkehr nur unzureichend über die Vertretungs- und Haftungsverhältnisse informiert wird.[148]

143 Vgl. z. B. *Grunewald* in MüKo-HGB, § 161 Rn. 6.
144 BGH, BGHZ 45, S. 204 ff. = NJW 1966, S. 1309 ff.
145 Ebenso Duys, Auslands-Kapitalgesellschaft & Co. KG, S. 72.
146 Duys, Auslands-Kapitalgesellschaft & Co. KG, S. 72.
147 BGH, NJW 1966, S. 1309 = BGHZ 45, S. 204 ff.
148 Ebenroth/Auer, DNotZ 1990, S. 139, 157 f.

Dazu ist zunächst festzustellen, dass – vorbehaltlich der möglichen Eintragung einer Zweigniederlassung für die Komplementärgesellschaft[149] – die *Limited* & Co. KG im Vergleich zur GmbH & Co. KG einer geringeren Registerpublizität in Deutschland unterliegt. Im Registerblatt der KG wird die *Limited* als Komplementärin eingetragen. Über die weiteren Rechtsverhältnisse der Komplementärin erfährt man jedoch nichts, soweit man nicht entgegen der hier vertretenen Auffassung rechtsformspezifische Erweiterungen zulassen will.[150] Eine anderweitige Eintragung der *Limited* in ein deutsches Handelsregister erfolgt nach der Gesetzeslage ebenfalls nicht.

Selbst wenn die Komplementärgesellschaft aber mit der hier vertretenen Auffassung in Deutschland keiner Registerpublizität unterliegt, steht es dem Rechtsverkehr ohne weiteres offen, die entsprechenden Informationen im englischen Handelsregister, dem *Companies House*, zu ermitteln.[151] Dort kann unter anderem eine Liste der derzeitigen Direktoren jeder beliebigen Gesellschaft abgefragt werden.[152] Das Register ist öffentlich, Abfragen sind ohne weitere Voraussetzungen gegen eine Verwaltungsgebühr möglich und können von jedermann online vorgenommen werden.[153] Eine Publizität der meisten relevanten Informationen ist also über das Heimatregister hergestellt.[154] Im Vergleich mit einer GmbH ergibt sich nur ein Unterschied, dem jedoch beträchtliches Gewicht zukommt: Nach englischer Registerpraxis erfolgt eine Eintragung der Vertretungsbefugnis der Vertretungsberechtigten nicht.[155] Dies ist zwar misslich. Ein allein hierauf gestütztes Verbot müsste aber auch den Anforderungen der Verhältnismäßigkeit genügen. Wägt man die praktische Bedeutung der Handelsregistereintragung und die dessen ungeachtet bestehenden anderweitigen Informationsmöglichkeiten des Rechtsverkehrs, z. B. durch verpflichtende Angabe dieser Informationen auf allen Schreiben im geschäftlichen Schriftverkehr gemäß §§ 125a, 177a HGB, gegen das Interesse des Rechtsverkehrs an einer vollständigen Dokumentation der Vertretungsverhältnisse durch das Handelsregister ab, dürfte sich ein Verbot kaum als verhältnismäßig erweisen.

Weiter könnte man die Frage stellen, ob die Publizitätsanforderungen schon deshalb nicht erfüllt sind, weil die weiteren Informationen über die Rechtsverhältnisse der *Limited* nicht über das deutsche Handelsregister, sondern über das

---

149 Vgl. dazu Teil C. I. 1.

150 Vgl. dazu Teil C. I. 3.

151 So auch LG Berlin, GmbHR 2005. S. 431, 433.

152 Den Umfang der Handelsregisterpublizität in England regelt Sec. 1078 CA 2006.

153 Das *Companies House* ist unter www.companieshouse.co.uk zu erreichen und erlaubt im Wege des Online-Zugriffs teils kostenpflichtig, teils kostenfrei Einsicht in die Registerakten.

154 So auch *Rehberg* in Eidenmüller, Ausländische Kapitalgesellschaften, § 5 Rn. 86.

155 Bormann/Apfelbaum, ZIP 2007, S. 946, 947.

Register eines anderen Staats der Europäischen Union nach den dort gültigen Regeln zu erfragen sind. Soweit erkennbar, wird dieser Aspekt in der Rechtsprechung und Literatur nicht aufgeworfen. Eine solche Argumentation hätte zumindest unter europarechtlicher Perspektive auch keinen Bestand. Obwohl die Harmonisierungsmaßnahmen der EG/EU nach wie vor erhebliche Unterschiede in den Registerpraxen der Einzelstaaten unangetastet ließen,[156] wäre es europarechtlich nicht haltbar, den ausländischen Gesellschaften auf diesem Weg „durch die Hintertür" die Anerkennung zu versagen.

ii. Mitbestimmung

Verschiedene Autoren haben die Ansicht geäußert, die *Limited* & Co. KG hebele die Mitbestimmung nach dem MitbestG aus und sei daher unzulässig.[157] Tatsächlich wird der Komplementär der Ltd. & Co. KG nicht von § 4 MitbestG erfasst.[158] Dies ist Folge der planvollen Entscheidung des Gesetzgebers, der die nach § 1 und § 4 MitbestG erfassten Gesellschaften rechtsformspezifisch aufgezählt hat und unter anderem ausländische Gesellschaften bewusst nicht einbezog.[159] In Ermangelung einer planwidrigen Regelungslücke kommt daher auch eine analoge Anwendung des § 4 MitbestG auf ausländische Komplementäre nicht in Betracht.[160] Liegen jedoch nicht einmal die Voraussetzungen für eine extensive Anwendung des MitbestG vor, scheidet eine Unzulässigkeit der Komplementärbeteiligung auf dieser Grundlage ebenso aus. Es ist dogmatisch nicht haltbar, einen Sachverhalt mit einem Verbot zu sanktionieren, wenn er noch nicht einmal die Voraussetzungen für eine Analogie erfüllt.

---

156 Ausführlich zum Vergleich zwischen Deutschland und England Bormann/Apfelbaum, ZIP 2007, S. 946, 947.

157 *Großfeld* in Staudinger, Int. GesR, Rn. 550 ff.; Ebenroth/Auer, DNotZ 1990, S. 139, 154 ff.; Ulmer, JZ 1999, S. 662, 663.

158 Ganz herrschende Meinung, (Auswahl): *Ulmer/Habersack* in Ulmer/Habersack/Henssler, MitbestG, § 4 Rn. 11 (entgegen der Voraufl.); *Wißmann* in Mü-Hdb. ArbR, Band 2, § 4 MitbestG 1976 Rn. 1 (unter Aufgabe der in der Voraufl. vertretenen Auffassung); Raiser/Veil, MitbestG, § 1 Rn. 15a; *Rehberg* in Eidenmüller, Ausländische Kapitalgesellschaften, 2. Teil § 6 Rn. 145; *Bücker* in Hirte/Bücker, § 3 Rn. 65; alle m. w. N., auch zur Gegenansicht, die jedoch, soweit ersichtlich, für die Komplementärkonstellation nicht mehr vertreten wird.

159 Duys, Auslands-Kapitalgesellschaft & Co. KG, S. 24; Grothe, ausländische Kapitalgesellschaft & Co., S. 209; *Ulmer/Habersack* in Ulmer/Habersack/Henssler, MitbestR, § 1 Rn. 6 und 8a. Vgl. zum Ganzen *Rehberg* in Eidenmüller, Ausländische Kapitalgesellschaften, 2. Teil § 6 Rn. 145 und 123 ff.

160 *Blaum* in Westermann, Hdb. d. PersGes, § 57 Rn. 3453; *Wißmann* in Mü-Hdb. ArbR, Band 2, § 4 MitbestG 1976 Rn. 1.

Interessanterweise stützen sich auch die Befürworter der Ltd. & Co. KG auf die Materialien zum MitbestG.[161] Der Gesetzgeber habe bei den Beratungen des MitbestG das Problem der ausländischen Kapitalgesellschaft & KG gekannt,[162] eine Regelung bewusst unterlassen und sei dabei von der zivilrechtlichen Zulässigkeit ausgegangen.[163] Jedoch ist auch diesem Ansatz mit Vorsicht zu begegnen. Die betreffenden Textpassagen werden aus dem Zusammenhang gerissen. Betrachtet man den Text im Ganzen, wirken sie weniger eindeutig.[164] Überdies ist es sehr unwahrscheinlich, dass der Gesetzgeber der ausländischen Kapitalgesellschaft & Co. KG durch Nichtregelung und „im Vorbeigehen" seinen Segen erteilen wollte. Ausschließen kann man es, so viel sei eingeräumt, freilich nicht.

iii. § 12 GewO a. F.

Ebenso ambivalent wie die vorgenannten Aspekte ist die Interpretation der Entscheidung des Gesetzgebers, § 12 GewO a. F. zu streichen. Befürworter wie Gegner der ausländischen Kapitalgesellschaft & Co. KG sehen sich hierdurch gleichermaßen in ihrer jeweiligen Auffassung bestätigt.

§ 12 GewO stellte in der bis 1984 gültigen Fassung den Betrieb eines Gewerbes im Inland für ausländische juristische Personen unter Erlaubnispflicht. Dies erfasste insbesondere die Begründung einer Zweigniederlassung oder die Beteiligung an einer deutschen Personengesellschaft.[165] Eine Versagung der Erlaubnis war möglich, wenn ein entsprechendes öffentliches Interesse bestand. Dieses sollte gem. § 15 Abs. 2 Nr. 2 GewO a. F. unter anderem in Fällen ungenügender Kapitalausstattung tangiert sein. Der deutsche Rechtsverkehr sollte vor Gesellschaften, die hinter den deutschen Gründungsanforderungen zurückbleiben, geschützt werden.[166] § 12 GewO wurde durch Gesetz vom 25.4.1984 ersatzlos gestrichen.

---

161 BayObLG, NJW 1986, S. 3029, 3031; Grothe, ausländische Kapitalgesellschaft & Co., S. 209 f.; Schlichte, DB 2006, S. 87, 90.

162 Er bezieht sich dabei auf die Beratungen im Ausschuss für Arbeit und Soziales (vgl. BT-Drucks. 7/4845, S. 4).

163 Ein entsprechender Wille des Gesetzgebers soll auch in den Beratungen zur GmbH-Novelle 1980 zum Ausdruck gekommen sein (vgl. dazu Grothe, ausländische Kapitalgesellschaft & Co., S. 210; Schlichte, S. 87, 90), weiterhin im Erlass des KVStG ((BGBl. Teil 1 S. 2129), aufgehoben durch FinanzmarktfödérungsG (BGBl. Teil 1 S. 266), vgl. BayObLG, NJW 1986, S. 3029, 3031; Schlichte, DB 2006, S. 87, 90). Aus der Steuerbarkeit eines Vorgangs kann aber nicht auf die zivilrechtliche Zulässigkeit geschlossen werden (BGH, NJW 1989, S. 295, 298 = BGHZ 105, S. 324 ff.; Duys, Auslands-Kapitalgesellschaft & Co. KG, S. 20).

164 Vgl. dazu Duys, Auslands-Kapitalgesellschaft & Co. KG, S. 21 f.

165 *Sieg* in Sieg/Leifermann, GewO, 4. Aufl., § 12 Rn. 3.

166 *Sieg* in Sieg/Leifermann, GewO, 4. Aufl., § 12 Rn. 12.

Grothe schließt daraus, dass der Gesetzgeber damit unter anderem die Beteiligung aller ausländischen Gesellschaften an einer KG freigeben wollte.[167] Tatsächlich geht jedoch aus den Materialien zum Aufhebungsgesetz hervor, dass der Gesetzgeber die geltende Rechtslage gerade nicht verändern wollte. Die Aufhebung diente lediglich der Verringerung von Verwaltungsaufwand.[168]

Haidinger geht dagegen davon aus, dass der in § 12 GewO a. F. zum Ausdruck kommende Gedanke nicht nur dem Gewerberecht zuzuordnen sei und dass dieser trotz Aufhebung des Paragraphen allgemeine Fortgeltung beanspruchen könne. Danach soll eine Komplementärbeteiligung solcher Gesellschaften ausgeschlossen sein, die nicht über ein mit der GmbH vergleichbares Haftkapital verfügen.[169] Eine Begründung für die von ihm behauptete allgemeine Geltung des § 12 GewO a. F. bzw. des diesem innewohnenden Prinzips bleibt er jedoch schuldig. Ohne eine solche Begründung verbleibt es aber bei dem Grundsatz, dass eine öffentlich-rechtliche (Un-)Zulässigkeit kaum Rückschlüsse auf andere Rechtsgebiete, wie etwa das Gesellschaftsrecht, zulässt.[170]

c. Zwischenergebnis

Wie bisher gezeigt, sind alle sachrechtlichen Argumente, die gegen die Zulässigkeit der Ltd. & Co. KG vorgebracht worden sind, bestenfalls mehrdeutig. Schon auf dieser Grundlage spricht mehr für die Zulässigkeit der Ltd. & Co. KG. Denn soweit eine Rechtsordnung keine Verbote für eine bestimmte Gestaltung enthält, ist diese – dem Prinzip der Privatautonomie folgend – zulässig.

2. Die UG als Vergleichsmaßstab

a. Vergleichbarkeit von UG und *Limited* als Komplementärgesellschaft

Darüber hinaus kann an einem anderen Aspekt aufgezeigt werden, dass sich die Zulassung der Ltd. & Co. KG teleologisch in das System der übrigen komplementärfähigen Gesellschaften einfügt.

Das Unbehagen an Auslandskapitalgesellschaften als Komplementärin rührt vor allem daher, dass die Gesellschaften gar nicht oder anfänglich nur in sehr

167 Grothe, ausländische Kapitalgesellschaft & Co., S. 219 f.
168 Duys, Auslands-Kapitalgesellschaft & Co. KG, S. 28.
169 Haidinger, ausländische Kapitalgesellschaft & Co. KG., S. 117.
170 So auch Duys, Auslands-Kapitalgesellschaft & Co. KG, S. 30.

geringem Umfang mit Stammkapital ausgestattet werden müssen. Dies scheint deutlich zu machen, dass mit der ausländischen Kapitalgesellschaft & Co. KG in erster Linie das deutsche System der präventiven Kapitalaufbringung unterlaufen werden soll.[171] Kann jedoch nachgewiesen werden, dass es auch Gesellschaften gibt, die nach deutschem Recht gegründet wurden, komplementärfähig sind und eine Haftungsbeschränkung der Gesellschafter bereitstellen, obgleich kein mit der GmbH vergleichbares Stammkapital aufgebracht werden muss, so ist diesem Vorwurf die Grundlage entzogen. In Betracht kommt insbesondere die durch das MoMiG[172] eingeführte Unternehmergesellschaft (haftungsbeschränkt).[173]

Kritiker könnten gegen eine solche Argumentation einwenden, dass die Gläubigerschutzmechanismen der UG und der *Limited* so erheblich divergieren, dass sich dieser Vergleich verbietet. Die UG ist umfassend in das Gläubigerschutzkonzept des GmbHG eingebunden. Allein das Stammkapital kann frei bestimmt werden, soweit es zwischen 1 € und 24.999 € liegt.[174]

Entscheidend für die Vergleichbarkeit spricht aber, dass hier wie dort trotz Haftungsbeschränkung der Gesellschafter ein Stammkapital nicht in nennenswertem Umfang aufgebracht werden muss. Beide Gesellschaften sind also ein Vehikel, um die Kapitalgesellschaft & Co. KG nahezu zum „Nulltarif" zu erlangen. Ein Regelungssystem des Kapital- und Gläubigerschutzes hält auch das englische Recht für die *Limited* bereit. Es ist zwar anders konstruiert als im deutschen Recht, deswegen kann man es aber nicht gänzlich außer Acht lassen. Die weitere Einbindung der UG in das Kapitalschutzregime der GmbH steht also einem Vergleich mit der *Limited* nicht entgegen.

b. Komplementärfähigkeit der UG

Ob die UG jedoch komplementärfähig ist, bedarf einer näheren Betrachtung. *Veil* hat dies für solche UGs in Zweifel gezogen, die nicht am Gewinn der KG beteiligt

171 Exemplarisch K. Schmidt, Gesellschaftsrecht, S. 1662.

172 Gesetz zur Modernisierung des GmbH-Rechts und zur Bekämpfung von Missbräuchen vom 23.10.2008 (BGBl. I S. 2026).

173 Im Folgenden als „UG" bezeichnet. Allgemein zur UG vgl. *Lutter* in Lutter/Hommelhoff, GmbHG, § 5a Rn. 1 ff.; Goette, Einführung GmbH-Recht, 1. Kap Rn. 35 ff.; Seibert, GmbHR 2007, S. 673 ff.; Veil, GmbHR 2007, S. 1080 ff.; *ders.*, ZGR 2009, S. 623 ff.; Bormann, GmbHR 2007, S. 897, 898 f.; Wilhelm, DB 2007, S. 1510 ff.; Joost, ZIP 2007, S. 2242 ff.; Freitag/Riemenschneider, ZIP 2007, S. 1485 ff.; Hirte, ZInsO 2008, S. 933 ff.; Weber, BB 2009, S. 842 ff.; Rechtsökonomisch: Leyendecker, GmbHR 2008, S. 302 ff.; Zur tatsächlichen Verbreitung: Bayer/Hoffmann, GmbHR 2008, S. 1302 f.; *dies.*; GmbHR 2009, S. 124, 125

174 Goette, Einführung GmbH-Recht, 1. Kap Rn. 41 f.

sind.[175] Verschiedene Autoren sind ihm in dieser Kritik gefolgt,[176] die Mehrzahl steht dieser Einschränkung jedoch ablehnend gegenüber.[177]

i. Erweiternde Auslegung des § 5a Abs. 3 GmbHG

Veils Argumentation beruht im Wesentlichen darauf, dass die UG als Komplementärin in solchen Konstellationen den Anforderungen des § 5a Abs. 3 GmbHG nicht gerecht werden könne. § 5a Abs. 3 GmbHG statuiert die Pflicht für die Gesellschaft, ein Viertel des um einen etwaig bestehenden Verlustvortrag geminderten Jahresüberschusses in eine Gewinnrücklage einzustellen.[178] Diese Rücklage kann nur für eine spätere Kapitalerhöhung aus Gesellschaftsmitteln oder für den Ausgleich ungedeckter Verluste verwendet werden.[179] Eine solche Kapitalaufholung dient funktionell als Substitut für das anfänglich geringe Stammkapital der UG.[180]

Nach *Veil* ist § 5a Abs. 3 GmbHG so auszulegen, dass daraus eine Pflicht für die Gesellschaft erwachse, der Kapitalaufholung faktisch auch gerecht zu

---

175 Die Komplementärfähigkeit wird aber nicht grundsätzlich bestritten; vgl. Veil, GmbHR 2007, S. 1080, 1084; *ders.*, ZGR 2009, S. 623, 641 f.

176 Z. B. Weber, BB 2009, S. 842, 847; Tamm, MDR 2010, S. 1025, 1028; einschränkend auch *Fastrich* in Baumbach/Hueck, GmbHG, § 5a Rn. 36, der unter entsprechender Anwendung von § 300 Abs. 1 AkG eine Pflicht zur Doterierung der Kapitalrücklage in solchem Umfang annimmt, dass die UG über einen Zeitraum von 10 Jahren ein Kapital in Höhe des Mindeststammkapitals erreicht; sehr zurückhaltend Wicke, GmbHG, § 5a Rn. 19 (unter konkludenter Relevatierung der in der Vorauflage vertretenen, ablehnenden Auffassung) und *Priester* in Roth-FS, S. 573, 583 f.

177 Auswahl: *Lutter/Kleindiek* in Lutter/Hommelhoff, GmbHG, § 5a Rn. 40; *Westermann* in Scholz, GmbHG, § 5a Rn. 40; Hirte, ZInsO 2008, S. 933, 935; Kock/Vater/Mraz, BB 2009, S. 848, 849 ff.; Bormann, GmbHR 2007, S. 897, 899; Heeg, DB 2009, S. 719, 721; Heckschen, DStR 2009, S. 166, 71; Stenzel, NZG 2009, S. 168, 169 ff.; Hueck/Windbichler, GesR, § 21 Rn. 44; Müller, ZGR 2012, S. 102 ff.
In der Praxis scheint diese Sicht ebenfalls nicht geteilt zu werden. Eine Abfrage am 10.12.2008 unter www.unternehmensregister.de ergab, dass damals bereits 13 UG & Co. KG eingetragen waren; zum 01.01.2012 waren es schon 4477 (vgl. dazu Kornblum, GmbHR 2012, S. 728, 729). Man darf getrost bezweifeln, dass jede der 4477 Komplementär-UGen am Gewinn der KG beteiligt ist.
Am Rande sei darauf hingewiesen, dass die UG & Co. KG zudem einen gewissen Druck auf die Ltd. & Co. KG zu entfalten scheint, denn bei einer Abfrage am 10.12.2008 hat sich herausgestellt, dass bei immerhin 21 dieser Kommanditgesellschaften die Komplementärfunktion zuvor von einer Ltd. übernommen wurde.

178 Die in § 5a Abs. 3 GmbHG enthaltene Regelung wird kurz auch als „Kapitalaufholung" bezeichnet.

179 Veil, ZGR 2009, S. 623, 633.

180 Weber, BB 2009, S. 842.

werden. Dazu müsse sie Gewinne erzielen können, was aber bei fehlender Kapitalbeteiligung der UG typischerweise nicht der Fall sei.[181]

Sollte die Komplementär-UG zumindest eine pauschale Haftungsvergütung erhalten, so sei zweifelhaft, ob diese „kümmerliche Rente" ausreiche, um dem Sinn und Zweck des § 5a Abs. 3 GmbHG zu genügen.[182] In Fällen der Betriebspacht oder der Betriebsüberlassung gem. § 292 Abs. 1 Nr. 3 AktG habe der Gesetzgeber an die Aufgabe der eigenen wirtschaftlichen Betätigung die Haftungsfolge des § 302 Abs. 2 AktG geknüpft.[183]

ii. Gegenauffassung

Nach der Gegenauffassung ist eine Beteiligung als Komplementärin ohne weiteres zulässig. Erhält die UG eine pauschale Haftungsvergütung,[184] genüge dieser Betrag stets den Anforderungen des § 5a Abs. 3 GmbHG, da dann ein Gewinn tatsächlich erzielt werde.[185] Eine bestimmte Höhe des Gewinns oder ein Zeitrahmen, in dem die Rücklage zu bilden wäre, können nicht gefordert werden. Dies findet keine Stütze im Gesetz und wäre auch nicht sinnvoll.[186]

Auch in anderen Fällen stünde § 5a Abs. 3 GmbHG einer Komplementärbeteiligung nicht entgegen, da der Vorschrift keine Pflicht entnommen werden könne, Gewinne zu erzielen.[187]

Da der Gesetzgeber den Gläubigerschutz primär über die Publizität der UG, also den Rechtsformzusatz „Unternehmergesellschaft (haftungsbeschränkt)" realisieren wollte, komme der Kapitalaufholung keine entscheidende Bedeutung zu. Dies werde zudem dadurch deutlich, dass der Gesetzgeber sogar die Umge-

---

181 Veil, GmbHR 2007, S. 1080, 1084; Weber, BB 2009, S. 842, 847.

182 Veil, GmbHR 2007, S. 1080, 1084.

183 Veil, GmbHR 2007, S. 1080, 1084.

184 Die Vereinbarung einer Haftungsvergütung für die Komplementärgesellschaft entspricht dem Regelfall der GmbH & Co. KG. Steuerrechtlich wird eine unangemessen niedrige Haftungsvergütung als verdeckte Gewinnausschüttung an die Kommanditisten gewertet, vgl. dazu *Levedag* in Mü-Hdb. GesR, Bd. 2, § 57 Rn. 209ff.; gesellschaftsrechtlich wird eine Anwendung des § 30 GmbH diskutiert, da die Übernahme der persönlichen Haftung ohne Gegenleistung einem Aushungern der GmbH gleichkommt, vgl. dazu etwa *Altmeppen* in Roth/Altmeppen, GmbHG, § 30 Rn. 176.

185 Kock/Vater/Mraz, BB 2009, S. 848, 850; Die Zweifel, ob eine pauschale Haftungsvergütung genügt, hat *Veil* später auch ausdrücklich aufgegeben (vgl. Veil, ZGR 2009, S. 623, 641).

186 Goette, Einführung GmbH-Recht, 1. Kap Rn. 45.

187 *Lutter* in Lutter/Hommelhoff, GmbHG, § 5a Rn. 35; *Westermann* in Scholz, GmbHG, § 5a Rn. 40; Stenzel, NZG 2009, S. 168, 170f.; Hirte, ZInsO 2008, S. 933, 935; Heckschen, DStR 2009, 166, 171; Heeg, DB 2009, S. 719, 721; i.E. auch Goette, Einführung GmbH-Recht, 1. Kap Rn. 45.

hungsanfälligkeit des § 5a GmbHG gesehen und dennoch keine Sicherungsinstrumente eingefügt habe.[188]

Zudem solle die UG nach dem Willen des Gesetzgebers auch für nicht gewinnorientierte Gesellschaften eingesetzt werden können.[189] Einer Forderung, den Zugang zur UG nur für erwerbswirtschaftliche Zwecke zu eröffnen, sei er bewusst nicht nachgekommen. Die Möglichkeit der nicht erwerbswirtschaftlich tätigen UG schließe aber die Annahme einer Gewinnerzielungspflicht aus.[190]

Überdies fehle es an einer dogmatischen Grundlage für die behauptete Unzulässigkeit einer UG & Co. KG. Insbesondere seien keine Anhaltspunkte dafür erkennbar, dass § 5a Abs. 3 GmbHG als Verbotsgesetz i. S. d. § 134 BGB ausgelegt werden könne. Ist er dies aber nicht, dann sei der KG-Vertrag wirksam, und der Beteiligung der UG als Komplementärin stehe nichts entgegen.[191]

Letztlich zeige auch ein Vergleich zur Aktiengesellschaft, dass eine gesetzlich normierte Pflicht zur Bildung einer Rücklage nicht so ausgelegt werde, dass sie eine Pflicht zur Gewinnerzielung enthalte. Die AG sei gem. § 150 Abs. 1, 2 AktG ebenfalls zur Bildung einer Rücklage, die in Abhängigkeit von dem erzielten Jahresüberschuss steht, verpflichtet. Dennoch wird dort eine entsprechende Forderung nicht vertreten.[192]

iii. Stellungnahme

Nach richtiger Auffassung kann der Bestimmung in § 5a Abs. 3 GmbHG keine Einschränkung der Komplementärfähigkeit der Unternehmergesellschaft (haftungsbeschränkt) entnommen werden.

Im Kern geht es der ablehnenden Auffassung um das Gewicht des § 5a Abs. 3 GmbHG als Instrument des Gläubigerschutzes. Wenn die UG keinen Anspruch auf einen Gewinnanteil der KG hat, so wird ein nennenswerter, letztlich für die Gläubigerbefriedigung zur Verfügung stehender Betrag nicht in die Rücklage eingestellt werden können. Allerdings genügt diese Intention nicht, um das Ergebnis der Normauslegung zu determinieren. Entscheidend ist vielmehr wie stets eine umfassende Abwägung.

188 Kock/Vater/Mraz, BB 2009, S. 848, 850.

189 Es sei darauf hingewiesen, dass, soweit ersichtlich, der Einsatz einer UG für ideelle Zwecke nicht bestritten worden ist. Streitig ist nur, ob eine UG die steuerrechtlichen Voraussetzungen für eine Gemeinnützigkeit i. S. d. §§ 51 ff. AO erfüllen kann, vgl. dazu zuletzt etwa Ullrich, GmbHR 2009, S. 750, 751 ff.

190 Kock/Vater/Mraz, BB 2009, S. 848, 850.

191 *Westermann* in Scholz, GmbHG, § 5a Rn. 40; Stenzel, NZG 2009, S. 168, 169 ff.

192 Hirte, ZInsO, S. 933, 935.

Der Wortlaut der Norm gibt zur Beantwortung der Frage wenig Anhaltspunkte. Hieraus ist nur zu entnehmen, was mit dem Gewinn, der erwirtschaftet wurde, zu geschehen hat. Zu Konstellationen, in denen ein Gewinn gar nicht erst erwirtschaftet wurde oder werden konnte, schweigt der Normtext hingegen. Dennoch ist festzustellen, dass weder eine Gewinnerzielungspflicht noch eine entsprechende Sanktion explizit in den Normtext aufgenommen wurde. Dies führt zumindest dazu, dass der Gegenansicht eine Art Bringschuld zufällt. Wollte man § 5 Abs. 3 GmbHG im Sinne einer Gewinnerzielungsspflicht auslegen, so bedarf dies einer besonderen Begründung.

Die systematische Einordnung der UG in das Normgefüge des GmbHG spricht ebenfalls gegen eine einschränkende Auffassung. Ausweislich der Gesetzesbegründung sollte das Sonderrecht der UG ausschließlich in § 5a GmbHG geregelt sein. Im Übrigen gilt das Recht der GmbH.[193] Für die GmbH ist jedoch anerkannt, dass sie auch für ideelle Zwecke ohne Gewinnerzielungsabsicht genutzt werden kann.[194] Wäre die UG dagegen zur Gewinnerzielung verpflichtet, könnte sie nur erwerbswirtschaftlichen Zwecken dienen. Ihr Einsatzfeld wäre also entgegen der Intention des Gesetzgebers gegenüber der GmbH erheblich eingeschränkt.[195]

Der von *Veil* bemühte Vergleich zu den Unternehmensverträgen führt zu keiner anderen Sichtweise. Zwar trifft es zu, dass der Abschluss eines Betriebspachtvertrags zur Anwendbarkeit des § 302 Abs. 2 AktG führt. Allerdings fragt sich, wie man von diesem Befund zur Nichtigkeit des KG-Gesellschaftsvertrages, der UG-Satzung bzw. zur Unzulässigkeit der Beteiligung der UG gelangen möchte. Zudem fehlt es auch an einer Vergleichbarkeit der Ausgangssituationen. Wenn man schon die Unternehmensverträge als Vergleichsmaßstab heranzieht, ähnelt die UG & Co. KG eher einem Betriebsführungsvertrag[196] als einem Betriebspachtvertrag. Die Komplementär-UG führt das Unternehmen der KG in deren Namen und für deren Rechnung. Hingegen liegt eine irgendwie geartete Überlassung eines Unternehmens der UG an die KG nicht vor. Dies wäre für einen Betriebspacht- oder Betriebsüberlassungsvertrag kennzeichnend.[197] Anders als bei den zuletzt genannten Verträgen lehnt die weit überwiegende Ansicht die Anwendung des § 302 Abs. 2 AktG auf Betriebsführungsverträge zu Recht ab,[198] denn die Gefährdungslage

193 Begründung zum RegE des MoMiG, S. 71. (Die Begründung des RegE zum MoMiG ist abrufbar unter http://bmj.de/files/–/2109/MoMiG-RegE%2023%2005%2007.pdf (Abruf am 9.12.2008)).

194 *Hueck/Fastrich* in Baumbach/Hueck, GmbHG, § 1 Rn. 12; *Roth* in Roth/Altmeppen, GmbHG, § 1 Rn. 11.

195 I. E. auch Hueck/Windbichler, GesR, § 21 Rn. 44; Heckschen, DStR 2009, S. 166, 171.

196 Zum Begriff Fenzl, Konzernpraxis, S. 29 Rn. 96; Hüffer, AtkG, § 292 Rn. 20.

197 Fenzl, Konzernpraxis, S. 5 f. Rn. 20 ff. und S. 26 f. Rn. 89 ff.; Hüffer, AtkG, § 292 Rn. 18.

198 Hüffer, AktG, § 302 Rn. 22; *Koppensteiner* in Kölner Komm. AktG, § 302 Rn. 59; *Altmeppen* in MüKo-AktG, § 302 Rn. 52; a. A. Veelken, Betriebsführungsvertrag, S. 247 f.

für die Gläubiger ist gegenüber den von § 302 Abs. 2 AktG erfassten Fällen genau umgekehrt.

Vor allem eine teleologisch praktische Auslegung spricht gegen die Gegenansicht. Da die Unzulässigkeit der UG & Co. KG nach Ansicht der Gegenauffassung im Recht der UG und nicht im Recht der KG begründet sein soll, müsste sich nach dieser Auffassung die Frage nach der Behandlung anderer Einsatzmöglichkeiten der UG bzw. die Frage der Grenzziehung aufdrängen. Es sind unendlich viele Konstellationen denkbar, in welchen es einer UG nicht möglich sein wird, Gewinne zu erzielen. Zu nennen wären z. B. die schon angesprochene UG mit ideellem Unternehmensgegenstand, Auffang-, Überleitungs- oder Aschenputtelgesellschaften, Vorratsgesellschaften, jedenfalls, bis sie „wirtschaftlich neu gegründet werden" und einen aktiven Geschäftsbetrieb aufnehmen, und nicht zuletzt solche Gesellschaften, die zwar erwerbswirtschaftlich tätig sind, aber in ihrem Geschäftsbetrieb aus rechtlich wirtschaftlichen Gründen (z. B. hohe vertragliche Verbindlichkeiten, die durch Einnahmen nicht ausreichend kompensiert werden können) oder wirtschaftlich faktischen Gründen (z. B. schlechtes Geschäftsmodell) keinen Gewinn erzielen können. Soweit ersichtlich, wird bislang zu Recht nicht vertreten, dass alle oder einige der oben genannten Einsatzmöglichkeiten der UG unzulässig seien. Sind diese Zwecke, deren Potential einer Gläubigergefährdung teilweise erheblich größer ist, alle zulässig, stellt sich eine Isolierung allein der UG & Co. KG als nicht zu rechtfertigende Willkür dar.

iv. Keine Diskussion über Normativbestimmungen der KG

Nur am Rande sei erwähnt, dass bislang niemand die Ansicht vertreten hat, eine Komplementärfähigkeit der UG sei abzulehnen, da sie den Normativbestimmungen der KG und § 5 GmbHG nicht genüge. Dies wäre aber zwingend, wenn man die entsprechende Ansicht hinsichtlich der Auslandskapitalgesellschaft für zutreffend hält.[199] Denn das Mindestkapitelerfordernis soll für jede Kapitalgesellschaft gelten, die Komplementärin einer KG wird. Dann dürfte auch für die UG keine Ausnahme gemacht werden.

c. Zwischenergebnis

Es hat sich gezeigt, dass die UG Komplementärin einer KG sein kann. Demnach kommen auch Gesellschaften mit geringerer Kapitalausstattung als die GmbH als Komplementäre in Betracht. Dann ist es aber auch nur konsequent, einen solchen Einwand auch gegenüber der *Limited* nicht mehr zu erheben.

199 Vgl. dazu oben unter B. III. 1. a.

3. Europarechtlich gebotene Freigabe

Wie bereits angedeutet, folgt die Zulässigkeit letztlich auch aus der Niederlassungsfreiheit nach Art. 49, 54 AEUV.

Zwar ergibt sich dies nicht unmittelbar aus den bereits zitierten Entscheidungen des EuGH.[200] Diese behandelten die wirtschaftliche Betätigung einer Auslandsgesellschaft durch Gründung und Betrieb einer Zweigniederlassung im Inland, nicht die hier in Rede stehenden Voraussetzungen einer Beteiligung an einer deutschen Kommanditgesellschaft. Es wird jedoch zu zeigen sein, dass diese Frage nicht anders zu beurteilen ist.

Die *Limited* fällt als nach englischem Recht gegründete Gesellschaft in den persönlichen Schutzbereich der Niederlassungsfreiheit. Zudem müsste die Komplementärbeteiligung in den sachlichen Schutzbereich der Niederlassungsfreiheit fallen. Dieser erfasst unter anderem das Halten bzw. den Erwerb von einer Beteiligung an einer anderen Gesellschaft, die potentielle Leitungsmacht über das Zielunternehmen vermittelt.[201] Die Komplementär-Ltd. ist Gesellschafterin der KG und zudem aufgrund von §§ 161 Abs. 2, 114 Abs. 1, 125 HGB i. V. m. §§ 164, 171 HGB zur alleinigen Geschäftsführung und Vertretung der KG berechtigt und verpflichtet. Sie übt qua ihrer gesellschaftsrechtlichen Funktion somit Leitungsmacht über die KG aus.[202]

Weiterhin zu fragen wäre nach dem Vorliegen einer Beeinträchtigung der Niederlassungsfreiheit und einer möglichen Rechtfertigung, falls die Zulässigkeit einer Komplementärbeteiligung der *Limited* bestritten wird.

Sähe man eine Auslandskapitalgesellschaft wegen ihrer Herkunft als grundsätzlich untaugliche Komplementärin an, läge darin eine direkte Diskriminierung. Als solche wäre sie nur nach Art. 52 AEUV zu rechtfertigen, was aber nicht begründet werden kann. Dies wird, soweit erkennbar, auch nicht (mehr) vertreten.

Etwas weniger rigoros ist folgender Ansatz: Die §§ 161 ff. HGB seien dahingehend auszulegen, dass ihnen eine Beschränkung der komplementärfähigen Gesellschaften auf solche entnommen werden kann, die über ein mit der GmbH vergleichbares Stammkapital verfügen. Dennoch könnte darin entweder eine verdeckte Diskriminierung oder eine Behinderung der Niederlassungsfreiheit liegen. Eine direkte Diskriminierung liegt dagegen sicher nicht vor, denn das Mindestkapitalerfordernis soll formal unterschiedslos für alle Kapitalgesellschaften gelten, die die Komplementärstellung übernehmen.

---

200 Vgl. oben unter Teil B. II. 4. b.

201 EuGH, Rs.C 251/98, Slg. 2000, I–2787 („Baars") = ZIP 2000, S. 697, 698 und ständig; zuletzt Rs. C-284/06, GmbHR 2008, S. 824 = EiZW 2008, S. 533, 536; Germelmann, EuZW 2008, S. 596, 597; *Bröhmer* in Calliess/Ruffert, EUV/AEUV, Art. 49 AEUV Rn. 9.

202 *Hopt* in Baumbach/Hopt, HGB, § 164 Rn. 1.

Eine solche Auslegung der §§ 161 ff. HGB würde aber tatsächlich nur zu einer Einschränkung für Auslandskapitalgesellschaften führen, denn die GmbH unterliegt den Anforderungen des § 5 GmbHG ohnehin. Dann läge eine die ausländischen Gesellschaften typischerweise stärker belastende Regelung, also eine indirekte Diskriminierung vor.[203] Demgegenüber scheint der EuGH in seiner Entscheidung „Inspire Art“ in Bezug auf eine Regelung, welche die Gründung einer Zweigniederlassung davon abhängig macht, dass die inländischen Vorschriften über das Stammkapital bei der Gründung von Kapitalgesellschaften eingehalten werden, eher von einer Behinderung auszugehen.[204] Letztlich kann man eine endgültige Klassifizierung jedoch dahinstehen lassen, da die Anforderungen an eine Rechtfertigung identisch sind.[205]

Liegt daher in einer so verstandenen Auslegung der §§ 161 ff. HGB eine Beeinträchtigung der Niederlassungsfreiheit, stellt sich die Frage der möglichen Rechtfertigung. Die von den Verfechtern dieser Ansicht vorgebrachten Argumente sind solche des Gläubigerschutzes. Auch das Abheben auf § 22 BGB kann nicht anders gedeutet werden.[206] In der Sache geht es darum, zu verhindern, dass durch die Ausnutzung der Niederlassungsfreiheit die inländischen Vorschriften über das Mindeststammkapital unterlaufen werden.

Beide Aspekte genügen den Anforderungen an eine Rechtfertigung jedoch nicht. In der Entscheidung „Inspire Art“[207] hat sich der EuGH ausführlich damit auseinandergesetzt, ob der Gläubigerschutz oder die Umgehung der inländischen Vorschriften über das Mindeststammkapital hinreichende Gründe sind, um eine Beschränkung der Niederlassungsfreiheit zu rechtfertigen. Zu Recht kam das Gericht dabei zu dem Schluss, dass die Anwendung der Mindeststammkapitalvorschriften unverhältnismäßig ist, denn durch eine entsprechende Firmierung und die Regelungen in der Vierten[208] und Elften Richtlinie[209] sei der

203 A. A. *Duys*, der darauf abstellt, dass die KG-Normativbestimmungen unterschiedslos auf alle Kapitalgesellschaften Anwendung fänden (vgl. Duys, Auslands-Kapitalgesellschaft & Co. KG, S. 125). Indessen verkennt er dabei, dass sich indirekte Diskriminierungen gerade dadurch auszeichnen, dass sie nicht unmittelbar an die Staatsangehörigkeit bzw. den Sitzstaat anknüpfen.

204 „Die in Rede stehende Regelung [...] führt dazu, dass die Ausübung der vom Vertrag anerkannten Niederlassung durch die Gesellschaften *behindert* wird“ (Hervorhebung durch den Verfasser); EuGH, NJW 2003, S. 3332, 3333 f. Tz. 101 und 133.

205 Vgl. oben unter unter Teil B. II. 4. a.

206 Vgl. zu beidem oben unter Teil B. III. 1. a.

207 EuGH, NJW 2003, S. 3332 ff.

208 Vierte Richtlinie 78/660/EWG des Rates, ursprüngliche Fassung vom 25. Juli 1978.

209 Elfte Richtlinie 89/666/EWG des Rates, urspürungliche Fassung vom 21. Dezember 1989. Sie wird nachfolgend auch als „Zweigniederlassungsrichtlinie“ bezeichnet.

Rechtsverkehr bereits hinreichend geschützt.[210] Eine Umgehung der Vorschriften über das Mindeststammkapital liege ebenso nicht vor, da die Gründung einer Gesellschaft im Ausland und deren Abwicklung der Geschäftstätigkeit über eine Zweigniederlassung keinen Missbrauch der Niederlassungsfreiheit darstelle.[211]

IV. Ergebnis Teil B

Die Untersuchung hat gezeigt, dass eine *Limited* internationalprivatrechtlich nach ihrem Gründungsstatut zu beurteilen und daher als solche rechts- und parteifähig ist. Dies umfasst unter anderem das Recht, sich an anderen Rechtsträgern zu beteiligen. Auch aus dem materiellen Recht der KG sind keine Gründe ersichtlich, die einer Komplementärbeteiligung entgegenstehen. Sie kann auch nicht davon abhängig gemacht werden, dass die *Limited* ein Stammkapital in bestimmter Höhe aufweist.

Nach alledem ist die Ltd. & Co. KG eine zulässige Gestaltungsalternative zur GmbH & Co. KG.

---

210 EuGH, NJW 2003, S. 3332, 3334 Tz. 135; dagegen hat *Duys* die Erforderlichkeit noch bejaht, allerdings bevor die Entscheidung EuGH erging (vgl. Duys, Auslands-Kapitalgesellschaft & Co. KG, S. 158).

211 EuGH, NJW 2003, S. 3332, 3334 Tz. 139.

C. Gründung und registerrechtliche Probleme

Materiellrechtlich weist der Gründungsvorgang einer Ltd. & Co. KG keine durch die ausländische Rechtsform der Komplementärin verursachten Besonderheiten auf. Er verläuft demnach ebenso ab wie die Errichtung einer GmbH & Co. KG.[212] Dieser vollzieht sich durch Abschluss des KG-Gesellschaftsvertrages, in welchem die Kapitalgesellschaft die Stellung der einzigen Komplementärin übernimmt, und der, gegebenenfalls deklaratorischen,[213] Eintragung der Gesellschaft ins Handelsregister.[214]

Eine Besonderheit ergibt sich nur insofern, als das englische Gesellschaftsrecht den Beginn der Rechtsfähigkeit der *Limited* an den vollständigen Abschluss des Gründungsvorganges knüpft, also die Eintragung der Gesellschaft im *Companies House*. Ein Zwischenstadium, also eine rechtsfähige Vorgesellschaft, sieht das englische Recht nicht vor.[215] Da für den Abschluss des Gesellschaftsvertrages der KG mindestens zwei Vertragsparteien erforderlich sind, kann die Gründung der KG erst nach Eintragung der Komplementär-*Limited* erfolgen. Wird der KG-Vertrag bereits davor geschlossen, scheitert die KG-Gründung. In diesen Fällen wird jedoch durch die spätere Aufnahme oder Fortführung des Geschäftsbetriebs eine „Heilung"[216] der KG-Gründung durch konkludenten erneuten Vertragsschluss eintreten. Eine bis dahin bereits begründete Haftung des Kommanditisten bleibt davon unberührt.

Für die Firmierung ist zu beachten, dass die KG gemäß § 19 Abs. 2 HGB einen Rechtsformzusatz zu führen hat, der die Haftungsbeschränkung der Komplementärin nach außen erkennbar macht. Der für die GmbH gebräuchliche Firmenzusatz [...] „& Co. KG" ist somit auch für die *Limited* erforderlich. Die Bezeichnung der Komplementärin kann durch volle Nennung ihrer Rechtsform, aber auch durch gebräuchliche Abkürzungen, also „Ltd." oder „*Limited*", erfolgen. Mittlerweile hat sich die Erkenntnis durchgesetzt, dass weitere Informationen, wie etwa ein Hinweis

---

212 Just, *Limited* in der Praxis, Rn. 351.

213 *Grunewald* in MüKo-HGB, § 161 Rn. 10f.

214 *Grunewald* in MüKo-HGB, § 161 Rn. 56 ff.; ausführlich *Aderhold* in Westermann, Hdb. d. PerGes, § 47 Rn. 2035ff.

215 *Rehm* in Eidenmüller, Ausländische Kapitalgesellschaften, § 10 Rn. 22.

216 Technisch betrachtet würde allerdings nicht die unwirksame Gründung geheilt, sondern eine wirksame KG dann erst neu gegründet werden.

auf den ausländischen Inkorporationsstaat oder eine deutsche Übersetzung der ausländischen Rechtsform, nicht erforderlich sind.[217]

Erhebliche Schwierigkeiten bereiten dagegen registerrechtliche Fragen in Zusammenhang mit der Gründung.

I. Handelsregisterpublizität der Komplementär-*Limited*

Übernimmt eine *Limited* die Komplementär-Stellung, dann ist fraglich, ob und gegebenenfalls wie sie deswegen ins deutsche Handelsregister eingetragen werden kann oder muss.

Vor der Betrachtung der Einzelprobleme ist es hilfreich, das Ausgangsproblem bei der registerrechtlichen Behandlung zu konturieren. Die *Limited* wird bei Gründung naturgemäß zunächst nur im Inkorporationsstaat, dort im englischen *Companies House*, registerlich erfasst. In das deutsche Handelsregister erfolgt demgegenüber keine Eintragung. Entfaltet die *Limited* jedoch ausschließlich in Deutschland geschäftliche Aktivität, erscheint es prima vista unbefriedigend, dass die Gesellschaft nicht der deutschen Handelsregisterpublizität unterliegt. Die über das *Companies House* erhältlichen Angaben gleichen zwar weitgehend dem in Deutschland vorgeschriebenen Informationsniveau. Dies liegt nicht zuletzt daran, dass die Publizitätsrichtlinie[218] einen einheitlichen Standard für den Umfang der zu veröffentlichenden Daten gesetzt hat. Allerdings fehlt es entgegen der Bestimmung in Kapitel 2 Artikel 2 d) i 2. Halbsatz der Publizitätsrichtlinie an einer Eintragung, Prüfung oder Veröffentlichung der Vertretungsbefugnis der Gesellschaftsorgane.[219] Zudem erfolgen Veröffentlichungen im *Companies House* in englischer Sprache.

---

217 So hat die Rechtsprechung Firmierungen als „Ltd.“ oder „*Limited*“ in jüngerer Zeit nicht mehr beanstandet: EuGH, NJW 2003, S. 3331, 3332 f.; OLG Hamm vom 27.5.2008, Az.: I–15 Wx 138/08, Tz. 17 ff. (zitiert nach juris) = DB 2008, 2303 f.; OLG München, NZG 2007, S. 824 ff. = GmbHR 2008, S. 797 ff.; OLG FFM, GmbHR 2006, S. 256 ff. = NZG 2006, S. 515 ff.; Die früher in der Literatur geäußerte Kritik an solchen Abkürzungen (vgl. etwa Kindler, NJW 2003, S. 1073, 1079 m. w. N.) dürfte zwischenzeitlich überholt sein, da sich der hiesige Rechtsverkehr ausreichend an das Vorkommen gebräuchlicher Abkürzungen ausländischer Gesellschaftsformen gewöhnt hat.

218 Nunmehr Richtlinie 2009/101/EG des Europäischen Parlaments und des Rates vom 16. September 2009. Diese Richtlinie ersetzt die Erste Richtlinie 68/151/EWG des Rates in der ursprünglichen Fassung vom 9. März 1968, in der die gegenständlichen Fragen bislang geregelt waren.

219 *Laughton* in Fritz/Hermann, Limited in Deutschland, Rn. 214; Krafka/Willer, Registerrecht, Rn. 314.

Es sind daher verschiedene Ansätze erwogen worden, ob und wie die *Limited* bei Übernahme bei Komplementärstellung bei einer KG in das deutsche Handelsregister einzutragen ist.

1. Eintragung als Hauptniederlassung

Zunächst kommt in Betracht, die *Limited* mit einer Hauptniederlassung ins deutsche Handelsregister einzutragen.

a. Rechtsprechung

Soweit ersichtlich, liegen noch keine veröffentlichen Entscheidungen zu dieser Frage vor. In der Praxis erfolgt die Handelsregistereintragung ausschließlich über Zweigniederlassungen, wobei eine alternative Eintragung einer Hauptniederlassung gar nicht erwogen wird.[220]

b. Literatur

i. Kritik an der Eintragung einer Zweigniederlassung

In Bezug auf die Handelsregisterpublizität der Ltd. & Co. KG wurde auch in der Literatur bislang nicht gefordert, dass die Komplementärin mit einer Hauptniederlassung ins deutsche Handelsregister einzutragen sei. Es gibt aber Stimmen, die die praktische Übung, beim faktischen Zuzug von Auslandsgesellschaften nach Deutschland stets eine Zweigniederlassung einzutragen, kritisieren und zumindest die Möglichkeit fordern, alternativ die Eintragung einer Hauptniederlassung zu ermöglichen.[221] Diese Ansicht könnte man dahin gehend übertragen, dass die *Limited* auch dann, wenn sie als Komplementärin einer KG tätig wird, mit einer Hauptniederlassung ins Handelsregister eingetragen werden kann bzw. muss.

Zur Begründung führen die Verfechter dieser Ansicht an, dass die Eintragung einer Zweigniederlassung eine Irreführung des Geschäftsverkehrs über die tatsächlichen Verhältnisse der Gesellschaft hervorrufe: Der hergebrachte Wortsinn einer „Zweigniederlassung“ erfordere das Vorhandensein einer Hauptnieder-

220 Vgl. z. B. BGH, NJW 2005, S. 1648, 1649 f. = GmbHR 2005, S. 630; OLG Naumburg, GmbHR 2003, 533; OLG Celle, GmbHR 2003, S. 532, 533 = IPRax 2003, 245 ff.; OLG Zweibrücken, NZG 2003, S. 537, 538 f. = ZIP 2003, S. 849 ff.

221 Liese, NZG 2006, S. 201 ff.; Wernicke, BB 2006, S. 843, 844 ff.; Ebert/Levedag, GmbHR 2003, 1337, 1338. Kritisch zur Bezeichnung als Zweigniederlassung auch Zöllner, GmbHR 2006, S. 1; Wernicke, BB 2006, S. 843, 844 ff.

lassung.[222] Wenn eine Auslandsgesellschaft in Deutschland über eine Zweigniederlassung tätig werde, erhalte der Rechtsverkehr den Eindruck, es liege auch noch eine weitere Niederlassung – und damit auch Gesellschaftsvermögen – im ursprünglichen Inkorporationsstaat vor.[223] Dieser Eindruck sei aber falsch, wenn eine Scheinauslandsgesellschaft ihren gesamten Geschäftsbetrieb über die Zweigniederlassung abwickle.

Es gebe auch kein europarechtliches Gebot, eine etwaig erforderliche Handelsregistereintragung als Zweigniederlassung vorzunehmen. Zwar hätten die EuGH-Urteile „Centros“ und „Inspire Art“ die Eintragung von Zweigniederlassungen betroffen. Keinem der Urteile sei aber zu entnehmen, dass die Ausübung der Niederlassungsfreiheit zwingend durch Errichtung der Zweigniederlassung zu geschehen habe.[224] Vielmehr übten die Gesellschaften bei Verlegung ihres Verwaltungssitzes in Wahrheit die primäre Niederlassungsfreiheit nach Art. 49, 54 AEUV aus, was konsequenterweise zur Begründung einer Haupt- und nicht einer Zweigniederlassung führe. Die Begründung einer Zweigniederlassung sei eigentlich der Ausübung der sekundären Niederlassungsfreiheit zuzuordnen.[225]

Letztlich stünden der Eintragung einer Hauptniederlassung auch keine (register-) technischen Bedenken entgegen. Zwar sei die Eintragung von Hauptniederlassungen für Gesellschaften, deren Gründungs- und Satzungssitz im Ausland liegt, bislang nicht vorgesehen. Diese technische Frage könnte aber gelöst werden und sei vor allem nicht vorrangig gegenüber der rechtlichen Einordnung eines Vorganges.[226]

ii. Gegenansicht

Die überwiegende Ansicht in der Literatur geht in Übereinstimmung mit der Rechtsprechung ohne Erörterung davon aus, dass beim faktischen Zuzug von Auslandsgesellschaften, wenn überhaupt, eine Zweigniederlassung ins Handelsregister einzutragen sei.[227] Innerhalb dieser Ansicht war dabei allerdings zunächst streitig, ob die Eintragung einer Zweigniederlassung an der hergebrachten Definition des Begriffs Zweigniederlassung scheitere. Hiernach konnte eine Zweig-

222 Wernicke, BB 2006, S. 843, 844.
223 Liese, NZG 2006, S. 201, 203; Wernicke, BB 2006, S. 843, 845.
224 Wernicke, BB 2006, S. 843, 845 ff.
225 Liese, NZG 2006, S. 201, 203; Wernicke, BB 2006, 843, 847; Ebert/Levedag, GmbHR 2003, S. 1337, 1338.
226 Liese, NZG 2006, S. 201, 203.
227 *K. Schmidt* in Lutter, Europäische Auslandsgesellschaften, S. 18; *Hopt* in Baumbach/Hopt, HGB, § 13d Rn. 1; *Krafka* in MüKo-HGB, § 13d Rn. 12; zahlreiche weitere Nennungen bei Wernicke, BB 2006, S. 843, 844.

niederlassung einer Gesellschaft nur dann begründet werden, wenn daneben eine abgrenzbare Hauptniederlassung – also eine weitere organisatorische Einheit – der Gesellschaft existierte.[228] Diese Auseinandersetzung kann man heute als dahin gehend geklärt betrachten, dass die frühere Definition in Zusammenhang mit Auslandsgesellschaften durch einen „gemeinschaftsrechtlichen Begriff der Zweigniederlassung" abgelöst wurde, der auf das Merkmal „Bestehen einer Hauptniederlassung" verzichtet.[229]

Einige Stimmen haben sich daneben mit der Möglichkeit einer Hauptniederlassungseintragung befasst und lehnen eine solche ab.[230]

Nach *Riegger* und *Mankowski/Knöfel* enthält das deutsche Recht keine gesetzliche Grundlage dafür, die zugezogene Auslandsgesellschaft mit einer Hauptniederlassung ins Handelsregister einzutragen. Die Eintragung einer Zweigniederlassung sei dagegen gesetzlich vorgesehen und somit auch der richtige Weg.[231] *Happ/Holler* halten die Eintragung einer Hauptniederlassung für unmöglich, denn die Registrierung einer Gesellschaft (also die Eintragung einer Hauptniederlassung) sei ausschließlich im Inkorporationsstaat möglich.[232]

Rehberg argumentiert, dass die formale Unterscheidung von Hauptniederlassung im Gründungsstaat und Zweigniederlassung im Zuzugsstaat in den Entscheidungen des EuGH zur Niederlassungsfreiheit und in der Publizitäts- und der Zweigniederlassungsrichtlinie angelegt sei. Diese sei auf die deutsche Registerpraxis zu übertragen. Überdies seien die §§ 13 d ff. HGB am ehesten geeignet, die registerrechtliche Problematik zu bewältigen.[233]

iii. Stellungnahme

Die Eintragung einer Auslandsgesellschaft sollte, falls sie überhaupt vorzunehmen ist,[234] auch weiterhin nur als Zweigniederlassung erfolgen.

Den Vertretern der Gegenansicht ist zwar zuzugeben, dass die Bezeichnung „Zweigniederlassung" missverständlich ist, wenn, bildlich gesprochen, der Zweig eigentlich der einzige Stamm der Gesellschaft ist.

---

228 Ausführlich hierzu *Lutter* in Lutter, Europäische Auslandsgesellschaften, S. 2 ff.

229 Explizit Thüringer OLG, NZG 2006, S. 434 = ZIP 2006, S. 708; ebenso Liese, NZG 2006, S. 201, 202; *K. Schmidt* in Lutter, Ausländische Gesellschaften, S. 18.

230 *Rehberg* in Eidenmüller, Ausländische Gesellschaften, § 5 Rn. 18; *Mankowski/Knöfel* in Hirte/Bücker, § 13 Rn. 11; Riegger, ZGR 2004, S. 510, 512 f.; Happ/Holler, DStR 2004, S. 730, 734; wohl auch in diese Richtung Süß, GmbHR 2005, S. 673; Werner, GmbHR 2005, S. 288, 289.

231 Riegger, ZGR 2004, S. 510, 514; *Mankowski/Knöfel* in Hirte/Bücker, § 13 Rn. 11.

232 Happ/Holler, DStR 2004, S. 730, 734 f.

233 *Rehberg* in Eidenmüller, Ausländische Gesellschaften, § 5 Rn. 18.

234 Vgl. dazu sogleich unter Teil C. I. 2.

Auch ist es zutreffend, dass eine andere Registerpraxis durchaus möglich gewesen wäre. Nach bisheriger Auffassung wird die Hauptniederlassung einer Gesellschaft durch ihren Sitz bestimmt, wobei darunter der Register- oder Satzungssitz der Gesellschaft verstanden wird.[235] Die form- und identitätswahrende Satzungssitzverlegung einer ausländischen Gesellschaft ins Inland ist nach in Deutschland vertretener Auffassung ausgeschlossen.[236] Eine Pflicht zur Eintragung einer Hauptniederlassung hätte somit dazu geführt, dass es für die ausländische Kapitalgesellschaft nicht möglich gewesen wäre, unter Wahrung und Anerkennung ihrer Rechtsform von der Niederlassungsfreiheit Gebrauch zu machen.

Auch wenn diese Rechtsfolge mit der Niederlassungsfreiheit nicht vereinbar gewesen wäre, lag die einzige Lösungsmöglichkeit nicht darin, stattdessen die Eintragung einer Zweigniederlassung vorzunehmen. Statt eines „gemeinschaftsrechtlichen Begriffes der Zweigniederlassung“[237] hätte man auch einen „gemeinschaftsrechtlichen Begriff der Hauptniederlassung“ entwickeln können. Dieser wäre für Auslandsgesellschaften nicht mehr mit dem Satzungssitz verbunden, sondern allein nach dem tatsächlichen Verwaltungssitz zu bestimmen.

Dieser Weg stünde auch nicht in Konflikt mit englischem Recht.[238] Die Existenz einer Gesellschaft hängt nach englischem Recht mit dem Belegenheitsort ihres *Registered Office* und ihres *Domicile*[239] zusammen. Das *Domicile* wird bestimmt durch die Wahl des Ortes, an welchem zur Zeit der Inkorporation das *Registered Office* der Gesellschaft liegt.[240] Das *Registered Office* und somit das *Domicile* können in der Folgezeit innerhalb des Heimatstaates frei verlegt werden,[241] nicht aber ins Ausland.[242] Auf dieser Grundlage stellt sich die Frage, ob das *Companies House* die Eintragung einer Hauptniederlassung in Deutschland als Verlegung des *Domiciles* auffassen würde. Einziger Anhaltspunkt für eine solche Auslegung wäre, dass die Hauptniederlassung nach hergebrachter deut-

235 *Hopt* in Baumbach/Hopt, HGB, § 13 Rn. 1; *Krafka* in Müko-HGB, § 13 Rn. 6, 27ff.; *Koch* in Staub, HGB, § 13 Rn. 14ff., 32ff., § 13h Rn. 6.

236 Z.B. zuletzt OLG Nürnberg, ZIP 2012, 572ff. = NZG 2012, S. 468ff. m.w.N.; *Bayer* in Lutter/Hommelhoff, GmbHG, § 4a Rn. 17; *Hueck/Fastrich* in Baumbach/Hueck, GmbHG, § 4a Rn. 14.

237 Zu diesem Begriff vergleiche *K. Schmidt* in Lutter, Europäische Auslandsgesellschaften, S. 18.

238 So aber Happ/Holler, DStR 2004, S. 710, 713f.

239 Das *Domicile* einer Gesellschaft bezeichnet den Anknüpfungspunkt für die Bestimmung des Gesellschaftsrechts nach englischen internationalem Privatrecht, vgl. Gillessen, Sitzverlegung, S. 41f.

240 Re Carse v. Coppen, (1951) S.C. 233 (= Session Cases); Gillessen, Sitzverlegung, S. 46.

241 Gillessen, Sitzverlegung, S. 196.

242 Re Carse v. Coppen, (1951) S.C. 233 (= Session Cases). Weitere Nachweise zur englischen Rechtspraxis bei Gillessen, Sitzverlegung, S. 199ff.

scher Auffassung mit dem Satzungssitz einhergehen muss. Wäre nun die Hauptniederlassung in Deutschland vom Satzungssitz vollständig losgelöst, wäre auch einer solchen Auslegung, unabhängig davon, wie wahrscheinlich sie letztlich ist, die Grundlage entzogen.

Auch wenn die Eintragung einer Hauptniederlassung somit nicht ausgeschlossen wäre, ist die derzeit praktizierte Eintragung der Zweigniederlassung dennoch vorzugswürdig.

Zunächst stellt sich die Frage, ob die Eintragung einer Hauptniederlassung für den Rechtsverkehr nicht noch missverständlicher wäre als die einer Zweigniederlassung. Durch die Eintragung einer Hauptniederlassung in das Handelsregister wird die Erwartung suggeriert, eine Gesellschaft gehöre zu einer Rechtsordnung und beachte die dort üblichen (Gründungs-)Kautelen. Die Eintragung einer Zweigniederlassung macht hingegen deutlich, dass der rechtlich bestimmende Teil der Gesellschaft nicht am Ort der Zweigniederlassung liegt, auch wenn dort tatsächlich keine Geschäftsausübung erfolgt. Der Rechtsverkehr ist somit zwar nicht über die tatsächlichen, wohl aber über die für ihn regelmäßig schwieriger zugänglichen rechtlichen Verhältnisse zutreffend informiert.

Weiter ist de lege lata davon auszugehen, dass der deutsche Gesetzgeber die Erfassung der in Deutschland tätigen Auslandsgesellschaften über die §§ 13d ff. HGB intendiert. Systematisch zeigt sich dies schon daran, dass die §§ 8 ff. HGB eine isolierte Eintragung einer Hauptniederlassung nicht vorsehen. Diese Sicht wird auch durch § 13d Abs. 3 HGB gestützt, der die ergänzende Geltung von Vorschriften der Hauptniederlassung auch für die Zweigniederlassung ausländischer Gesellschaften anordnet. Der Gesetzgeber wollte einen Gleichlauf der Publizität von Haupt- und Zweigniederlassungen anordnen, da Auslandsgesellschaften nur im Wege einer Zweigniederlassung ins Handelsregister aufgenommen werden.[243]

Letztlich würde die Eintragung einer Hauptniederlassung auch unnötige Abgrenzungsschwierigkeiten mit sich bringen, falls die transnationale Sitzverlegung künftig doch noch zugelassen werden sollte. Zwar hat der EuGH Bestrebungen für die Möglichkeit einer grenzüberschreitenden Sitzverlegung unter Wahrung der Rechtsform gerade erst erneut zurückgewiesen[244] und nur die Möglichkeit des identitätswahrenden Umzugs unter Wechsel der Rechtsform zugelassen.[245] Denkbar ist aber, wenn auch im Augenblick nicht aktuell, dass eine Verabschiedung der immer wieder diskutierten europäischen Sitzverlegungs-

---

243 Mödl, RNotZ 2008, S. 1, 2.

244 EuGH, Rs. C-210/06, Tz. 124, ZIP 2009, S. 24 ff. („Cartesio").

245 EuGH, Rs. C-210/06 Tz. 111 ff., ZIP 2009, S. 24 ff. („Cartesio"); EuGH, Rs. C-378/10 Tz. 42 ff., NZG 2012, S. 871 ff. („Vale"); zum Ganzen auch Leible/Hoffmann, BB 2009, S. 58 ff.

richtlinie eine solche ermöglichen wird.[246] Auch wenn die Zulassung der identitätswahrenden Sitzverlegung damit noch nicht bevorsteht, sollte man diese Möglichkeit im Hinterkopf behalten. Würde man nun schon den faktischen Zuzug einer Gesellschaft durch die Eintragung einer Hauptniederlassung kennzeichnen, fragt sich, welche Form der Eintragung dann beim „echten Zuzug" noch übrig bliebe. Zwar wird man hier einwenden können, dass die intendierte Verlegung des Satzungssitzes dann durch Änderung der Satzung des Rechtsträgers deutlich gemacht werden würde und so von der reinen Verlegung des Verwaltungssitzes abgegrenzt werden könne. Dennoch liegen Verwirrung und schwierige Abgrenzungsfragen auf der Hand, etwa wenn zunächst nur die entsprechende Eintragung begehrt wird.

2. Eintragung als Zweigniederlassung

Scheidet die Eintragung einer Hauptniederlassung für die Komplementär-*Limited* aus, so ist weiter zu fragen, ob sie bei Gründung einer Ltd. & Co. KG mit einer Zweigniederlassung ins Handelsregister eingetragen werden muss. Die grundsätzliche Pflicht zur Eintragung der Zweigniederlassung ergibt sich aus § 13 d HGB.[247] Die Eintragung ist deklaratorisch.[248]

Die Frage der Eintragungspflicht hängt daher also davon ab, ob eine Zweigniederlassung der *Limited* in Deutschland tatsächlich begründet wird oder nicht. Sollte die *Limited* neben der Komplementärstellung einen davon unabhängigen, eigenen Geschäftsbetrieb in Deutschland unterhalten, steht die Pflicht zur Eintragung einer Zweigniederlassung außer Frage. Zweifelhaft ist dies jedoch, falls die Geschäftsausübung der Ltd. auf das Innehaben der Komplementärstellung beschränkt ist. Da Komplementärgesellschaften in aller Regel allein zu diesem Zweck gegründet und unterhalten werden, entspricht dies dem Regelfall. Die Frage wird innerhalb der Literatur unterschiedlich beurteilt. Eine gesicherte Position der Rechtsprechung lässt sich aufgrund der wenigen bisher ergangenen Judikate noch nicht sicher ausmachen, auch wenn das OLG Frankfurt am Main in der einzigen obergerichtlichen Entscheidung hierzu gegen das Vorliegen einer Eintragungspflicht votiert und damit die Linie wohl vorgegeben hat.

---

246 *Eidenmüller* in Eidenmüller, Ausländische Gesellschaften, § 1 Rn. 22; *Spahliner/Wegen* in Spahlinger/Wegen, Internationales Gesellschaftsrecht, Rn. 480 ff.

247 *Pentz* in Ebenroth/Boujong/Joost/Strohn, HGB, § 13d Rn. 17.

248 Krafka/Willer, Registerrecht, Rn. 290; *Hopt* in Baumbach/Hopt, HGB, § 13 Rn. 6.

a. Rechtsprechung

Die einzigen beiden Entscheidungen über das Vorliegen einer Eintragungspflicht ergingen bislang in demselben Verfahren, in welchem ein Registergericht versuchte, die angeblich bestehende Anmeldepflicht der Zweigniederlassung durch Androhung eines Zwangsgeldes durchzusetzen, wogegen seitens der *Limited* Rechtsmittel eingelegt wurden.

Das LG Wiesbaden[249] war der Ansicht, dass eine Anmeldepflicht besteht. Die mit der Geschäftsführung einhergehende notwendige Einrichtung der Komplementärin begründe regelmäßig die Annahme, dass eine Zweigniederlassung in Deutschland vorliege. Die Übernahme der Komplementärstellung sei somit nicht mit einer bloßen Beteiligung an der Gesellschaft zu vergleichen, welche nach einhelliger Meinung für die Begründung einer Zweigniederlassung nicht ausreiche.[250]

In der Rechtsmittelinstanz entschied das OLG Frankfurt am Main[251] gegen eine (generelle) Eintragungspflicht. Von der Ausübung der Geschäftsführung könne nicht notwendigerweise auf die Begründung einer Zweigniederlassung geschlossen werden.[252] Maßgeblich sei, ob eine hinreichende organisatorische Einheit geschaffen wird. Dies ohne weitere Feststellungen anzunehmen, sei eine nicht gerechtfertigte Unterstellung. Die *Limited* übe keine Geschäftstätigkeit im eigenen Namen aus und könne zur Geschäftsführung für die KG auf deren sachliche Ausstattung und Organisation zurückgreifen.[253]

Weiterhin erwog das Gericht, ob sich eine Anmeldepflicht daraus ergibt, dass die Übernahme der Komplementärstellung die einzige wirtschaftliche Tätigkeit der *Limited* sei. Aber auch dieser Aspekt führt nach Auffassung des Gerichts nicht zu einer anderen Beurteilung, da die Einhaltung der nach englischem Recht erforderlichen Gründungsformalitäten zur Entstehung der Rechtspersönlichkeit der Gesellschaft ausreichend sei.[254]

b. Literatur

Auch in der Literatur wird die Frage der Eintragung einer Zweigniederlassung unterschiedlich bewertet.

---

249 LG Wiesbaden, GmbHR 2008, S. 364, 365.
250 LG Wiesbaden, GmbHR 2008, S. 364, 365.
251 OLG FFM, GmbHR 2008, S. 707 ff. = ZIP 2008, S. 1286 ff.
252 OLG FFM, GmbHR 2008, S. 707, 708.
253 OLG FFM, GmbHR 2008, S. 707, 709.
254 OLG FFM, GmbHR 2008, S. 707, 709.

i. Vorliegen einer Anmeldepflicht

Die Befürworter[255] einer Anmeldepflicht stützen sich auf folgende Erwägungen: *Wachter* und *Kowalski/Bormann* sind der Ansicht, dass das Recht und die Pflicht zur Geschäftsführung durch die Komplementärin zwingend die Einrichtung einer Organisationsstruktur erfordern. Dies reiche aus, um darin die Errichtung einer Zweigniederlassung zu erblicken.[256]

Daneben liege eine Zweigniederlassung nach *Roth* und *Wachter* auch deshalb vor, weil die Gesellschaft ausschließlich in Deutschland tätig werde.[257] Verneinte man das Vorliegen einer Niederlassung in Deutschland, bestünde eine Gesellschaft, die überhaupt keine Niederlassung habe.

Letztlich führt *Wachter* die Zweigniederlassungsrichtlinie an:[258] Diese habe nach einem der Erwägungsgründe zum Ziel, dass die Eintragung im Handelsregister zum Schutz der Personen erfolgen solle, die mit der Gesellschaft über eine Zweigniederlassung in Beziehung treten. Da die *Limited* nur in Deutschland tätig werde, sollten die Teilnehmer des hiesigen Rechtsverkehrs die Möglichkeit haben, die relevanten Informationen über das deutsche Handelsregister zu erlangen.

ii. Gegenansicht

Die Gegensicht[259] beschränkt sich zur Begründung auf die Feststellung, dass die tatsächlichen Voraussetzungen einer Zweigniederlassung nicht erfüllt seien und die Eintragung einer Zweigniederlassung daher tatbestandlich nicht angezeigt sei.

c. Stellungnahme

Zunächst ist festzuhalten, dass eine allgemeingültige Aussage über das Vorliegen einer Zweigniederlassung nicht getroffen werden kann. Wie in den folgenden Ausführungen deutlich werden wird, handelt es vielmehr um eine Frage der

255 *Krafka* in MüKo-HGB, § 33 Rn. 7; Kowalski/Bormann, GmbHR 2005, S. 1045, 1046; tendentiell auch *Roth* in Roth/Altmeppen, GmbHG, § 4a Rn. 76; Wachter, GmbHR 2006, S. 79, 80; Zöllner, GmbHR 2006, S. 1, 9.

256 Wachter, GmbHR 2006, S. 79, 80; Kowalski/Bormann, GmbHR 2005, S. 1045, 1046; wohl auch *Krafka* in MüKo-HGB, § 33 Rn. 7.

257 *Roth* in Roth/Altmeppen, GmbHG, § 4a Rn. 76; Wachter, GmbHR 2006, S. 79, 80.

258 Wachter, GmbHR 2006, S. 79, 80.

259 *Bayer* in Lutter/Hommelhoff, GmbHG, Anhang II zu § 4a Rn. 50; Süß, GmbHR 2005, S. 673; *Mankowski/Knöfel* in Hirte/Bücker, § 13 Rn. 11 b.

individuellen Organisation der jeweiligen Auslandsgesellschaft. Nicht gefolgt werden kann aber der Ansicht, dass eine Zweigniederlassung unabhängig von den Umständen des Einzelfalles begründet wird.

Dabei ist, insofern stimmen beide Ansicht überein, von der Definition einer Zweigniederlassung auszugehen. Das HGB enthält hierzu keine Regelung,[260] somit ist auf die Ergebnisse der Literatur und Rechtsprechung zurückzugreifen.

Eine Zweigniederlassung ist grundsätzlich ein räumlich und organisatorisch getrennter Teil des Handelsgeschäfts, über welchen selbständig Geschäfte abgeschlossen werden.[261] Die Zweigniederlassung ist von einer einfachen Betriebsabteilung abzugrenzen.[262] Die erforderliche organisatorische Selbständigkeit liegt dann vor, wenn ein nach außen angelegtes selbständiges Auftreten im Rechtsverkehr erfolgt, so dass die Zweigniederlassung nach einer hypothetischen Abspaltung von der Hauptniederlassung als eigenes Unternehmen weitergeführt werden könnte.[263] Dies setzt jedenfalls eine eigenständige Ausstattung mit Betriebsmitteln voraus,[264] wobei teilweise sogar ein eigenes Geschäftslokal gefordert wird.[265] Die Bestimmung sämtlicher Merkmale bereitet bei der Anwendung auf die Ltd. & Co. KG Probleme, da sie entwickelt wurden, um die Abgrenzung einer Zweig- von einer Hauptniederlassung des Handelsgeschäfts zu ermöglichen. Eine Hauptniederlassung der Gesellschaft setzt der europarechtlich angepasste Begriff der Zweigniederlassung aber nicht mehr voraus.[266] Bei der Ltd. & Co. KG stellt sich somit nicht die Frage, ob eine hinreichende Selbständigkeit und Abgrenzbarkeit der möglichen Zweigniederlassung in Deutschland gegenüber einer Hauptniederlassung besteht, sondern ob überhaupt von einer Niederlassung gesprochen werden kann. Daher versagen die bisherigen Auslegungsmerkmale bei der Anwendung auf Auslandsgesellschaften. Weiter führt hingegen die schon bislang geäußerte Ansicht, die Abgrenzung könne nicht nur nach streng begrifflichen Kriterien vorgenommen werden.[267] Vielmehr ist eine rein teleologische

---

260 *Doralt/Bachner* in Müko-AktG, Anhang § 13 HGB Rn. 20.

261 *Pentz* in Ebenroth/Boujong/Joost/Strohn, HGB, § 13 Rn. 22; *Koch* in Staub, HGB, § 13 Rn. 19f.; *Krafka* in MüKo-HGB, § 13 Rn. 8.

262 *Pentz* in Ebenroth/Boujong/Joost/Strohn, HGB, § 13 Rn. 22; *Krafka* in MüKo-HGB, § 13 Rn. 8; *Sonnenschein/Weitemeyer* in Heymann, HGB, § 13 Rn. 7; *Koch* in Staub, HGB, § 13 Rn. 19.

263 *Sonnenschein/Weitemeyer* in Heymann, HGB, § 13 Rn. 11; *Koch* in Staub, HGB, § 13 Rn. 29.

264 BayObLG, GmbHR 1979, 251, 252 = DB 1979, 1936; *Pentz* in Ebenroth/Boujong/Joost/Strohn, HGB, § 13 Rn. 22; *Koch* in Staub, HGB, § 13 Rn. 29.

265 Krafka/Willer, Registerrecht, Rn. 293.

266 Ausführlich dazu unter Einschluss der verschiedenen Begründungsansätze *Westermann* in Scholz, GmbHG, 10. Aufl, Bd. 1, Einl. Rn. 117 mit zahlreichen Nachweisen.

267 *Pentz* in Ebenroth/Boujong/Joost/Strohn, HGB, § 13 Rn. 23; K. Schmidt, Handelsrecht, S. 75.

Auslegung des Begriffs notwendig, die nur auf den Sinn einer Zweigniederlassungseintragung abstellt. Der Rechtsverkehr solle sich dann über die Handelsregistereintragung gesondert informieren können, wenn eine unternehmerische Niederlassung betrieben werde, über die in größerem Umfang eigenständige Geschäfte stattfinden.[268] Ruft man sich nun in Erinnerung, dass die *Limited* keine eigenen Geschäfte abwickelt, sondern nur die Geschäfte der KG führt und abschließt, ist eine Zweigniederlassungseintragung nicht geboten. Der Rechtsverkehr tritt geschäftlich nur mit der KG in Beziehung, zu einem Vertragsabschluss mit der Komplementärin kommt es dagegen nicht. Daher ist die Handelsregistereintragung der KG maßgeblich, eine Zweigniederlassungseintragung der Ltd. hingegen nicht.

Eine solche Herangehensweise deckt sich auch mit der Intention der Zweigniederlassungsrichtlinie. In den Erwägungsgründen, Absatz 6 heißt es: „Der wirtschaftliche und soziale Einfluss einer Zweigniederlassung kann in gewisser Hinsicht demjenigen einer Tochtergesellschaft vergleichbar sein, so dass ein öffentliches Interesse an einer Offenlegung der Gesellschaft bei der Zweigniederlassung besteht." Daraus lässt sich ablesen, dass die Zweigniederlassungsrichtlinie keineswegs das Ziel hatte, jede wirtschaftliche Tätigkeit einer Gesellschaft in einem anderen Staat zu erfassen, sondern nur diejenige, welche qua Umfang ein entsprechendes öffentliches Interesse an einer Handelsregisterpublizität begründet. Wenn dieser Umfang wie oben dargelegt aber nicht erfüllt ist, besteht im Gegenzug auch kein Interesse an einer Eintragung.

Ein letzter Aspekt betrifft zwar nicht exakt die hier aufgeworfene Frage, kann zum Vergleich aber dennoch herangezogen werden. Im Falle der GmbH & Co. KG wird die Frage einer notwendigen Zweigniederlassung für die Komplementärin nicht einmal erwogen und die Eintragung einer solchen in der Praxis, soweit ersichtlich, auch nicht vorgenommen. Dies mag daran liegen, dass bei der typischen GmbH & Co. KG das Fehlen einer nach klassischer Definition erforderlichen getrennten Hauptniederlassung[269] auf der Hand liegt. Bei atypischen Formen der GmbH & Co. KG aber, wie etwa der sternförmigen GmbH & Co. KG, unterhält die Komplementär-GmbH jedenfalls dann mehr als eine Niederlassung, wenn nicht alle „Stern-KGen" mit der gleichen Organisationsstruktur geführt werden. Wenn bei der GmbH dennoch niemand die Begründung einer Zweigniederlassung durch Übernahme der Komplementärstellung auch nur diskutiert, so fragt sich, weshalb die sach-

268 *Pentz* in Ebenroth/Boujong/Joost/Strohn, HGB, § 13 Rn. 23; *Doralt/Bachner* in MüKo-AktG, Anhang § 13 HGB Rn. 23.

269 Vergleiche dazu Teil C. I. 2. c.

lich gleich gelagerte Frage für die Kapitalgesellschaft & Co. KG anders zu beurteilen sein sollte.

Diesem Ergebnis kann auch nicht entgegenhalten werden, dass ohne die Eintragung einer Zweigniederlassung gar keine Niederlassung der Gesellschaft bestehe.[270] Es ist eine Frage des englischen und nicht des deutschen Rechts, ob eine nach englischem Recht gegründete Gesellschaft bestehen kann, ohne über eine (registerlich dokumentierte) Niederlassung zu verfügen. Selbst auf Grundlage deutschen Rechts wäre die Aussage nicht schlüssig. Auch ist hier anerkannt, dass es Gesellschaften gibt, die bestehen, ohne ein Handelsgeschäft oder eine Niederlassung zu betreiben, z. B. Vorrats- und Mantelgesellschaften.

3. Eintragung bezüglich der Komplementärin auf dem Registerblatt der KG

a. Person und Vertretungsbefugnis der *Directors*

Unterliegt die Komplementärin, wie vorstehend ausgeführt, nicht selbst der Handelsregisterpublizität, ist zu erwägen, ob Angaben über die Person und die Vertretungsbefugnis der Organe der Komplementärin bei der KG einzutragen sind. Auch diese Frage wird in der Rechtsprechung und der Literatur unterschiedlich beurteilt.

i. Rechtsprechung

Bislang ergingen drei veröffentlichte Entscheidungen, die sich mit der Möglichkeit einer Eintragung bei der KG befassten.

Für eine Eintragung bei der KG sprachen sich das LG Stade[271] und das LG Chemnitz[272] aus.

Beide stützen sich zur Begründung darauf, dass die Sicherheit und Transparenz des Rechtsverkehrs eine solche Eintragung erforderten.[273] Andernfalls wäre die Vertretungsbefugnis der Komplementärin selbst bei doppelter Einsichtnahme

270 Vgl. oben Fn. 207.

271 LG Stade vom 6.9.2007, Az. 8 T 7/07 (zitiert nach juris) = GmbHR 2007, S. 1160.

272 LG Chemnitz vom 3.8.2006, Az. 2 HK T 722/06 (zitiert nach juris) = GmbHR 2007, S. 263 ff. Das OLG Dresden vom 21.5.2007, Az. 1 W 52/07 Tz. 36 (zitiert nach juris) = GmbHR 2007, S. 1156 ff. hat die Frage in der Rechtsmittelentscheidung offen gelassen.

273 LG Stade vom 6.9.2007, Az. 8 T 7/07 Tz. 5; LG Chemnitz vom 3.8.2006, Az. 2 HK T 722/06 Tz. 15.

ins deutsche wie auch ins englische Handelsregister nicht in Erfahrung zu bringen.[274]

Dem könne auch nicht unter Verweis auf den dann anwendbaren § 15 HGB entgegengetreten werden. Denn bei Auslandsgesellschaften seien nach § 15 Abs. 4 HGB auch die Eintragungen bezüglich einer Zweigniederlassung maßgeblich, ohne dass es auf die Eintragungen im Heimatregister ankomme.[275]

Daneben hat auch das BayObLG diese Ansicht vertreten, wobei es dies ohne weitere Begründung auf eine Analogie zu § 33 Abs. 2 Satz 2 HGB stützte.[276]

Gegen eine solche Eintragung votierte das LG Berlin.[277]

Dies verweist zunächst darauf, dass auch bei der GmbH & Co. KG keine entsprechende Eintragung in Bezug auf die GmbH erfolge.[278] Weiter führt es aus, dass der Kreis der eintragungsfähigen Tatsachen grundsätzlich abschließend gesetzlich festgelegt sei und nur ausnahmsweise erweitert werden könne. Dies setze ein im Einzelfall bestehendes Bedürfnis voraus, welches hier nicht gegeben sei.[279] Eine Parallele zur ebenfalls umstrittenen Eintragung der Befreiung von § 181 BGB für die Komplementär-GmbH könne nicht gezogen werden, da bei der *Limited* ausschließlich deren rechtliche Handlungsmöglichkeiten und nicht auch die der KG betroffen seien.[280] Auch aus der registerrechtlichen Behandlung der Komplementär-GbR könnten keine Rückschlüsse gezogen werden, da es an einer Vergleichbarkeit der GbR mit der *Limited* fehle. Letztlich werde die Verlässlichkeit der Handelsregistereintragungen dadurch gefährdet, dass die Eintragung bei der KG durch Änderung der Vertretungsbefugnisse der *Limited* unrichtig werden könne, ohne dass gleichzeitig die Möglichkeit bestünde, die Gesellschafter der KG zur Änderung der entsprechenden Eintragung anzuhalten.[281]

ii. Literatur

Auch die wenigen Literaturstimmen zeigen ein uneinheitliches Bild.

---

274 LG Stade vom 6.9.2007, Az. 8 T 7/07 Tz. 4; LG Chemnitz vom 3.8.2006, Az. 2 HK T 722/06 Tz. 14.

275 LG Stade vom 6.9.2007, Az. 8 T 7/07 Tz. 6.

276 BayObLG, NJW 1986, 3029, 3032; zustimmend Süß, GmbHR 2005, S. 673, 674; wohl auch *Westermann* in Scholz, GmbHG, Anhang § 4a Rn. 60; dagegen ausführlich Heinrich, ausl. jur. Person & Co. KG, S. 247 ff.

277 LG Berlin, GmbHR 2008, S. 431 ff.

278 LG Berlin, GmbHR 2008, S. 431, 432.

279 LG Berlin, GmbHR 2008, S. 431, 433.

280 LG Berlin, GmbHR 2008, S. 431, 432.

281 LG Berlin, GmbHR 2008, S. 431, 432.

Eine Eintragungspflichtigkeit und -fähigkeit bejaht *Wachter.*[282] Er betont, dass die Transparenz eine Eintragung gebiete, da die Informationen andernfalls aus dem Handelsregister nicht in Erfahrung gebracht werden könnten.[283] Auch die GbR & Co. KG zeige, dass Daten der GbR bei der KG eingetragen werden können, die andernfalls nicht aus dem Handelsregister ersichtlich sind.[284] So könne auch eine Parallelität der Angaben im Handelsregister ersichtlich sind und auf den Geschäftsbriefen erzielt werden.[285] Letztlich seien auch andere Eintragungen wie die Befreiung von § 181 BGB bei der KG möglich, die allein die *Limited* beträfen.[286] Auch liege in der Annahme einer Eintragungspflicht keine Beschränkung der Niederlassungsfreiheit nach Art. 49, 54 AEUV, denn diese diene der Transparenz des Rechtsverkehrs und sei somit gerechtfertigt.[287]

Die gegenteilige Auffassung vertreten *Rehberg*[288] und *Melchior/Rudolph.*[289]

Für *Rehberg* scheidet eine unterschiedliche Behandlung von GmbH & Co. KG und Ltd. & Co. KG aus. Da eine entsprechende Eintragung für die GmbH & Co. KG nicht erfolge, verbiete sie sich auch in Bezug auf die Ltd. & Co. KG. Eine weitergehende Verpflichtung der *Limited* verstoße gegen die europarechtliche Niederlassungsfreiheit, ohne dass dies gerechtfertigt werden könne.[290]

Melchior/Rudolph argumentieren, dass eine Eintragung die angestrebte Transparenz gerade nicht erreiche. Vielmehr berge sie die Gefahr, dass sich die eingetragenen Daten ändern, das Register dadurch falsch werde und zudem noch aufgrund von § 15 HGB Gutglaubensschutz genieße. Dies gebe aber zur Verwirrung Anlass und stehe daher den Kriterien der Rechtsprechung für eine Erweiterung der eintragungsfähigen Tatsachen entgegen.[291]

iii. Stellungnahme

Meines Erachtens scheiden die Eintragung der Person des *Directors* und deren Vertretungsmacht auf dem Registerblatt der KG aus.

Zweifelhaft ist jedoch, ob der Einwand von *Melchior/Rudolph* verfängt. Das Risiko, dass das Handelsregister Informationen enthält, die nicht mehr mit der

282 Wachter, GmbHR 2006, S. 79, 82 f.; ders. GmbHR 2007, S. 1158, 1159; ders., GmbHR 2007, S. 265 f.; ders., EWiR 2005, S. 541, 542.

283 Wachter, GmbHR 2007, S. 265.

284 Wachter, GmbHR 2007, S. 265.

285 Wachter, GmbHR 2007, S. 265.

286 Wachter, GmbHR 2007, S. 265, 266.

287 Wachter, GmbHR 2007, S. 79, 83.

288 *Rehberg* in Eidenmüller, Ausländische Kapitalgesellschaften, § 5 Rn. 86.

289 Melchior/Rudolph, GmbHR 2008, S. 433 f.

290 *Rehberg* in Eidenmüller, Ausländische Kapitalgesellschaften, § 5 Rn. 86.

291 Melchior/Rudolph, GmbHR 2008, S. 433, 434.

materiellen Rechtslage übereinstimmen, besteht beispielsweise auch bei allen lediglich deklaratorisch wirkenden Eintragungen, die Rechtsverhältnisse deutscher Gesellschaften betreffen. Dennoch nehmen diese ohne weiteres an der Reichweite des § 15 HGB teil. Zutreffend ist zudem, dass die Erweiterung der eintragsfähigen Tatsachen nach den Kriterien der Rechtsprechung ausgeschlossen ist, wenn dadurch das Handelsregister unübersichtlich und missverständlich wird.[292] Dies kann aber nicht schon dann angenommen werden, wenn die Gefahr besteht, dass diese Tatsachen im weiteren Verlauf nicht mehr mit der materiellen Rechtslage übereinstimmen. Das Handelsregister wäre dann zwar falsch und die Registergerichte müssen auf eine Berichtigung der Eintragung hinwirken. Der falsche Eintrag ist deswegen jedoch weder unübersichtlich noch missverständlich.

Ebenso wenig stünde die europarechtliche Niederlassungsfreiheit einer solchen Eintragung entgegen. Da das Registerblatt der KG betroffen wäre, können auch nur die KG und deren Gesellschafter zur Erfüllung der Eintragungspflicht berufen sein. Die *Limited* selbst wäre also gar nicht verpflichtet. Dann könnte eine solche Praxis aber auch nicht in ihre Niederlassungsfreiheit eingreifen, weder unmittelbar noch mittelbar.

Dennoch sollten Eintragungen über die Rechtsverhältnisse eines Rechtsträgers generell nur in dessen Registerblatt vorgenommen werden, nicht im Registerblatt eines Dritten. Ausnahmen sind nur dann zuzulassen, wenn ein überwiegendes Bedürfnis dafür besteht.[293]

Die handelsregisterliche Publizität wird für Auslandsgesellschaften primär über §§ 13d ff. HGB hergestellt. Sind diese einschlägig, wird der Rechtsverkehr ausreichend informiert. Dann wäre eine zweite Eintragung ins Registerblatt der KG sogar schädlich, da die doppelte Eintragung derselben Tatsache auf verschiedenen Registerblättern tatsächlich die Gefahr von Verwirrung oder jedenfalls von Unübersichtlichkeit durch divergierende Eintragungen auf den beiden Handelsregisterblättern mit sich bringt. Sind sie nicht einschlägig, fehlt die Information zwar. Allerdings würde eine Eintragungspflicht, die nur für die Kapitalgesellschaften & Co. KG gilt, deren Komplementäre selbst nicht mit einer Zweigniederlassung ins Handelsregister eingetragen werden, weitere Unklarheiten schaffen, denn dann würde ohne Not eine einheitliche Praxis der Registereintragungen bei der KG aufgegeben.

Weiterhin drängt sich ein logisches Problem auf: Nimmt man eine Eintragungspflicht bei der KG aufgrund des Fehlens einer Zweigniederlassung an, dann hieße das, dass das notwendige besondere Interesse an einer Erweiterung

292 BGH, GmbHR 1998, S. 181, 182 = NJW 1998, S. 1071 f.
293 BGH, GmbHR 1998, S. 181, 182 = NJW 1998, S. 1071 f.

der eintragungsfähigen Tatsachen bei der KG damit begründet werden würde, dass die tatsächlichen Voraussetzungen der dafür eigentlich vorgesehenen Handelsregisterpublizität[294] nicht erfüllt sind. Logisch naheliegender wäre aber das gegenteilige Ergebnis. Wenn bei einer interessenorientierten Auslegung noch nicht einmal die Voraussetzungen einer eine Eintragungspflicht begründenden Zweigniederlassung erfüllt sind, indiziert dies auch, dass kein hinreichendes Interesse an der Erweiterung der eintragungspflichtigen Tatsachen bei anderen Rechtsträgern besteht.

Letztlich kann man sich auch nicht auf einen Vergleich mit der GbR & Co. KG beziehen, bei der Information über die Komplementär-GbR bei der KG eingetragen werden. Bei der GbR besteht keinerlei Registerpublizität. Tritt der Rechtsverkehr also mit einer GbR & Co. KG in Kontakt, besteht überhaupt keine Möglichkeit, entsprechende Informationen über ein Handelsregister zu erlangen. Da die *Limited* hingegen im *Companies House* eingetragen ist, kann der Rechtsverkehr die meisten relevanten Informationen dort in Erfahrung zu bringen.

Nach alledem sprechen die besseren Argumente gegen das Vorliegen eines besonderen Interesses an einer Erweiterung der eintragungsfähigen Tatsachen für die KG. Daher bleibt es dabei, dass die Person und Vertretungsbefugnis der *Directors* nicht bei der KG ins Handelsregister einzutragen ist.

Ein anderes Ergebnis ergibt sich auch nicht auf Grundlage einer analogen Anwendung des § 33 Abs. 2 HGB.[295] Durch diesen soll sichergestellt werden, dass alle Rechtsträger, die ein Handelsgewerbe betreiben, im Handelsregister eingetragen sind.[296] Das Betreiben eines Handelsgewerbes nach § 1 HGB setzt aber zumindest voraus, dass eine eigene selbständige Tätigkeit ausgeführt wird.[297] Betreibt nun die Komplementär-*Limited* – wie soeben herausgearbeitet – keinen eigenen Geschäftsbetrieb, sondern beschränkt sich auf die Besorgung der Geschäfte der KG, so liegen die Voraussetzungen des § 1 HGB bei ihr nicht vor.[298] Man kann auch nicht im Wege der analogen Ausdehnung des Anwendungsbereichs auf das Vorliegen eines Handelsgewerbes verzichten. Dies würde bedeuten, dass die Norm ihres Sinns entleert würde und nicht mehr rechtssicher angewandt werden könnte. Damit ist die *Limited* als Nur-Komplementärin von § 33 Abs. 2 HGB nicht erfasst und kann auch über eine Analogie nicht erfasst werden.

294 Vgl. oben C. I. 2. c.

295 Vgl. dazu auch *Burgard* in Staub, HGB, § 33 Rn. 7 m. w. N.

296 *Zimmer* in Ebenroth/Boujong/Joost/Strohn, HGB, § 33 Rn. 1; *Burgard* in Staub, HGB, § 33 Rn. 1.

297 *Hopt* in Baumbach/Hopt, HGB, § 1 Rn. 12 und 14; *Kindler* in Ebenroth/Boujong/Joost/Strohn, HGB, § 1 Rn. 9.

298 In diesem Sinne auch *Burgard* in Staub, HGB, § 33 Rn. 7.

Daneben wäre ohnehin zweifelhaft, wie genau die geforderte Analogie das angestrebte Ergebnis rechtstechnisch begründen soll. Die Eintragung nach § 33 Abs. 2 HGB erfolgt auf einem eigenen Registerblatt, das für den Träger des Handelsgeschäfts geführt wird. Auch im Wege einer Erweiterung des Anwendungsbereichs durch Analogie normiert sie nicht die Eintragung weiterer Daten auf dem Registerblatt der KG. Mit einer solchen Analogie kann also allenfalls eine eigene Eintragung der Komplementär-*Limited* erreicht werden.

b. Befreiung von § 181 BGB

Umstritten ist letztlich, ob die Befreiung der Organe der Komplementär-*Limited* von Beschränkungen des § 181 BGB ins Handelsregisterblatt der KG eingetragen werden kann, und zwar sowohl abstrakt als auch für eine konkrete Person.[299] Der Streit muss abgegrenzt werden von der unproblematischen Eintragungsmöglichkeit, dass die *Limited* als Gesellschaft in Ausübung ihrer Geschäftsführerstellung nicht den Beschränkungen des § 181 BGB unterliegt.

i. Die Eintragungsmöglichkeit bei der GmbH & Co. KG

Eine Betrachtung sollte dabei zunächst von der Rechtslage bei der GmbH & Co. KG ausgehen. Dort treten im rechtsgeschäftlichen Bereich Probleme der Mehrfachvertretung vor allem in zwei Konstellationen auf. Einerseits geht es um Rechtsgeschäfte zwischen der KG und der GmbH, anderseits um Rechtsgeschäfte zwischen der KG und dem Geschäftsführer der GmbH. In beiden Fällen kann in Person stets nur der Geschäftsführer der GmbH handeln und zwar aufgrund einfacher und/oder gestufter Stellvertretung.[300] Obwohl in den zweitgenannten Fällen der Wortlaut des § 181 BGB nicht erfüllt ist, findet dieser auf Grund seines Schutzzwecks auch dann (analoge) Anwendung.[301] Nicht hierher gehören Geschäfte zwischen der GmbH und deren Geschäftsführer, da hier eine Befreiung allenfalls von der GmbH, nie aber von der KG erteilt werden könnte.

In der Rechtsprechung ist anerkannt, dass die KG eine Befreiung der GmbH als solcher von den Beschränkungen des § 181 BGB ins Handelsregister eintragen lassen

299 OLG FFM, GmbHR 2006, S. 1156ff. = ZIP 2006, S. 1673 ff.; Cranshaw, jurisPR-InsR 26/2006, Anm. 4; Werner, GmbHR 2006, S. 1158f.; Wachter, GmbHR 2006, S. 79, 83f.; a. A. offenbar die Vorinstanzen LG Wiesbaden vom 24.4.2006, Az. 12 T 4/06; AG Wiesbaden, 30.9.2005, Az. 21 AR 467/05 (beide unveröffentlicht, zitiert nach OLG FFM, GmbHR 2006, S. 1156).

300 Zu den tatsächlich zugrunde liegenden Konstellationen, vgl. die Ausführungen bei Fröhler, BWNotZ 2006, S. 97, 110f.

301 BGH, NJW 1972, S. 623 = BGHZ 58, S. 115ff.; Fröhler, BWNotZ 2006, S. 97, 110; a. A. Baetzgen, RNotZ 2005, S. 193, 218.

kann.[302] Die Eintragung erstreckt sich auch abstrakt auf den oder die Geschäftsführer der GmbH, wobei die Angabe aber gerade nicht individualisiert, also unter Nennung des Namens und der konkreten Vertretungsbefugnis, erfolgen darf.[303]

ii. Mehrfachvertretung nach englischem Recht

Das englische Recht kennt keine mit § 181 BGB unmittelbar vergleichbare Vorschrift, die Mehrfachvertretung ist aber auch hier nicht gestattet.[304] Sie ist eine pflichtwidrige Handlung des *Directors* und daher zu unterlassen.[305] Eine generelle Befreiung von diesem Verbot kann nicht erteilt werden, sondern nur die Befreiung im Einzelfall.[306] Daraus haben einige Obergerichte für die Anmeldung einer Zweigniederlassung einer *Limited* in Deutschland den Schluss gezogen, dass die Eintragung einer Befreiung von § 181 BGB unzulässig sei.[307]

iii. Anwendung auf die Ltd. & Co. KG

Nach Ansicht des Amtsgerichts und des Landgerichts Wiesbaden ist diese Beschränkung auch auf die Ltd. & Co. KG zu übertragen. Da das Recht der Komplementärin eine generelle Befreiung vom Verbot des Mehrfachkontrahie-

---

302 Dies entsprach schon bisher der weit überwiegenden Ansicht der Rechtsprechung (vgl. OLG FFM, GmbHR 2006, S. 1156, 1157; BayObLG, NJW-RR 2000, S. 562f. = GmbHR 2000, S. 91f.; NJW-RR 2000, S. 1479f. = BayObLGZ 2000, S. 106; OLG Hamburg, ZIP 1986, S. 1186ff. = BB 1986, S. 1255f. (unter Aufgabe der entgegenstehenden Entscheidung vom 8.6.1982, OLGZ 1983, S. 23ff.); OLG Hamm, BB 1983, 791 = OLGZ 1983, S. 195ff.). Nach Einführung des neuen und inhaltlich weiteren § 106 Abs. 2 Satz 4 HGB dürfte an einer Eintragungsfähigkeit kein Zweifel mehr bestehen.

303 OLG FFM, GmbHR 2006, S. 1156, 1157; BayObLG, NJW RR 2000, S. 562 = GmbHR 2000, S. 91f.; NJW-RR 2000, S. 1479f. = BayObLGZ 2000, 106; a. A. wohl *Hopt* in Baumbach/Hopt, HGB, Anh. § 177a Rn. 13.

304 Ausführlich dazu Dreibus, Vertretung verselbständigter Rechtsträger – Vereinigtes Königreich, S. 147ff.

305 Im *common law* wurde dies als *no-conflict rul*e bezeichnet. Sie ist jetzt in Sec. 175 ff. CA 2006 kodifiziert. Vergleiche auch Boyle & Birds', Company Law, S. 624 ff.; Davies, Company Law, S. 529 ff.; Wachter, NZG 2005, S. 338, 339.

306 Vgl. auch Boyle & Birds', Company Law, S. 624 ff.; Davies, Company Law, S. 529 ff.; Wachter, NZG 2005, S. 338, 339.

307 OLG FFM, DB 2008, S. 1488 ff. = FGPrax 2008, S. 165 ff.; OLG München, GmbHR 2005, S. 463f. = ZIP 2005, S. 1826f.; NJW-RR 2006, S. 1042f. = GmbHR 2006, S. 603f.; OLG Hamm, GmbHR 2006, 1198ff. = ZIP 2006, 1947ff.; OLG Celle, GmbHR 2005, 1303f. = NJW-RR 2006, 324f.; a. A. LG Chemnitz, NZG 2005, 760ff.; LG Ravensburg, GmbHR 2005, 489ff. = EWiR 2005, S. 423; LG Augsburg, NZG 2005, S. 356; LG Freiburg, NJW-RR 2004, S. 1686f. = ZIP 2005, S. 84ff.

rens nicht kenne, könne auch bei der KG eine Befreiung für die *Directors* der Komplementär-*Limited* nicht eingetragen werden.[308]

Die Gegenansicht vertrat das OLG Frankfurt/Main, das die Entscheidungen des AG und des LG Wiesbaden als Rechtsmittelinstanz aufhob.[309] Weiter entspricht dies den hierzu veröffentlichten Stimmen aus der Literatur,[310] die übereinstimmend von einer Eintragungsfähigkeit der Befreiung ausgehen.

iv. Entscheidung

Dem OLG Frankfurt ist zuzustimmen. Das Fehlen einer mit § 181 BGB übereinstimmenden Vorschrift im englischen Recht steht einer Eintragung nicht entgegen. Die Eintragungsfähigkeit einer Befreiung von § 181 BGB betrifft nämlich allein die Vertretung der KG durch ihren Komplementär.[311] Das Innenrecht der Komplementärin ist dagegen gar nicht von der Befreiung betroffen und kann einer Eintragungsfähigkeit daher nicht entgegenstehen. Es ist nicht ersichtlich, weshalb von der Rechtspraxis hinsichtlich der GmbH & Co. KG abgewichen werden sollte.

Die Gegenansicht hingegen übersieht die notwendige Differenzierung zwischen der Vertretung der KG und der Vertretung der *Limited.* Eine solchermaßen eingetragene Gestattung bezieht sich nämlich auch nur auf die „halbseitige" Zulässigkeit der in Mehrfachvertretung vorgenommenen Rechtsgeschäfte, bei welchen die Vertretung der KG an den Beschränkungen des § 181 BGB scheitern könnte. Die auf der anderen Seite der Vertragsparteien erfolgende Vertretung der *Limited* durch deren *Director* wird dagegen gar nicht berührt. Sie ist unverändert pflichtwidrig, falls der *Director* gegenüber der *Limited* einem Interessenkonflikt auf Grund der Mehrfachvertretung unterliegt. Demnach ist eine eingetragene Befreiung durch die KG auch nur dann für ein abzuschließendes Rechtsgeschäft ausreichend, wenn es sich dabei um ein Rechtsgeschäft handelt, das zwischen der KG[312] und dem *Director* persönlich geschlossen wird. Dann ist die *Limited* nicht Vertragspartei und zwischen ihr und ihrem *Director* kann kein Interessenkonflikt bestehen. Ist die *Limited* auch selbst Vertragspartei,[313] muss dem *Director* zusätzlich nach den Regeln des englischen Rechts eine Vertretung der *Limited* gestattet

308 Zitert nach OLG FFM, GmbHR 2006, S. 1156.

309 OLG FFM, GmbHR 2006, S. 1156.

310 Werner, GmbHR 2006, S. 1158; Wachter, GmbHR 2006, S. 79, 83; Cranshaw, jurisPR-InsR, Anm. 4 C.

311 So auch OLG FFM, GmbHR 2006, S. 1156.

312 Wobei auch die KG gestuft durch den *Director* vertreten wird.

313 Dies ist etwa bei dreiseitigen Verträgen dann der Fall, wenn der *Director* persönlich mit der KG und der *Limited* einen Vertrag schließt, wobei er für sich selbst und in Vertretung der anderen Vertragsparteien auftritt.

werden. Dasselbe gilt – diese Feststellung ist beinahe trivial, soll der Vollständigkeit halber aber erwähnt werden – wenn es um den Abschluss eines Rechtsgeschäfts allein zwischen der Komplementär-*Limited* und dem *Director* handelt.

4. Zwischenergebnis

Es hat sich gezeigt, dass die Komplementär-*Limited* in Deutschland keiner generell verpflichtenden Handelsregisterpublizität unterliegt. Daraus folgt auch, dass die fehlende Eintragung der *Limited* der Gründung und Eintragung der Ltd. & Co. KG nicht entgegengehalten werden kann.[314]

Zu Recht kann man an diesem Ergebnis kritisieren, dass der Rechtsverkehr nicht die Möglichkeit hat, sich anhand eines Registers zuverlässig über die Vertretungsregelung der Komplementärin zu informieren. Dies wird für die Praxis dadurch abgemildert, dass diese Information auf den Geschäftsbriefen der KG anzugeben ist.[315] Weitere Erleichterung erfährt der Rechtsverkehr dadurch, dass das englische Gesellschaftsrecht den guten Glauben an die ordnungsgemäße Bestellung der Vertretungsorgane[316] und deren Vertretungsmacht[317] grundsätzlich schützt und dass diese Regelungen auch hinsichtlich der gestuften Vertretung der KG zur Anwendung gelangen.

Da das Problem an der unvollständigen Umsetzung der Publizitätsrichtlinie durch das Vereinigte Königreich[318] liegt, sollte die Lösung auch nicht dadurch gesucht werden, das deutsche Handelsregister zu einem „Ersatzregister" für Auslandsgesellschaften umzufunktionieren. Vielmehr wäre angezeigt, über die dazu vorgesehenen Maßnahmen[319] auf eine vollständige Umsetzung der Publizitätsrichtlinie in England hinzuwirken.

II. Eintragungsverfahren der Ltd. & Co. KG

Jenseits der möglicherweise notwendigen Registerpublizität der Komplementärin stellen sich auch in Ansehung des Eintragungsverfahrens der KG Probleme, die der

314 Dazu Wachter, GmbHR 2006, S. 79, 81; *Paefgen* in Westermann, Hdb. d. PersGes, § 60 Rn. 4220.
315 §§ 177a, 125a HGB, § 35a GmbHG.
316 Dreibus, Vertretung verselbständigter Rechtsträger – Vereinigtes Königreich, S. 73 ff.
317 Sec. 40 ff. CA 2006; vergleiche auch Dreibus, Vertretung verselbständigter Rechtsträger – Vereinigter Königreich, S. 105 ff.
318 Dreibus, Vertretung verselbständigter Rechtsträger – Vereinigter Königreich, S. 192 ff.
319 Etwa über ein Vertragsverletzungsverfahren nach Art. 258 ff. AEUV.

spezifischen Situation der Ltd. & Co. KG geschuldet sind. Zwar unterscheidet sich das Registerverfahren zur Eintragung einer Ltd. & Co. KG nicht grundsätzlich vom dem zur Eintragung einer GmbH & Co. KG. Da das Registerverfahren als Verfahrensrecht ausschließlich der lex fori, also deutschem Recht, unterliegt[320], kann es auch nicht zu einer Überlagerung der Verfahrensregeln kommen. Die Anwendung der Verfahrensbestimmung hält jedoch eine Fülle von Unsicherheiten bereit.

Die Anmeldung und Eintragung einer KG, deren einzige Komplementärin eine *Limited* ist, in das Handelsregister richtet sich nach den §§ 161 Abs. 2, 106 ff. und 162 HGB sowie den das Verfahren regelnden Vorschriften des FamFG[321]. In der Praxis tauchen bei Anmeldungen von Zweigniederlassungen einer Auslandsgesellschaft vor allem zwei Probleme auf, die sich auch bei der Eintragung einer Ltd. & Co. KG stellen. Es geht darum, wie die Existenz der *Limited* selbst und die Vertretungsmacht der Handelnden nachgewiesen werden kann.

1. Bestehen der Nachweispflicht

Vorab ist festzustellen, ob eine entsprechende Nachweispflicht bzw. das spiegelbildliche Prüfungsrecht des Handelsregisters überhaupt besteht und woraus sich ein solches ergibt.

Als Grundlage kommen zunächst die Regelungen über die Eintragung von Zweigniederlassung ausländischer Gesellschaften in Betracht. Für diese ergibt sich die Nachweispflicht der genannten formellen Voraussetzungen aus §§ 13d ff. HGB. Der Nachweis der Existenz ist für Kapitalgesellschaften nach § 13e Abs. 2 Satz 2 HGB erforderlich. Die Organe und deren Vertretungsmacht sind aufgrund von §§ 13e Abs. 3 HGB i. V. m. § 10 GmbHG anzumelden. Die §§ 13d ff. HGB regeln aber nur das Verfahren zur Anmeldung einer Zweigniederlassung einer Auslandsgesellschaft.[322] Auf die Gründung und Eintragung einer Auslandsgesellschaft & Co. KG, insbesondere einer Ltd. & Co. KG, selbst sind sie nicht anwendbar und können daher auch nicht zur Begründung von Nachweispflichten herangezogen werden.

---

320 OLG Dresden, GmbHR 2007, S. 1156, 1157 = ZIP 2007, 2076; OLG Hamm, GmbHR 2006, 1198, 2000 = ZIP 2006, 1947 ff.; OLG Düsseldorf, MittRhNotK 1999, S. 22, 24 = Rechtspfleger 1999, 100 ff.; *Schaub* in Ebenroth/Joost/Boujong/Strohn, HGB, Anhang Handelsregisteranmeldungen mit Auslandsbezug Rn. 43; *Krafka* in MüKo-HGB, § 13d Rn. 2 m.w.N.

321 Seit dem 01.09.2009 sind die Angelegenheiten der freiwilligen Gerichtsbarkeit im FamFG geregelt. Dieses ersetzt das bis dahin geltende FGG. Verfahren, die vor Inkrafttreten des FamFG bereits eingeleitet wurden, richten sich gem. der Überleitungsvorschrift in Art. 111 FGG-Reformgesetz weiterhin nach den Vorschriften des FGG.

322 *Hopt* in Baumbach/Hopt, HGB, § 13d Rn. 1.

Grundlage ist daher das formelle Prüfungsrecht des Handelsregisters. Da das Handelsregister verpflichtet ist, die Einhaltung der formellen Regeln für eine Anmeldung zu überprüfen, steht ihm ein entsprechendes Prüfungsrecht zu.[323] Die Anmeldung der Eintragung einer KG ist gem. §§ 108, 161 Abs. 2 HGB durch sämtliche Gesellschafter zu bewirken.[324]

Da das Bestehen eines Rechtsträgers Voraussetzung für seine Rechts- und Parteifähigkeit nach § 50 ZPO ist, kann eine ordnungsgemäße Anmeldung der *Limited* als Gesellschafterin nur vorliegen, wenn sie wirksam gegründet wurde und fortbesteht. Das formelle Prüfungsrecht erstreckt sich daher zunächst auf das Bestehen des anmeldenden Rechtsträgers.[325] Die formelle Prüfung von Anmeldungen, die Organe im Namen einer Gesellschaft vornehmen, schließt auch die Prüfung der organschaftlichen Vertretungsmacht ein,[326] denn die Gesellschaft wird hierbei durch ihre Organe vertreten.[327]

Diese Prüfungskompetenzen bestehen natürlich auch für Anmeldungen, die ausländische Gesellschaften und deren Organe vornehmen.[328] Zudem setzt die wirksame Gründung der KG das Bestehen der Komplementärin voraus, so dass diese Prüfung auch durch das materielle Prüfungsrecht gedeckt ist.[329] Da sich die Prüfung im Rahmen der formellen Verfahrensvoraussetzungen für den gestellten Antrag vollzieht, ist ein Nachweis nur für die konkret anmeldenden natürlichen und juristischen Personen erforderlich. Eine abstrakte Anmeldung und Legitimation aller *Directors*, wie sie aufgrund von § 13g Abs. 2 Satz 2 HGB i. V. m. § 8

---

323 *Hopt* in Baumbach/Hopt, HGB, § 8 Rn. 7 ff.; *Schaub* in Ebenroth/Boujong/Joost/Strohn, HGB, § 8 Rn. 128; *Koch* in Staub, HGB, § 8 Rn. 79. Zur Fortgeltung der Rechtslage unter dem FamFG, vgl. *Krafka* in MüKo-ZPO, Band 4, § 374 FamFG Rn. 9.

324 Die Pflicht trifft daher sowohl alle Komplementäre wie auch alle Kommanditisten, vgl dazu *Hopt* in Baumbach/Hopt, HGB, § 162 Rn. 3.

325 LG Berlin, NZG 2004, S. 1014; in diesem Sinne OLG Dresden, GmbHR 2007, S. 1156, 1157; Wachter, DB 2004, S. 2795, 2796.

326 OLG Schleswig, NJW-RR 2012, S. 1063, 1064; LG Berlin, NZG 2004, S. 1014, beide in Registerverfahren über Eintragung in Bezug auf eine Ltd. & Co. KG; ebenso OLG Dresden, GmbHR 2007, S. 1156, 1157; KG Berlin, GmbHR 2004, S. 116, 118 = ZIP 2003, 2297 ff. ; OLG Schleswig, GmbHR 1998, 746, 747 = DB 1998, 1320; aus der Literatur etwa Krafka/Willer, Registerrecht, Rn. 118; *Schaub* in Ebenroth/Boujong/Joost/Strohn, HGB, § 8 Rn. 129; Wachter, DB 2004, S. 2795, 2796.

327 *Hopt* in Baumbach/Hopt, HGB, § 108 Rn. 3; *Märtens* in Ebenroth/Boujong/Joost/Strohn, HGB, § 108 Rn. 9.

328 So auch Mödl, RNotZ 2008, S. 1, 12; ebenso aus der jüngsten Zeit OLG Schleswig, NJW-RR 2012, S. 1063, 1064.

329 Dass das Handelsregister grundsätzlich auch über ein materielles Prüfungsrecht verfügt, ist allgemein anerkannt (vgl. RG, RGZ 127, S. 153, 156; BGH, NJW 1977, S. 1879, 1880; NJW 1991, S. 1754, 1758 = BGHZ 113, S. 335 ff.; *Hopt* in Baumbach/Hopt, HGB, § 8 Rn. 8; *Krafka* in MüKo-HGB, § 8 Rn. 59). Umstritten ist jedoch, woraus sich dieses Recht ergibt und wie weit es reicht (ausführlich Ammon, DStR 1993, S. 1025, 1029).

Abs. 1 Nr. 2 GmbHG bei Anmeldung einer Zweigniederlassung zu fordern ist, kann unterbleiben.

2. Form der Nachweise

Da gegenüber dem Registergericht die formellen Verfahrensvoraussetzungen der Anmeldung der KG – wie soeben gezeigt – nachzuweisen sind, haben die Anmeldenden mit der Anmeldung entsprechende Nachweise vorzulegen. Weiterhin von Interesse ist, in welcher Form diese Nachweise erbracht werden können. Da es hier noch nicht um die jeweils konkret erforderlichen Unterlagen, sondern um allgemeine Formfragen geht, kann die Frage vorab allgemein untersucht werden.

Ausgangspunkt ist die Regelung in § 26 FamFG[330], die den Amtsermittlungsgrundsatz für das Registerverfahren festschreibt.[331] Das Registergericht ist daher berechtigt, entscheidungserhebliche Sachverhalte von sich aus aufzuklären. In Ausübung der Amtsermittlung erhebt es gem. § 29 FamFG die erforderlichen Beweise in geeigneter Form. Es hat also den Umfang der Ermittlungen nach pflichtgemäßem Ermessen zu bestimmen.[332] Dazu bedient es sich der Mittel des Strengbeweises nach § 30 FamFG oder der Mittel des Freibeweises.[333] Soweit, wie hier, die Prüfung der Verfahrensvoraussetzungen betroffen ist, kann das Registergericht auf die Mittel des Freibeweises zurückgreifen,[334] da es keine gesetzlichen Bestimmungen oder sonstige Erwägungen gibt, die eine Einhaltung der Regeln des Strengbeweises erfordern. Solche folgen insbesondere nicht aus § 12 Abs. 1 HGB.[335] Diese Bestimmung enthält nur Anforderungen an die Form der Anmeldung und an eventuell einzureichende rechtsgeschäftliche Vollmachten, organschaftliche Vollmachten werden dagegen nicht erfasst,[336] ebenso wenig andere notwendige Nachweise. Die Regelungen des Handelsregisterverfahrens sehen keinen Formzwang vor, insbesondere existiert im FamFG keine mit §§ 29, 32 GBO vergleichbare Vorschrift.

Auch wenn dies nach den vorstehenden Ausführungen nicht notwendig ist, werden erforderliche Nachweise im Handelsregisterverfahren in der Regel

330 Ehemals § 12 FGG; so *Altmeppen/Ego* in MüKo-AktG Bd.7, Abschnitt Europäische Niederlassungsfreiheit Rn. 495.

331 So auch unter Geltung des § 12 FGG Langhein, ZNotP 2000, S. 218, 220; Mödl, RNotZ 2008, S. 1, 12.

332 Bumiller/Harders, FamFG, § 29 Rn. 1.

333 *Ulrici* in MüKo-ZPO, Band 4, § 29 FamFG Rn. 2.

334 BGH, NJW 1952, S. 441; OLG Hamburg vom 30.3.2007, Az. 11 U 231/04 Tz. 33 (zitiert nach juris) = ZIP 2007, S. 1108 ff.

335 Dies ist allerdings im Beschluss des OLG Dresden, GmbHR 2007, S. 1156, 1158 offengelassen worden.

336 *Hopt* in Baumbach/Hopt, HGB, § 12 Rn. 4.

durch Schriftstücke erbracht. Dies hat für den Anmeldenden den Vorteil, dass echte ausländische Urkunden zum Beweis tauglich sind und ihnen als solche die Beweiskraft der §§ 415, 417, 418 ZPO zukommt.[337] Bei ausländischen öffentlichen Urkunden ist jedoch § 438 ZPO zu beachten.[338] Dieser ist internationalverfahrensrechtlich anwendbar, da sich auch die Würdigung öffentlicher Urkunden als Teil des Verfahrens nach der ZPO richtet.[339] Gem. § 438 Abs.1 ZPO obliegt es dem pflichtgemäßen Ermessen des Gerichts, ob es eine vorgelegte ausländische Urkunde als echt ansieht. Eine gesetzliche Vermutung für die Echtheit besteht nicht.[340] Es ist daher eine Frage des Einzelfalls, ob ein Gericht ein formloses Schreiben anerkennt.[341] Sicherer ist die Vorlage in legalisierter Form oder mit der unter anderem für Großbritannien ersatzweise zulässigen Apostille,[342] da nach § 438 Abs. 2 ZPO dann der Beweis der Echtheit erbracht ist.

In der Praxis werden Dokumente sehr häufig mit Apostille gefordert und vorgelegt.[343] Dagegen ist eine Entscheidung des LG Berlin, welches Auszüge aus dem *Companies House* auch ohne Apostille akzeptiert hat,[344] vereinzelt geblieben. Auch in der Literatur wird die Verwendung von Urkunden mit Apostille gefordert.[345]

---

337 BVerwG, NJW 1987, S. 1159; *Schreiber* in MüKo-ZPO, Band 2, § 438 ZPO Rn. 5.

338 Allgemein zur Prüfung der Echtheit ausländischer Urkunden *Schaub* in Ebenroth/Boujong/Joost/Strohn, HGB, Anhang Handelsregisteranmeldungen mit Auslandsbezug Rn. 48 ff.; *Spellenberg* in MöKo-BGB, Art. 11 EGBGB, Rn. 138 ff.

339 *Geimer* in Zöller, ZPO, § 438 Rn. 1.

340 *Geimer* in Zöller, ZPO, § 438 Rn. 1.

341 Kritisch zur Anerkennung von formlosen Bescheinigungen aus dem *Companies House* Wachter, DB 2004, S. 2795, 2802.

342 Artikel 3, 4 des Haager Übereinkommens vom 5.10.1963; vgl. auch *Schaub* in Ebenroth/Boujong/Joost/Strohn, HGB, Anhang Handelsregisteranmeldungen mit Auslandsbezug Rn. 73.

343 Ausdrücklich etwa LG Chemnitz, GmbHR 2007, 263, 265; KG Berlin, NZG 2005, S. 758, 759 = ZIP 2005, S. 989 ff.; OLG Schleswig, GmbHR 2011, S. 799, 800; OLG Schleswig, FGPrax 2008, S. 217, 219; auch in anderen Verfahren wurden Dokumente mit Apostille vorgelegt: OLG Hamm, GmbHR 2006, S. 1198, 1199; LG Wiesbaden vom 1.8.2005, Az. 12 T 7/07 Tz. 2 (zitiert nach juris); GmbHR 2005, S. 1134; KG Berlin, GmbHR 2005, S. 1136; LG Ravensburg vom 14.2.2005, Az. 7 T 1/04 KfH 1 Tz. 55 = GmbHR 2005 S. 489 ff.; OLG Hamburg vom 19.2.2003, Az. 13 U 21/02 Tz. 59; BayObLG, NZG 2003, S. 290 = ZIP 2003, S. 200 ff.

344 LG Berlin, NZG 2004, S. 1014, 1016.

345 Herchen, RIW 2005, S. 529, 532; Heckschen, NotBZ 2005, S. 24, 27; Wachter, DB 2004, S. 2795, 2800; enger Klose-Mokroß, DStR 2005, S. 1013, 1017.

3. Nachweis der Existenz

Bei Fertigstellung dieser Arbeit lag – soweit ersichtlich – erst eine veröffentlichte Entscheidung vor, die sich spezifisch mit dem Existenznachweis der Komplementärin im Rahmen der Handelsregistereintragung einer Ltd. & Co. KG befasst.[346] Die Anforderungen an den Nachweis und die zur Verfügung stehenden Nachweismittel decken sich aber mit dem im Rahmen einer Zweigniederlassungsanmeldung nach § 13e Abs. 2 S. 2 HGB ebenfalls erforderlichen Existenznachweis für ausländische Kapitalgesellschaften. Dieser ist häufiger Gegenstand gerichtlicher Entscheidungen geworden.[347] Daher wird hier auf die Erkenntnisse und praktische Übung zu dieser Bestimmung zurückgegriffen.

a. *Certificate of Incorporation/Certificate of Good Standing*

Das *Certificate of Incorporation* wird als Existenznachweis allgemein erkannt,[348] ebenso das *Certificate of Good Standing.*[349]

Bei einem *Certificate of Incorporation* handelt es sich um ein Dokument, das vom *Companies House* bei Gründung erteilt wird.[350] Es enthält das Datum der Gründung, den Namen der Gesellschaft, die Registernummer, die Gesellschaftsform und die Heimatjurisdiktion.[351] Dadurch wird bescheinigt, dass die erforderlichen Gründungsformalitäten nach englischem Recht eingehalten wurden und die Gesellschaft wirksam gegründet wurde.[352] Zu späterer Zeit kann auf Antrag

---

346 LG Berlin, NZG 2004, S. 1014 ff.

347 Z. B. OLG Karlsruhe, GmbHR 2011, S. 1324 ff.; OLG Hamm, GmbHR 2008, S. 545 ff.; OLG Hamm, GmbHR 2006, S. 1198 ff.; KG, GmbHR 2005, S. 771 ff.

348 Grundlegend schon BayObLG, NJW 1986, S. 3029, 3030; OLG Karlsruhe, GmbHR 2011, S. 1324, 1325; OLG Dresden, GmbHR 2007, S: 1156, 1157; OLG Hamm, GmbHR 2006, S. 1198, 1200; LG Wiesbaden vom 01.08.2005, Az. 12 T 7/05 Tz. 16 (zitiert nach juris); LG Berlin, NZG 2004, S. 1014, 1015; OLG FFM, NJW-RR 2000, S. 1226, 1227; zustimmend (Auswahl): Herchen, RIW 2005, S. 529, 530; Wachter, DB 2004, S. 2795, 2799; Mödl, RNotZ 2008, S. 1, 12; *Mankowski/Knöfel* in Hirte/Bücker, § 13 Rn. 76.

349 LG Berlin, NZG 2001, S. 1014, 1015; Heinz, ZNotP 2000, S. 410, 212; Wachter, DB 2004, S. 2795, 2799; Mödl, RNotZ 2008, S. 1, 11; *Mankowski/Knöfel* in Hirte/Bücker, § 13 Rn. 76.

350 Sec. 15 Abs. 1 CA 2006. *Rehm* in Eidenüller, ausländische Kapitalgesellschaften, § 10 Rn. 22; Ein Muster ist abgedruckt bei Just, Limited in der Praxis, Formularanhang Nr. 5.

351 Sec. 15 Abs. 2 CA 2006. Bei der Bezeichnung besteht eine gewisse Unklarheit: Nach Heinz, ZNotP 2000, S. 410, 412 und *Mankowski/Knöfel* in Hirte/Bücker, § 13 Rn. 76 bescheinigt das *Certificate of Incorporation* auch das Fortbestehen der Gesellschaft. Beide gehen aber offensichtlich von einem später erteilbaren *Certificate of Incorporation* aus. Die Gründungsurkunde könnte Angaben über das spätere Schicksal der Gesellschaft gar nicht enthalten.

352 Sec. 15 Abs. 4, 16 CA 2006; Wachter, ZNotP 2005, S. 122, 127; Süß, DnotZ 2005, S. 180, 184; Werner, GmbHR 2006, S. 1202, 1203.

durch das *Companies House* ein *Certificate of (Incorporation and) Good Standing*[353] erteilt werden, das an die Stelle des *Certificate of Incorporation* bei Gründung tritt. Dies enthält neben den Angaben der Gründungsurkunde auch den Hinweis darauf, dass die Gesellschaft unverändert fortbesteht.[354]

b. Bescheinigung eines Notars des Gründungsstaates

Weiterhin wird allgemein auch die Bescheinigung eines englischen Notars über das Bestehen als ausreichend erachtet.[355] Eine solche Bescheinigung enthält die Feststellung des ausfertigenden Notars, dass die Einsichtnahme im *Companies House* ergeben habe, dass die Gesellschaft dort unverändert eingetragen ist. Der Bescheinigung soll im deutschen Registerverfahren eine Wirkung entsprechend § 21 Abs. 1 S. 2 BNotO zukommen, weshalb sie als Mittel des Existenznachweises geeignet ist.[356] Einschränkend fordert das OLG Hamm aufgrund von § 21 Abs. 2 BNotO, dass die Bescheinigung erkennen lässt, ob und wie sich der Notar eigene Kenntnis von den maßgebenden Tatsachen verschafft hat.[357]

c. Bescheinigung eines deutschen Notars

Sehr zweifelhaft ist, ob eine Bescheinigung eines deutschen Notars zum Nachweis genutzt werden kann.

Einer solchen kommt zwar grundsätzlich die Wirkungen des § 21 Abs. 1 S. 2 BNotO zu, sodass sie taugliches Nachweismittel sein könnte, falls sie von einem Notar ausgestellt werden würde. Allerdings ist die Erteilung der Bescheinigung durch einen deutschen Notar problematisch. Es ist zwar nicht grundsätzlich ausgeschlossen, dass ein deutscher Notar auch Bescheinigungen über ausländische Gesellschaften aufgrund der Einsicht in ein ausländisches Register erteilt.[358] Aller-

353 Beide Formulierungen sind gebräuchlich. Zum Unterschied vergleiche auch Heinz, ZNotP 2000, S. 410, 412.

354 Wachter, ZNotP 2005, S. 122, 127; Heinz, ZNotP 2000, S. 410, 412 und *Mankowski/Knöfel* in Hirte/Bücker, § 13 Rn. 76.

355 OLG Hamm, GmbHR 2006, S. 1198, 1200; LG Wiesbaden GmbHR 2005, 1134; zustimmend auch KG, DNotZ 2012, S. 604. 606 (im Rahmen eines Verfahrens über einen Antrag zur Eigentumsumschreibung im Grundbuch); Krafka/Willer, Registerrecht, Rn. 314; *Krafka* in Müko-HGB, § 13d Rn. 5; Heinz, ZNotP 2000, S. 410, 415 (auch zum Inhalt, den eine solche Notarbescheinigung hat); Wachter, DB 2004, 2795, 2799, Klose-Mokroß, DStR 2005, S. 1013, 1017; Mödl, RNotZ 2008, S. 1, 11.

356 *Zimmermann* in Beck'sches Notarhandbuch, Teil H Rn. 228.

357 OLG Hamm, GmbHR 2006, S. 1198, 1200.

358 OLG Schleswig, DNotZ 2008, S. 709, 710; LG Aachen, MittBayNot 1990, S. 157; *Sandkühler* in Arndt/Lerch, BNotO, § 21 Rdn. 14; *Limmer* in Eylmann/Vaasen/Baumann, BNotO, § 21 Rdn. 9.

dings setzt dies gemäß § 21 Abs. 1 Satz 1 2. HS BNotO voraus, dass sich die tatsächlichen Umstände, die Grundlage der Bescheinigung sind, aus einem Register ergeben, das dem deutschen Handelsregister ähnlich ist. Ist dies nicht der Fall, darf der Notar keine Bescheinigung, sondern allenfalls ein Gutachten erstatten.[359]

Die Einsichtnahme in das *Companies House* wäre zwar auch für einen deutschen Notar auf elektronischem Wege möglich, so dass er sich ohne Schwierigkeiten Kenntnis von den registrierten Informationen verschaffen könnte. Nach den übereinstimmenden zutreffenden Stellungnahmen aus der Rechtsprechung und der Literatur erfüllt das *Companies House* jedoch nicht die Anforderungen an ein taugliches Register i. S. v. § 21 Abs. 1 Satz 1 2. HS BNotO.[360] Das *Companies House* prüft Anmeldungen nur in formeller Hinsicht, eine materielle Prüfung findet nicht statt.[361] Überdies entfalten die eingetragenen Tatsachen keinen Gutglaubensschutz.[362] Sie bieten daher keine ausreichende Grundlage für die Erteilung einer Bescheinigung nach § 21 BNotO.

d. Gutachten eines deutschen Notars

Aus dem Bereich der formellen Nachweise ist letztlich noch denkbar, dass ein deutscher Notar ein schriftliches Gutachten über die Existenz der Gesellschaft erstellt, das zum Nachweis eingereicht wird.[363] Die Erstellung solcher Gutachten kann im Rahmen der allgemeinen Betreuung nach § 24 BNotO erfolgen. Jedoch kommt ihnen keine besondere Beweiswirkung zu, denn eine mit § 21 Abs. 1 S. 2 BNotO vergleichbare Vorschrift fehlt.[364]

Es obliegt somit dem Ermessensspielraum des Registergerichtes, ob es ein notarielles Gutachten als ausreichendes Nachweismittel erachtet. Auch zu dieser Form des Nachweises sind keine Entscheidungen veröffentlicht. *Mödl* berichtet jedoch, dass solche Gutachten häufig akzeptiert werden.[365]

---

359 Vgl. zum Gutachten nach § 24 BNotO sogleich.

360 KG, DNotZ 2012, S. 604, 606 (im Rahmen eines Verfahrens über einen Antrag zur Eigentumsumschreibung im Grundbuch); wohl auch LG Wiesbaden GmbHR 2005, S. 1134, 1135; Wachter, DB 2004, S. 2795, 2799; Heckschen, NotBZ 2005, S. 24, 26; Klose-Mokroß, DStR 2005, S. 1013, 1014; Süß, DNotZ 2005, S. 180, 183; Mödl, RNotZ 2008, S. 1, 12; a. A. *Krafka/Kühn* in Krafka/Willer, Registerrecht, Rn. 314; ausführlich zu den Unterschieden zwischen deutschem und englischen Handelsregister Bormann/Apfelbaum, ZIP 2007, S. 946, 947 f.

361 KG, DNotZ 2012, S. 604, 606 (im Rahmen eines Verfahrens über einen Antrag zur Eigentumsumschreibung im Grundbuch); *Sandkühler* in Arndt/Lerch, BNotO, § 21 Rdn. 14.

362 Mödl, RNotZ 2008, S. 1, 12.

363 Dazu Mödl, RNotZ 2008, S. 1, 11; Wachter, ZNotP 2005, S. 122, 128; *Sandkühler* in Arndt/Lerch, BNotO, § 21 Rdn. 12.

364 *Reithmann* in Schippel/Bracker, BNotO, § 24 Rn. 93 ff.

365 Mödl, RNotZ 2008, S. 1, 11.

e. Privaturkunden/Fotokopien/andere Dokumente

Jegliche Form von Privaturkunden oder anderen Privatdokumenten werden von den Gerichten bislang nicht als Nachweis akzeptiert.[366]

Soweit sie doch gelegentlich eingereicht werden, bestehen die Gerichte auf Vorlage solcher Unterlagen im Original und mit Unterschrift oder einer notariell beglaubigten Abschrift.[367] Andernfalls kommt die Anwendung der §§ 414 i. V. m. 438 ZPO nicht in Betracht, denn den vorlegten Dokumenten fehlt die Urkundenqualität. Dies steht den obigen Ausführungen zur Anwendbarkeit des Freibeweises nicht entgegen. Denn im Freibeweisverfahren ist nicht der Maßstab der richterlichen Überzeugungsbildung, sondern sind nur die möglichen Beweismittel weniger streng festgelegt.[368] Stehen aber keine anderen Beweismittel als Urkunden zur Verfügung, können nur eben solche zu Beweiszwecken verwendet werden. Werden Urkunden eingereicht, gelten trotz Anwendbarkeit des Freibeweises die für den Strengbeweis maßgeblichen Regelungen.

Weiterhin sollten die Dokumente hinreichend aktuell sein,[369] wobei überwiegend von einem maximalen Alter von sechs Monaten ausgegangen wird. Dies ist zwar bislang nur für das *Certificate of Incorporation* explizit angesprochen worden, jedoch besteht auch bei den anderen Dokumenten die gleiche Gefahr, dass sich die Tatsachen seit Abfassung geändert haben.

Andere Beweismittel wurden bislang nicht als tauglicher Nachweis erwogen. Insbesondere lässt die veröffentlichte Gerichtspraxis nicht erkennen, dass sie als Nachweis im Registerverfahren anerkannt wurden.

4. Person und Vertretungsmacht des *Directors*

Zum Nachweis der Stellung als *Director* sowie der Vertretungsmacht im Rahmen der Handelsregisteranmeldung einer Ltd. & Co. KG liegen bereits eine Reihe veröffentlichter Entscheidungen vor.[370] Teilweise ist auch hier ein

---

366 *Mankowski/Knöfel* in Hirte/Bücker, § 13 Rn. 76.

367 KG Berlin vom 11.02.2005, Az. 5 U 291/03 Tz. 31 = ZIP 2005, S. 989 ff.; OLG Hamm, GmbHR 2006, S. 1198, 1200; Werner, GmbHR 2006, S. 1202, 1203; Herchen, RIW 2005, S. 529, 530.

368 *Prütting* in MüKo-ZPO, § 284 ZPO Rn. 26.

369 Für die 6-Monatsgrenze: Herchen, RIW 2005, S. 529, 530; Mödl, RNotZ, S. 1, 11; *Mankowski/Knöfel* in Hirte/Bücker, § 13 Rn. 78; noch enger *Wachter* (2 bis 4 Wochen): Wachter, ZNotP 2005, S. 122, 127; ders., GmbHR 2007, S. 1158, 1160.

370 OLG Schleswig, NJW-RR 2012, S. 1063 ff. = GmbHR 2012, S. 799 f.; OLG Dresden, GmbHR 2007, S. 1156 ff.; LG Berlin, NZG 2004, S. 1014 ff.; LG Chemnitz, GmbHR 2007, S. 263 ff.

Rückgriff auf die Erkenntnisse bei der Anmeldung einer Zweigniederlassung möglich, da dort ebenfalls die Vertretungsbefugnis des Anmeldenden dem formellen Prüfungsrecht des Registergerichts unterliegt. Allerdings gilt dies nicht uneingeschränkt.[371] Denn neben der konkreten Befugnis des Anmeldenden ist für die Handelsregisteranmeldung der Zweigniederlassung einer *Limited* zudem gemäß § 13g Abs. 2 S. 2 HGB i. V. m. § 8 Abs. 1 S. 2 GmbHG ein Nachweis über die Legitimation aller Geschäftsführer und deren Vertretungsbefugnis zu erbringen.[372] Dieser Nachweis weist zwar Überschneidungen mit der hier in den Blick genommenen Frage auf, hat aber weitergehende Anforderungen, da die abstrakte Vertretungsbefugnis aller *Directors* eingetragen wird.

Zwei Probleme aus dem englischen Recht erschweren den Nachweis. Es ist bereits mehrfach darauf hingewiesen worden, dass die *Directors* zwar als Person im *Companies House* eingetragen werden, nicht allerdings deren Vertretungsmacht. Ein handelsregisterlicher Nachweis über den Umfang der Vertretungsmacht ist daher nicht verfügbar.

Weiterhin ist dem englischen Recht eine originäre Organvertretungsmacht der *Directors* fremd.[373] Anzahl und Kompetenzen der *Directors* werden ausschließlich durch die Gesellschafter bestimmt. Die Delegation der Befugnisse erfolgt in der Regel – aber nicht zwingend – durch entsprechende Bestimmungen in den *Articles of Association*,[374] die notwendiger Bestandteil der Satzung einer *Limited* sind.[375] Vertretungsmacht kann gegebenenfalls auch später noch durch Beschluss der Gesellschafter erteilt werden.[376] Beschließt die Gesellschaft keine *Articles of Association*[377] oder enthalten sie keine Regelungen für die Befugnisse der *Directors*, gelten die *Model Articles (of Association)*.[378]

---

371 Auf den Unterschied der Nachweise weisen auch *Mankowski/Knöfel* in Hirte/Bücker, § 13 Rn. 88 hin.

372 *Mankowski/Knöfel* in Hirte/Bücker, § 13 Rn. 27.

373 Dreibus, Vertretung verselbständigter Rechtsträger – Vereinigtes Königreich, S. 100.

374 Gower and Davies, Company Law, S. 62, Kap. 3 – 10, S. 366, Kap. 14 – 2; Boyle's & Birds', Company Law, S. 172; Dreibus, Vertretung verselbständigter Rechtsträger – Vereinigter Königreich, S. 100.

375 Sec. 17 (a), Sec. 18 Abs. 1 CA 2006: vgl. dazu auch Gower and Davies, Company Law, S. 65, Kap. 3 – 12. Zweiter Bestandteil der Satzung ist das *memorandum of association*, eine Art Gründungsvertrag, in dem die Gesellschafter die Gründung der Gesellschaft und die Verpflichtung zur Übernahme von Anteilen vereinbaren, vgl. Sec. 8 CA 2006. Zum Ganzen auch *Spahlinger/Wegen* in Spahlinger/Wegen, Internationales Gesellschaftsrecht, Rn. 1343 ff.

376 Boyle's & Birds', Company Law, S. 173.

377 Anders als im deutschen Recht ist der Beschluss über eine individualisierte Fassung der *Articles of Assocation* fakultativ.

378 Sec. 20 CA 2006; Gower and Davies, Company Law, S. 64, Kap. 3 – 11. Die *Model Articles* sind eine Mustersatzung, die durch den *Secretary of State* rechtsformspezifisch erstellt

Die *Model Articles* sehen vor, dass die *Directors* alle Rechte der Gesellschaft ausüben können.[379] Dies umfasst sowohl die Geschäftsführung wie auch die Vertretung, denn eine strenge Trennung zwischen Innen- und Außenverhältnis gibt es im englischen Recht nicht.[380] Sind mehrere *Directors* bestellt, stehen ihnen die Befugnisse nur gemeinsam zu.[381]

Nach dem oben Gesagten kann ohne Berücksichtigung der *Articles of Association* der Gesellschaft nicht sicher beurteilt werden, ob der Anmeldende die notwendige Vertretungsmacht für eine Handelsregisteranmeldung hat. Dennoch geht die Praxis vieler Registergerichte dahin, dass sie den Nachweis genügen lassen, dass der Anmeldende tatsächlich einziger *Director* ist (beziehungsweise im Falle mehrerer *Directors*, dass alle *Directors* die Anmeldung vorgenommen haben) und diese Stellung nachgewiesen wird.[382] Eine verfestigte Regel hat sich aber noch nicht gebildet.

a. Notarielle Bescheinigung aus dem Heimatstaat

Allgemein anerkannt ist, dass der Nachweis durch die notarielle Bestätigung eines englischen Notars geführt werden kann. Aus dieser muss mindestens hervorgehen, dass die Handelnden die Stellung eines *Directors* haben und eine Erklärung über die notwendige Vertretungsbefugnis beinhalten.[383] Darüber

---

werden, vgl. Sec. 19 CA 2006. Sie treten an die Stelle der *Table A*-Mustersatzung, die nach CA 1985 verwendet werden konnte; vergleiche dazu auch Gower and Davies, Companies Law, S. 63, Kap. 3 -10. Die *Model Articles* für die *Limited* können im Internet abgerufen werden über http://www.opsi.gov.uk/si/si2008/uksi_20083229_en_1#sch1.

379 Sec. 3 *Model Articles for private companies limited by shares.*

380 Dreibus, Vertretung verselbständigter Rechtsträger – Vereinigtes Königreich, S. 61 m. w. N., 100.

381 Sec. 3 *Model Articles for private companies limited by shares* weisen die Befugnis den *Directors* in ihrer Gesamtheit zu.

382 Vgl. etwa OLG Schleswig, GmbHR 2012, S. 799, 800 = NJW-RR 2012, S. 1063 f.; OLG Rostock, NZG 2010, S. 618 (zu § 29 GBO). Zudem entspricht dies dem Ergebnis einer (beispielhaft vorgenommenen) Anfrage des Autors bei den Registergerichten Düsseldorf, Hamburg, Dresden sowie des Notars Thomas Wachter. Uneinheitlich ist dagegen die Praxis am Registergericht in München, wo teilweise stets zusätzlich die Vertretungsbefugnis nachgewiesen werden muss. Einen zusätzlichen Nachweis regen auch *Mankowski/Knöfel* in Hirte/Bücker, § 13 Rn. 96 an. Auch die Einschränkung des LG Berlin, dass ein „Auszug aus dem *Registrar of Companies*" nicht genüge, weil dort die Vertretungsbefugnis nicht enthalten sei, muss so verstanden werden, vgl. LG Berlin, NZG 2004, S. 1014, 1015.

383 OLG Schleswig, GmbHR 2012, S. 799, 800; KG, DNotZ 2012, S. 604 (zu § 29 GBO); OLG Hamm, GmbHR 2006, S. 1198, 1201; LG Gießen, NotBZ 2006, S. 33; LG Berlin, NZG 2004, S. 1014, 1015; LG Chemnitz, GmbHR 2007, S. 263, 264 f.; Wachter, DB 2004, S. 2795, 2800; ders., ZNotP 2005, S. 122, 133 (mit englischem Mustertext (S. 128)); Werner, GmbHR 2006, S. 1202, 1203; Heckschen, EWiR 2007, S. 663, 664; Ries, ZIP 2004, S. 2382; Mödl, RNotZ 2008, S. 1, 13; *Mankowski/Knöfel* in Hirte/Bücker, § 13 Rn. 104, wobei diese ohne Nachweis

hinaus wird die Angabe verlangt, aufgrund welcher Tatsachen der bescheinigende Notar sich über die Vertretungsverhältnisse Kenntnis verschafft hat.[384] *Heckschen* bezeichnet die Vorlage einer solchen Bescheinigung als den sichersten Weg, den entsprechenden Nachweis zu führen.[385]

b. *Articles of Association*

Soweit die *Directors* bereits in den *Articles of Association* namentlich berufen wurden, so genügt deren Vorlage.[386] Aus den *Articles of Association* wird in der Regel auch die Vertretungsmacht der Organe erkennbar. Die Vorlage ist daher auch dann ausreichend, wenn ein Gericht auf einen Nachweis der Vertretungsmacht besteht. Da kaum vorstellbar ist, dass die Gesellschafter das Original vorlegen wollen oder können, müsste eine Kopie in öffentlich beglaubigter Form und gegebenenfalls mit Apostille versehen vorlegt werden.

Das Beschlussdatum der *Articles of Association* sollte hinreichend aktuell sein. Andernfalls müsste weiterhin ein Nachweis erbracht werden, dass die entsprechende Berufung und die Delegation der Vertretungsmacht unverändert Bestand hat.[387]

Ein weiterer Nachweis der Vertretungsregelung ist damit auch bei kritischen Registergerichten nicht notwendig.

---

die Einschränkung vornehmen, dass eine solche Bescheinigung nur von liberalen Gerichten anerkannt werde.

384 OLG Hamm, GmbHR 2006, S. 1198, 1201; Werner, GmbhR 2006, S. 1202, 1204; Mödl, RNotZ 2008, S. 1, 13. Auch *Mankowski/Knöfel* in Hirte/Bücker, § 13 Rn. 106 warnen vor einer Bescheinigung, aus der nur ersichtlich ist, dass der Notar die Angaben im *Companies House* eingesehen habe, denn dort werde zur Vertretungsberechtigung nichts ausgesagt.

385 Heckschen, EWiR 2007, S. 663, 664.

386 KG Berlin, GmbHR 2004, S. 116, 118; OLG Hamm, GmbHR 2004, S. 1198, 1201; LG Gießen, NotBZ 2006, S. 33; Wachter, DB 2004, S. 2795, 2800; Mödl, RNotZ 2008, S. 1, 13; Klose-Mokroß, DStR 2005, S. 1013, 1014; *Mankowski/Knöfel* in Hirte/Bücker, § 13 Rn. 89; Anhäusser, GmbHR 2011, S. 1326, 1327.

387 Vgl. zu beidem sogleich Teil c.

c. Berufungsbeschluss

Ebenso allgemein anerkannt ist, dass die Vorlage des Beschlusses, mit welchem die *Directors* berufen werden, als tauglicher Nachweis gilt, falls die Bestellung nicht bereits durch die *Articles of Association* erfolgt ist.[388]

Zusätzlich können die *Articles of Association* vorzulegen sein, wenn das jeweilige Gericht auch den Nachweis der abstrakten Vertretungsregelung des / der *Directors* verlangt.[389]

Tatsächlich bereitet der Nachweis durch Vorlage des Berufungsbeschlusses aber erhebliche Schwierigkeiten. Teilweise wird gefordert, dass mit dem Beschluss auch nachzuweisen sei, dass die Beschlussfassenden Gesellschafter waren,[390] etwa durch zusätzliche Vorlage der *Articles of Association*, der die Gründungsgesellschafter mit aufführt. Weiterhin verlangt das OLG Dresden, dass der Beschluss „zeitnah" vor der Anmeldung gefasst worden sein müsse, da andernfalls keine Gewähr dafür bestehe, dass er noch Gültigkeit besitze.[391] Andernfalls sei dieser Nachweis zusätzlich zu führen, etwa durch Vorlage des vollständigen Auszugs aus dem *Minute Book*,[392] einer entsprechenden Bestätigung des *Company Secretaries* oder einer notariellen Bescheinigung.[393] Die Bestätigung des *Company Secretary* müsse ebenfalls öffentlich beglaubigt werden und einen

388 KG, DNotZ 2012, S. 604 (zu § 29 GBO); OLG Karlsruhe, GmbHR 2011, S. 1324, 1325 f. = NZG 2012, S. 553 f.; OLG Dresden, GmbHR 2007, S. 1156, 1158; KG Berlin, GmbHR 2004, S. 116, 118; OLG Hamm, GmbHR 2004, S. 1198, 1201; LG Gießen, NotBZ 2006, S. 33; Wachter, DB 2004, S. 2795, 2800; Mödl, RNotZ 2008, S. 1, 13; Klose-Mokroß, DStR 2005, S. 1013, 1014; Heckschen, EWiR 2007, S. 663; Werner, GmbHR 2005, S. 288, 290; *Mankowski/Knöfel* in Hirte / Bücker, § 13 Rn. 89; Anhäusser, GmbHR 2011, S. 1326, 1327.

389 So wohl OLG Dresden, GmbHR 2007, S. 1156, 1157. Namentlich könnte in den *Articles of Association* eine abstrakte Vertretungsbefugnis enthalten sein, die die spätere Berufung von *Directors* ausschließt oder die Vertretung nur in bestimmten Personenkonstellationen zulässt.

390 OLG Dresden, GmbHR 2007, S. 1156, 1157; KG Berlin, GmbHR 2004, S. 116, 118; dagegen Wachter, GmbHR 2007, S. 1158, 1159, der das Prüfungsrecht des Registergerichts auf formelle Aspekte begrenzen will.

391 OLG Dresden, GmbHR 2007, S. 1156, 1157. Wann eine Anmeldung noch „zeitnah" ist, ließ das Gericht nicht erkennen. 9 Monate, wie im streitgegenständlichen Verfahren, seien es jedenfalls nicht. Zustimmend Wachter, GmbHR 2007, S. 1158, 1160, der eine maximalen Zeitspanne von 2 bis 4 Wochen zwischen Beschlussfassung und Anmeldung fordert. Für einen weiteren Nachweis, dass der Beschluss noch Gültigkeit besitze, auch *Mankowski/Knöfel* in Hirte / Bücker, § 13 En. 92. Zweifelnd an einer solchen Einschränkung dagegen Werner, EWiR 2007, S. 663, 664 und Anhäusser, GmbHR 2011, S. 1326, 1327.

392 Das *minute book* ist eine Aufzeichnung aller in den Gesellschafterversammlungen gefassten Beschlüsse. Die Gesellschaft ist verpflichtet, ein solches zu führen, vgl. Sec 355 CA 2006.

393 OLG Dresden, GmbHR 2007, S. 1156, 1158; LG Chemnitz, GmbHR 2007, S. 263, 265; ebenso Wachter, ZNotP 2005, S. 122, 133; *Mankowski/Knöfel* in Hirte / Bücker, § 13 Rn. 92. Kritisch zu einer Bestätigung durch den *Company Secretary Mödl,* vgl. Mödl, RNotZ, S. 1, 13.

Nachweis über dessen ordnungsgemäße Bestellung zum *Company Secretary* enthalten.[394]

Letztlich verlangt *Wachter*[395] außerdem noch den Nachweis, dass der *Director* auch im *Companies House* eingetragen sein müsse. Die Bestellung zum *Director* werde zwar schon mit Beschlussfassung wirksam, die Eintragung habe nur deklaratorische Wirkung. Dennoch soll so verhindert werden, dass es zu abweichenden Eintragungen im *Companies House* und im Handelsregister kommt. Es ist aber davon auszugehen, dass eine solche Einschränkung allenfalls dann in Betracht kommt, wenn die Vertretungsverhältnisse ebenfalls eingetragen werden. Im Rahmen einer reinen Prüfung der Verfahrensvoraussetzungen für die Handelsregisteranmeldung ist eine solche Einschränkung nicht erforderlich, da dann eine Eintragung gar nicht vorgenommen wird.

d. Registerbescheinigung des *Companies House*

Unklar ist, ob eine Registerbescheinigung als Nachweis genügt. Keinesfalls ausreichend ist ein *Certificate of Incorporation*, da ein solches keine Angaben über die Person der *Directors* einer Gesellschaft enthält.[396]

Das LG Berlin hat eine Bescheinigung des *Registrar of Companies*[397] ausreichen lassen, welche die Person der *Directors* und deren abstrakte Vertretungsmacht angab.[398] Zwar enthielt das Dokument keine Ausführungen über das Vorliegen einer etwaigen Einzelvertretungsmacht. Diese Angabe hielt das LG Berlin jedoch für entbehrlich, da alle *Directors* die Anmeldung unterzeichnet hatten.[399] In der Literatur ist diese Entscheidung teilweise kritisiert worden, da das *Companies House* keine Prüfungskompetenz über die Vertretungsmacht hat und daher für die Erteilung solcher Bescheinigungen gar nicht zuständig sei.[400] Jedenfalls gibt es keinen Anspruch auf eine solche Bescheinigung, so

394 OLG Dresden, GmbHR 2007, S. 1156, 1158; Wachter, ZNotP 2005, S. 122, 133; Mödl, RNotZ 2008, S. 1, 13.

395 Wachter, GmbHR 2007, S. 1158, 1159.

396 OLG Dresden, GmbHR 2007, S. 1156, 1157; zustimmend unter anderem Wachter, GmbHR 2007, S. 1158, 1159; Mödl, RNotZ 2008, S. 1, 13; *Mankowski/Knöfel* in Hirte/Bücker, § 13 Rn. 96.

397 Also eine Bescheinigung, die durch das *Companies House* erteilt wird.

398 LG Berlin, NZG 2004, S. 1014, 1015. Zustimmend Herchen, RIW 2005, S. 529, 530; Süß, DNotZ 2005, S. 180, 183 Fn. 23 für den Fall, dass nur ein *Director* bestellt ist.

399 LG Berlin, NZG 2004, S. 1014, 1015.

400 Heckschen, NotBZ 2005, S. 24, 26; Wachter, DB 2004, S. 2795, 2800; Ries, ZIP 2004, S. 2382, 2383; Werner, GmbHR 2005, S. 288, 290.

dass es schon eine Frage des Einzelfalles ist, ob das *Companies House* diese überhaupt erstellt.[401]

Ein *Certificate of Good Standing* enthält die namentliche Bezeichnung der *Directors*, nicht aber Ausführungen über deren Vertretungsmacht. Teilweise wird es dennoch als ausreichender Nachweis angesehen.[402] Dies ist aber nur möglich, wenn alle im *Certificate* ausgewiesenen *Directors* auch tatsächlich bei der Anmeldung mitgewirkt haben.[403] Zudem würde ein solcher Nachweis scheitern, wenn das Registergericht auch auf einen Nachweis der Vertretungsregelung der *Limited* besteht. [404]

e. Nachweis durch einen deutschen Notar

Unterschiedlich wird beurteilt, ob ein deutscher Notar eine Bescheinigung oder ein Gutachten zur Person der *Directors* und deren Vertretungsmacht erstellen darf. Der Erstellung einer Bescheinigung nach § 21 BNotO stehen die gleichen Bedenken gegenüber wie im Fall der Existenzbestätigung, so dass nach überwiegender Ansicht allenfalls die Erstellung eines Gutachtens nach § 24 BNotO in Betracht kommt.[405] Ob dieses Gutachten als ausreichend anerkannt wird, hängt abermals von der Einschätzung jedes einzelnen betroffenen Registergerichts ab.[406] Jedoch könnte das Gutachten nur dann erstellt werden, wenn auch Einsicht in die die Vertretungsmacht vermittelnden Unterlagen genommen wurde, weil diese Vertretungsmacht aus der reinen Einsichtnahme in das *Companies House* nicht eruiert werden kann.

---

401 Wachter, ZNotP 2005, S. 122, 133.

402 Heckschen, EWiR 2007, S. 663, 664; Mödl, RNotZ 2008, S. 1, 13; wohl auch *Mankowski/Knöfel* in Hirte/Bücker, § 13 Rn. 96.

403 Darauf weist das OLG Schleswig zutreffend hin, vgl. OLG Schleswig, GmbHR 2012, S. 799, 800.

404 Kritisch dagegen Wachter, DB 2004, S. 2795; ders. GmbHR 2007, S. 1158, 1159; Werner, GmbHR 2007, S. 288, 290; Klose-Mokroß, DStR 2005, S. 1013, 1014; Anhäusser, GmbHR 2011, S. 1326, 1327.

405 Ausdrücklich ablehend KG, DNotZ 2012, S. 604 (zu § 29 GBO), vgl. zudem die Nachweise oben im Teil C. II. 3. c.; ebenso *Mankowski/Knöfel* in Hirte/Bücker, § 13 Rn. 110, die allerdings dann eine Bescheinigung nach § 21 BNotO für möglich erachten, wenn sie auf einer Einsichtnahme in das *minute book* der Gesellschaft basiert; Wachter, GmbHR 2007, S. 1158, 1160; Heckschen, NotBZ 2005, 24, 26; Süß, DNotZ 2005, S. 180, 183.

406 Dafür etwa Wachter, GmbHR 2007, S. 1158, 1160; *Mankowski/Knöfel* in Hirte/Bücker, § 13 Rn. 110; Heckschen, NotBZ 2005, S. 24, 27; Süß, DNotZ 2005, S. 180, 184 f.; zurückhaltend Mödl, RNotZ 2008, S. 1, 13; Anhäusser, GmbHR 2011, S. 1326, 1327; auch Klose-Mokroß, DStR 2005, S. 1013, 1014 erwähnt die Möglichkeit eines Gutachtens nach § 24 BNotO nicht.

f. Unzureichende Unterlagen

Nicht ausreichend sind Beschlüsse oder Sitzungsprotokolle des *Board of Directors*. Dies gilt selbst dann, wenn darin die Bestellung eines neuen *Directors* erwähnt wird, da so nicht auf die Beschlussfassung über die Bestellung und deren Wirksamkeit geschlossen werden kann.[407]

Wie auch im Falle des Existenznachweises sind alle möglichen Privaturkunden nicht geeignet. Weitere Urkunden, die zum Nachweis geeignet sind, wurden bislang nicht diskutiert und sind in der veröffentlichten Gerichtspraxis auch nicht aufgetaucht.

III. Ergebnis Teil C

Als Ergebnis ist festzuhalten, dass die Ltd. & Co. KG zunächst wie jede andere KG gegründet werden kann.

Die Komplementärin ist selbst registerpflichtig in Deutschland, wenn sie in Deutschland über eine eigene Organisationsstruktur verfügt. In diesem Fall hat sie eine Zweigniederlassung begründet und hat diese hier im Handelsregister eintragen zu lassen. Beschränkt sich die geschäftliche Aktivität ausschließlich auf die Übernahme der Komplementärstellung und greift sie dazu allein auf die Betriebsausstattung „ihrer" KG zurück, unterliegt sie selbst keiner Registerpflicht. Allerdings sollte dennoch darauf hingewiesen werden, dass es bislang keinen veröffentlichten Fall gab, in dem eine Zweigniederlassungsanmeldung wegen Fehlens der organisatorisch selbständigen Ausstattung zurückgewiesen wurde. Wer aus praktischen Aspekten – etwa der erleichterten Eröffnung eines Bankkontos – die Eintragung einer Zweigniederlassung anstrebt, wird deshalb kaum je auf Probleme stoßen.

In jedem Fall ist die KG zum Handelsregister anzumelden. Diese Anmeldung ist für die Komplementärin durch die/den *Director(s)* der *Limited* zu bewirken. Jedenfalls in diesem Rahmen kommt es zwingend zu einer Prüfung der Existenz und der ordnungsgemäßen Vertretung der *Limited*. Beides ist dem Handelsregister gegenüber nachzuweisen. Dieser Nachweis ist in der Praxis schwierig zu führen, denn aus dem englischen Handelsregister, dem *Companies House*, ist die Regelung der Vertretungsbefugnis für eine *Limited* nicht ersichtlich. Wer sichergehen möchte, dass die Anmeldung schnell und reibungslos vorgenommen werden kann, legt die Bescheinigung eines englischen Notars mit Apostille über die Existenz der *Limited* und die Vertretungsmacht der *Directors* vor. Indessen

---

407 KG Berlin, GmbHR 2004, S. 116, 117 f.

ist diese Variante mit Kosten von bis zu £ 500 relativ teuer. Bei großzügigen Registergerichten genügt, wenn nur ein *Director* bestellt ist, schon die Vorlage eines unterschriebenen und apostillierten *Certificate of Good Standing*. Letztlich ist noch darauf hinzuweisen, dass die vorstehenden Nachweisprobleme nicht nur bei der erstmaligen Eintragung, sondern auch bei weiteren Anmeldung zum Handelsregister für die KG entstehen. Denn dort findet die gleiche formelle Prüfung der Eintragungsanträge statt.

Die Schwierigkeiten, die der Umgang mit dem deutschen Handelsregister mit sich bringt, mögen ein Grund dafür sein, dass die Ltd. & Co. KG insgesamt eine eher geringe Verbreitung erfahren hat bzw. deren Verbreitung eher rückläufig als zunehmend ist.

D. Kapitalerhaltung in der Ltd. & Co. KG

Typenverbindungen von Kapitalgesellschaften mit einer KG bringen spezifische Probleme der Kapitalbindung mit sich, die bei der typischen KG nicht bestehen. Während der Gläubigerschutz der GmbH auf dem System des Haftkapitals beruht, kommt bei der Personengesellschaft der persönlichen Haftung (zumindest eines Teils) der Gesellschafter[408] die bestimmende Gläubigerschutzfunktion zu. Bei der GmbH & Co. KG kommt es zu wechselseitigen Verpflichtungen der beiden Gesellschaften, ohne dass gesetzliche Sonderregeln dieser Verzahnung Rechnung tragen. Die wechselseitigen Verpflichtungen beruhen insbesondere auf der möglichen Haftung der Komplementärin aus § 128 HGB und auf dem Ausgleichsanspruch aus § 110 HGB. Daher entspricht es der heutigen Praxis, die fehlenden gesetzlichen Sonderregeln im Wege der Analogie zu schließen.

Die beschriebenen Wechselwirkungen treten unabhängig von der Rechtsform der Gesellschaft auf, die die Komplementärstellung übernimmt und sind somit auch bei der Ltd. & Co. KG festzustellen.[409] Im folgenden Kapitel soll daher untersucht werden, ob und wie das Kapital der Komplementärgesellschaft über die unmittelbar anwendbaren gesetzlichen Regelungen der KG hinaus zu schützen ist.

Der Untersuchung vorangestellt ist ein Überblick über das englische Recht in Bezug auf Gesellschaftskapital und Kapitalerhaltung. Darauf folgt ein Überblick über das von der Rechtsprechung für die GmbH & Co. KG entwickelte Kapitalschutzsystem und eine Analyse seiner Übertragbarkeit auf die Ltd. & Co. KG. Sodann wird das von manchen Stimmen aus der Literatur propagierte eigenständige Kapitalschutzsystem für das Vermögen der KG, bei welcher keine natürliche Person Komplementär ist, in den Blick genommen. Das Kapitel soll mit der Frage abgeschlossen werden, ob ein erweiterter Schutz des KG-Vermögens unter Heranziehung des englischen Kapitalerhaltungsrechts zulässig und praktikabel ist.

---

408 Siehe Hunscha, GmbHR 1973, S. 257, 260 f.; ausführlich auch Duys, Auslands-Kapitalgesellschaft & Co. KG, S. 45 ff.

409 So auch *Blaum* in Westermann, Hdb. d. PersGes, § 57 Rn. 3488.

I. Kapital, Kapitalaufbringung und Kapitalbindung nach englischem Recht

Voraussetzung einer Untersuchung über mögliche Wechselwirkungen der Kapitalschutzsysteme der Ltd. und der KG ist zunächst ein Überblick über die Bestimmungen des englischen (Gesellschafts-)recht zu den relevanten Aspekten. Ausgangsbegriff im englischen Recht ist das *Share Capital*, welches in eine Vielzahl von verschiedenen Unterkategorien unterteilt werden kann.[410] Eine solche Unterteilung ist bei der deutschen GmbH wegen der anders gestalteten und strengeren Kapitalaufbringungsvorschriften unbekannt.

1. *Issued Share Capital*

Das *Issued Share Capital*[411] entspricht der Summe der bestehenden und tatsächlich ausgegebenen Anteile an der Gesellschaft, wobei auf jeden Gesellschafter mindestens ein Anteil entfallen muss.[412] Vor der Entstehung der Gesellschaft muss die Übernahme der Anteile bereits von den einzelnen Gesellschaftern schuldrechtlich bindend vereinbart werden.[413] Die Summe der übernommenen Anteile wird als *Allotted Share Capital*[414] bezeichnet.[415]

Das englische Recht der *Limited* kennt keine Mindestsumme für das *Issued Share Capital*.[416] Die Stückelung und die Gesamtsumme der Anteile werden aufgrund einer freien Entscheidung der Gesellschafter in den *Articles of Association* festgelegt.[417] Die Gesellschaft ist lediglich verpflichtet, bei ihrer Gründung die Summe der Anteile und die Zahl der Gesellschafter, die sie übernommen haben, gegenüber dem *Companies House* anzugeben.[418]

Das *Issued Share Capital* ist demnach Kapital, das der Gesellschaft tatsächlich zur Verfügung gestellt werden muss, wenn auch nicht notwendigerweise sofort.

---

410 Palmer's Company Law, 4.001.

411 Wörtlich übersetzt: „ausgegebenes Anteilskapital".

412 Palmer's Company Law, 4.003; Gower and Davies, Company Law, S. 261 Kap. 11–4.

413 Das Erfordernis ergibt sich daraus, dass bei der Gründung Angaben über die Anzahl und die Verteilung der Anteile am Gesellschaftskapital gegenüber dem *Companies House* angemeldet werden müssen, vgl. Sec. 10 CA 2006.

414 Wörtlich übersetzt: „zugeteiltes Anteilskapital".

415 Palmer's Company Law, 4.008; *Kasolowsky/Schall* in Hirte/Bücker, § 4 Rn. 83.

416 Gower and Davies, Company Law, S. 261 Kap. 11–4; Otte, Kapitalschutz der Limited im Vergleich, S. 31; *Kasolowsky/Schall* in Hirte/Bücker, § 4 Rn. 79.

417 Vgl. Sec. 8 Abs. 1 (b) CA 2006.

418 Sec 10 CA 2006.

Insofern wird es teilweise als vergleichbar mit dem Stammkapital im deutschen Gesellschaftsrecht angesehen, da es für die Gläubiger eine Aussagekraft über die Kapitalbasis der Gesellschaft enthält.[419]

2. *Authorised Share Capital/Nominal Capital*

Das *Authorised Share Capital*[420] oder *Nominal Capital*[421] bezeichnet den Gesamtbetrag der Anteile, die die englische *Limited* maximal ausgeben darf.[422] Rückschlüsse auf die tatsächlich ausgegebenen Anteile und das Gesellschaftskapital sind nicht möglich, da das *Authorised Share Capital* nicht vollständig von den Gesellschaftern gezeichnet sein musste. Vielmehr könnten theoretisch 99,9 % des *Authorised Share Capital* nicht gezeichnet sein. Bis zur Geltung des CA 2006[423] war das *Authorised Share Capital* dennoch zwingend bei Gründung der *Limited* anzugeben. Der Nutzen dieser Pflicht war beschränkt, insbesondere wurde darin zum Teil eher Anlass zur Verwirrung denn zum Schutz der Gläubiger oder Investoren gesehen.[424] Die Verpflichtung zur Angabe eines *Authorised Share Capital* ist daher im CA 2006 gestrichen worden.[425]

3. *Paid-up Share Capital*

Eine Pflicht, auf die übernommenen Anteile zumindest teilweise eine Einlage zu leisten, besteht nur bei *public companies*.[426] Bei der *Limited* kann eine Einlage zunächst völlig unterbleiben.[427] Die Einlagepflicht der Gesellschafter aktualisiert sich erst dann, wenn nach Maßgabe der Regelungen in den *Articles of Association* Einlagen auf das *Issued Share Capital* einfordert werden, wobei das Anforderungsrecht häufig der Zuständigkeit des *Board of Directors* unterstellt wird.[428] Sobald Einlagen eingefordert werden, wird der Gesamtbetrag als *Cal-*

---

419 Otte, Kapitalschutz der Limited im Vergleich, S. 28; Berlin, Kapitalschutz der Limited, S. 58.

420 Wörtlich übersetzt: „bewilligtes Anteilskapital".

421 Wörtlich übersetzt: „nominelles Anteilskapital".

422 Gower and Davies, Company Law, S. 260 Kap. 11–3; Palmer's Company Law, 4.002 und 4.007.

423 Die Abschaffung trat zum 1.10.2009 in Kraft.

424 Gower and Davies, Company Law, S. 260f. Kap. 11–3.

425 Gower and Davies, Company Law, S. 260f. Kap. 11–3; Palmer's Company Law, 4.007.

426 Palmer's Company Law, 4.011.

427 Eine Pflicht zur Mindesteinzahlung ist nur für *public companies* festgelegt, vgl. Sec. 586 Abs. 1 CA 2006; Berlin, Kapitalschutz der Limited, S. 46f.

428 Palmer's Company Law, 4.011; Berlin, Kapitalschutz der Limited, S. 46f.

led-up Capital[429] bezeichnet. Werden sie schließlich erbracht, wird die Bezeichnung *Paid-up Capital*[430] verwendet[431]. Die Summe des *Called-up Capital* und des *Paid-up Capital* werden nicht im *Companies House* publiziert.

4. Stellenwert des Stammkapitals im englischen Recht

Das soeben beschriebene, sehr liberale Regelungssystem der *Limited* zur Festlegung und Einzahlung des Stammkapitals ist Ausdruck der geringen Bedeutung, die der präventiven Aufbringung von Stammkapital als Instrument des Gläubigerschutzes in England beigemessen wird. Es dominiert dort der Ansatz, Gläubiger durch umfangreiche Publizitätspflichten in die Lage zu versetzen, ihr Risiko selbst einzuschätzen und sich gegebenenfalls durch vertragliche Sicherungsmittel abzusichern.[432] Gegen das System der präventiven Kapitalaufbringung werden in England vor allem zwei Argumente ins Feld geführt:

Zum einen sei ein fixes Mindestkapital untauglich, da es das individuelle Risiko des jeweils betriebenen Unternehmens nicht (ausreichend) reflektiere. Zu einem effektiven Gläubigerschutz geeignet seien nur flexible, am individuellen Kapitalbedarf orientierte Grenzwerte. Pauschal für alle Gesellschaften festgelegte Kapitaluntergrenzen litten dagegen darunter, dass sie entweder zu niedrig angesetzt würden und somit wirkungslos blieben oder zu hoch und so eine übermäßige Zutrittsschwelle für die Gründung neuer Gesellschaften bilden.[433]

Des Weiteren trete der gläubigerschützende Effekt, wenn überhaupt, nur für eine kurze Zeit nach Aufbringung des Kapitals ein. Ein zu Beginn der Geschäftstätigkeit aufgebrachtes Kapital biete keine Gewähr dafür, dass es im Insolvenzfall für eine Befriedigung der Gläubiger zur Verfügung stehe. Vielmehr werde es als Arbeitskapital der Gesellschaft von Beginn an genutzt und könne infolge einer negativen wirtschaftlichen Entwicklung des Unternehmens sehr bald teilweise oder gar ganz aufgezehrt sein.[434]

429 Wörtlich übersetzt: „gefordertes Anteilskapital".

430 Wörtlich übersetzt: „eingezahltes Anteilskapital".

431 Vgl. Sec. 583 Abs. 2 CA 2006; Palmer's Company Law, 4.011; Berlin, Kapitalschutz der Limited, S. 46f.

432 Otte, Kapitalschutz der Limited im Vergleich, S. 37f.

433 Gower and Davies, Company Law, S. 263f. Kap. 11–5.

434 Gower and Davies, Company Law, S. 264 Kap. 11–5; ausführlich auch Otte, Kapitalschutz der Limited im Vergleich, S. 36f. m. w. N.

5. Kapitalerhaltung

a. Begrenzung der Ausschüttungsmöglichkeiten an Gesellschafter

Auch das englische Recht kennt Regelungen, die das Gesellschaftskapital vor dem Zugriff der Gesellschafter zu Lasten der Gläubiger schützen (zusammengefasst als *Maintenance of Capital* bezeichnet). Allerdings verfolgt das englische Recht für die *Limited* einen grundsätzlich anderen Ansatz als das deutsche Recht, was den Kapitalschutz der Gesellschaft angeht. Das Misstrauen und die schwache Ausgestaltung der Vorschriften über das (Mindest-)Gesellschaftskapital setzen sich bei der Kapitalerhaltung fort. Konsequent erfolgt die *Maintenance of Capital* nicht über den Erhalt einer bestimmten Mindestsumme, sondern über ein Verbot von Ausschüttungen an Gesellschafter, die den jeweiligen status quo des Gesellschaftsvermögens beeinträchtigen. Konstruktiv erreicht wird dies dadurch, dass nur erzielte Gewinne zur Ausschüttung an die Gesellschafter zur Verfügung stehen. Daneben enthält Sec. 831 CA 2006 zwar zusätzlich auch eine absolute Ausschüttungsgrenze, die am *Called-up Share Capital* orientiert ist.[435] Diese gilt aber nach Sec. 831 Abs. 1 CA 2006 nur für *Public Companies,* also gerade nicht für die *Limited.*

Ausschüttungen und jede andere, auf einen Vermögenstransfer von der Gesellschaft an die Gesellschafter gerichtete Maßnahme sind gemäß Sec. 829 Abs. 1 CA 2006 nur nach den im folgenden Abschnitt[436] näher beschriebenen Regelungen möglich. Ausgenommen von den Beschränkungen sind gemäß Sec. 829 Abs. 2 CA 2006 eine Herabsetzung des *Issued Share Capital* oder eine indirekte Minderung des Gesellschaftskapitals durch den Erwerb eigener Anteile,[437] durch Ausgabe von *Bonus Shares*[438] oder durch Auskehrung des Restvermögens an die Gesellschafter nach abgeschlossener Liquidation. Für alle diese Maßnahmen bestehen ebenfalls Verfahrensregeln, die einen gläubigergefährdenden Kapitalabfluss verhindern sollen. Eine weitere Absicherung eines geordneten Verfahrens wird dadurch erreicht, dass auch nach englischem Gesellschaftsrecht verdeckte Gewinnausschüttungen verboten sind.[439]

---

435 Vgl. Gower and Davies, Company Law, S. 286 f. Kap. 12–1.

436 Dazu unter Teil D. I. 5. b.

437 Dies war bereits im Common Law anerkannt und ist seit dem CA 1985 auch positiv normiert. Vgl. dazu die grundlegende Entscheidung Re Trevor v. Whitworth (1887) LR 12 App. Cas. 409 (= Law Reports, Appeal Cases).

438 Zu diesen vgl. Palmer's Company Law, 9.805 ff.

439 Ebenfalls ausführlich unter Teil D. I. 5. b. dargelegt.

Kapitalherabsetzungen richten sich nach Sec. 641 ff. CA 2006.[440] Sie können nur aufgrund eines ausdrücklichen Beschlusses der Gesellschafter und der Vorlage entweder eines *Solvency Statements* oder eines bestätigenden Gerichtsbeschlusses erfolgen[441] und müssen stets binnen 15 Tagen beim *Companies House* angemeldet werden.[442] Eine konkludent vorgenommene Herabsetzung des Gesellschaftskapitals durch eine den Gewinn übersteigende Ausschüttung an die Gesellschafter ist verboten.[443] Das *Solvency Statement* enthält nach Sec. 643 Abs. 1 CA 2006 Aussagen jedes einzelnen *Directors* über die Zahlungsfähigkeit der Gesellschaft zum Zeitpunkt der angestrebten Kapitalherabsetzung und für das darauffolgende Jahr.[444] Unter dem zuvor geltenden CA 1985[445] erforderte eine Kapitalherabsetzung sogar stets einen bestätigenden Gerichtsbeschluss.

Der Erwerb eigener Aktien ist ebenfalls nur zulässig, wenn er in dem dafür vorgesehenen Verfahren nach Sec. 658 ff. CA 2006 erfolgt. Das Gesetz sieht einzeln aufgezählte Fälle vor, in welchen der Erwerb zulässig ist. Die Ausgestaltung des Verfahrens und die Fälle sind vergleichbar mit der Beschränkung des Erwerbs eigener Aktien nach § 71 AktG.[446]

b. *Profit Distributions*

Die Zulässigkeit von Ausschüttungen an die Gesellschafter einer *Limited*, *Profit Distributions*, richtet sich nach Sec. 830 Abs. 1 CA 2006.[447] Dort ist bestimmt, dass Ausschüttungen nur aus Gewinnen vorgenommen werden dürfen, die zu diesem Zweck zur Verfügung stehen.[448] Entscheidend für die Effektivität dieser Schranke ist die Definition des „ausschüttungsfähigen Gewinns“ und der „Ausschüttung“ im Sinne des Sec. 830 Abs. 1 CA 2006.

Die ausschüttungsfähigen Gewinne sind in Sec. 830 Abs. 2 CA 2006 legaldefiniert. Es handelt sich um die akkumulierten, realisierten Gewinne einer Gesellschaft, soweit sie nicht bereits Gegenstand einer Ausschüttung oder einer

440 Zum Ganzen Gower and Davies, Company Law, S. 305 ff. Kap. 13–1 ff.

441 Vgl. Sec. 641 Abs. 1 CA 2006

442 Vgl. Sec. 644 CA 2006.

443 Otte, Kapitalschutz der Limited im Vergleich, S. 101.

444 Die unrichtige Abgabe diese *Solvency Statements* ist gemäß Sec. 643 Abs. 4 und 5 CA 2006 strafbar.

445 Das Verfahren richtete sich nach Sec. 135 ff. CA 1985.

446 Zum Ganzen, vgl. Gower and Davies, Company Law, S. 325 ff. Kap. 13–13 ff.

447 Auch dieser Grundsatz war bereits vor der positivrechtlichen Normierung anerkannt seit Re Exchange Banking Co, Flitcroft's Case (1882) LR 21 Ch. D 519 (= Law Reports, Chancery Division).

448 Sec. 830 Abs. 1 CA 2006 lautet: „*A company may only make a distribution out of profits available for the purpose*“.

Kapitalerhöhung aus Gesellschaftsmitteln waren, abzüglich der akkumulierten, realisierten Verluste,[449] soweit sie nicht bereits zuvor im Rahmen einer ordnungsgemäß durchgeführten Kapitalherabsetzung abgeschrieben wurden.[450] Maßgeblich für die Ermittlung eines möglichen Gewinns ist gemäß Sec. 836 Abs. 1 CA 2006 jeweils der zum letzten Bilanzstichtag aufgestellte Jahresabschluss. Alternativ ist nach Sec. 836 Abs. 2 CA 2006 auch die Erstellung einer Interimsbilanz für unterjährige Ausschüttungen möglich. Eine allgemeine Regelung darüber, wann ein Gewinn oder ein Verlust realisiert wird, enthält das Gesetz nicht.[451] Es sind lediglich einige Einzelfälle genannt. So sind *Provisions*, Rückstellungen, nach Sec. 841 Abs. 2 CA 2006 als realisierte Verluste zu betrachten. Der Anwendungsbereich von *Provisions* hängt davon ab, ob die Gesellschaft ihren Jahresabschluss nach UK-GAAP oder nach IAS erstellt. Die Gesellschaft hat diesbezüglich nach Sec. 395 CA 2006 ein Wahlrecht. Stellt sie ihn nach IAS auf, sind nach Sec. 841 Abs. 2 (b) CA 2006 alle *Provisions* in Abzug zu bringen. Wählt sie UK-GAAP, ergibt sich aus Sec. 841 Abs. 2 (a) CA 2006, dass nur solche *Provisions* berücksichtigt werden dürfen, die entsprechend Sec. 396 CA 2006 zu bilden sind. Darunter fallen unter anderem Rückstellungen für Verbindlichkeiten, die vermutlich – aber noch nicht sicher – bestehen, oder für Verbindlichkeiten, die sicher bestehen, bei welchen jedoch die Höhe oder die Fälligkeit noch unsicher sind.[452] Solche Rückstellungen sind auch bei Bilanzierung nach IAS zu bilden, da IAS 37, der die Bilanzierung von *Provisions* regelt, eine inhaltsgleiche Verpflichtung statuiert.[453]

*Distribution*s, also Ausschüttungen, sind nach englischem Verständnis weit auszulegen.[454] Sie können in Geld oder auf andere Weise erfolgen. Insbesondere fallen auch *Dress-up Profit Distributions* darunter, also Konstellationen, die in

---

449 Die abweichende Definition, die zuvor unter der Common-Law-Regelung galt, hatte dafür gesorgt, dass die Ausschüttungssperre keine große Bedeutung erlangte. Die Spruchpraxis variierte, aber grundsätzlich wurden auch Gewinne aus bilanziellen Aufwertungen erfasst und Verluste aus den Vorjahren mussten nicht berücksichtigt werden; vgl. Otte, Kapitalschutz der Limited im Vergleich, S. 86.

450 Übersetzung von Sec. 830 Abs. 2 CA 2006. „Akkumuliert" bedeutet dabei, dass auch die Gewinne und Verluste aus den vorhergehenden Geschäftsjahren einbezogen werden. Vorjahresverluste müssen also zunächst ausgeglichen werden, bevor die Gesellschaft Gewinnausschüttungen vornehmen kann, vgl. Palmer's Company Law, 9.822.

451 Gower and Davies, Company Law, S. 288 Kap. 12–2.

452 Palmer's Company Law, 9.823.

453 Ist die Inanspruchnahme der Gesellschaft dagegen nicht wahrscheinlich (unter 50%), liegt nach IAS 37.10 und 37.13 nur eine *Contingent Liability* vor, die zwar offengelegt werden muss, aber nicht ergebniswirksam ist, vgl. *Senger/Brune* in MüKo-Bilanzrecht, IAS 37 Rn. 12 ff., insbesondere Rn. 15; Palmer's Company Law, 9.299.2.

454 Gower and Davies, Company Law, S. 289 ff. Kap. 12–4.

Deutschland als verdeckte Gewinnausschüttungen bezeichnet werden.[455] Das Verbot von *Dress-up Profit Distributions* wurde im *Case Law* entwickelt und betraf etwa die Zahlung überhöhter Gehälter an *Directors*, die auch Gesellschafter sind,[456] oder die Übertragung von Gesellschaftsvermögen an Gesellschafter unter Marktwert.[457] Eine gesicherte Rechtsprechung zu den Voraussetzungen besteht jedoch nicht.[458] Auslegungsprobleme sollten durch die positiv-rechtliche Regelung zur Sachleistung an Gesellschafter ausgeräumt werden.[459] Da diese jedoch nur Fälle erfasst, in denen ein *Distributable Profit* bestand, bleiben die Rechtsprechungsregeln für die Fälle der verbotenen verdeckten Gewinnausschüttung unverändert anwendbar.[460]

c. Unrechtmäßige Ausschüttungen

Hat die Gesellschaft Ausschüttungen vorgenommen, die nicht mit den vorgenannten Regelungen in Einklang stehen, so sind sie nach Sec. 847 Abs. 1, 2 CA 2006 zurückzuerstatten. Die Verpflichtung trifft jeden Gesellschafter, der den Verstoß kannte oder kennen musste. Daneben besteht auch eine Haftung des *Directors* für die ausgezahlten *Distributions*. Sie ist gesetzlich nicht geregelt, ergibt sich aber aus der Fortgeltung des *Common Law*.[461]

II. Anwendung der §§ 30, 31 GmbHG auf die Ltd. & Co. KG

Denkbar wäre zunächst die Gewährleistung eines Kapitalschutzes durch Anwendung der §§ 30, 31 GmbHG auch auf die Ltd. & Co. KG, wie es der Handhabung bei der GmbH & Co. KG entspricht. Dazu sollte man sich vorab die Anwendung der §§ 30, 31 GmbHG bei der GmbH & Co. KG vergegenwärtigen.

---

455 Berlin, Kapitalschutz der Limited, S. 51.

456 Re Halt Garage (1964) Ltd. (1982) 3 All ER 1016 (= All England Law Reports, abrufbar über lexisnexis professional).

457 Aveling Barford Ltd. v Perion Ltd. (1989) BCLC 626 (=Butterworths Company Law Cases, abrufbar über lexisnexis professional).

458 Otte, Kapitalschutz der Limited im Vergleich, S. 88.

459 In Sec. 845 f. CA 2006.

460 Gower and Davies, Company Law, S. 291 f. Kap. 12–4.

461 Palmer's Company Law, 9.851.

1. Anspruchsvoraussetzungen bei der GmbH & Co. KG

Bei der GmbH & Co. KG wird die fehlende Verbindung der gesetzlichen Kapitalschutzsysteme über eine analoge Ausdehnung der §§ 30, 31 GmbHG hergestellt.[462] Nach § 30 GmbHG sind Auszahlungen[463] der GmbH an die Gesellschafter verboten, soweit sie eine Unterbilanz der GmbH schaffen oder vertiefen.[464] Unmittelbar in den Anwendungsbereich von § 30 GmbHG fallen nur Auszahlungen aus dem Vermögen der GmbH an deren Gesellschafter.[465] Dies ist im Fall der Typenverbindung unzureichend. Kapitalabflüsse aus dem KG-Vermögen können aufgrund der Haftung der GmbH für Verbindlichkeiten der KG mittelbar die Kapitalbasis der GmbH ebenso schmälern wie direkte Auszahlungen aus deren Vermögen.[466] Darüber hinaus hat die persönliche Haftung des Komplementärs eine Brems- und Kontrollfunktion für die ansonsten unbegrenzt zulässigen Entnahmen aus dem KG-Vermögen. Übernimmt eine haftungsbeschränkte Kapitalgesellschaft an Stelle einer voll haftenden natürlichen Person die Stellung als einziger Komplementär, ist das Eigeninteresse des Komplementärs an der wirtschaftlichen Gesundheit der KG vermindert und das innere Gleichgewicht der KG empfindlich gestört. Um dies zu korrigieren, wird den Kommanditisten die sogenannte Finanzierungsverantwortung für die KG aufgebürdet.[467] Beide Aspekte sind weder im Recht der GmbH noch im Recht der KG ausreichend berücksichtigt

462 Ständige Rechtsprechung: BGH, BGHZ 60, S. 324 ff. = NJW 1973, S. 1036 ff.; 69, S. 274 ff. = NJW 1978, S. 160 ff.; 110, S. 342 ff. = NJW 1990, S. 2877 ff.; ebenso die weit überwiegende Literatur: *Verse* in Scholz, GmbHG, § 30 Rn. 129; *Habersack* in GroßKomm-GmbHG, § 30 Rn. 102; *Hommelhoff* in Lutter/Hommelhoff, GmbHG, § 30 Rn. 60 ff.; *Hueck/Fastrich* in Baumbach/Hueck, GmbHG, § 30 Rn. 68; *K. Schmidt* in MüKo-HGB, § 172 Rn. 128 alle m. w. N.

463 Erfasst sind nicht nur Auszahlungen im engeren Sinne, sondern alle Vermögenstransfers aus dem Vermögen der GmbH in das der Gesellschafter, z. B. auch Begleichung von Verbindlichkeiten, verdeckte Gewinnausschüttungen oder die Übertragung anderer Vermögenswerte, vgl. die Aufzählung bei *Blaum* in Westermann, Hdb. d. PersGes, § 56 Rn. 3319.

464 Eine Unterbilanz liegt vor, wenn das Reinvermögen einer Gesellschaft das satzungsmäßige Stammkapital unterschreitet oder, anders dargestellt, die Aktiva die Summe aus echten Passiva und Stammkapital nicht mehr überschreiten (vgl. *Hueck/Fastrich* in Baumbach/Hueck, GmbHG, § 30 Rn. 19; *Verse* in Scholz, GmbHG, § 30 Rn. 53 f.). Echte Passiva sind Verbindlichkeiten und Rückstellungen für ungewisse Verbindlichkeiten. Andere Posten der Passivseite, die das Reinvermögen der Gesellschaft tatsächlich nicht beeinträchtigen, bleiben außer Betracht. Die Feststellung erfolgt auf Grund der Handelsbilanz, d. h., die Bilanzierung erfolgt nach allgemeinen Regeln der §§ 242 ff., 266 ff. HGB. Entscheidend sind also die bisherigen Bilanzierungswerte. Verkehrswerte oder Liquidationswerte können nicht berücksichtigt werden (vgl. *Hueck/Fastrich* in Baumbach/Hueck, GmbHG, § 30 Rn. 17).

465 *Hommelhoff* in Lutter/Hommelhoff, GmbHG, § 30 Rn. 2.

466 Zu dieser Problemlage beispielsweise K. Schmidt, DB 1973, S. 2228, 2229; Hunscha, GmbHR 1973, S. 257, 260 f.; Winkler, NJW 1969, S. 1009; *Verse* in Scholz, GmbHG, § 30 Rn. 130.

467 BGH, BGHZ 110, S. 342, 356 ff.

und begründen somit eine planwidrige Regelungslücke, der durch ausdehnende Anwendung der §§ 30, 31 GmbHG Rechnung getragen wird.[468] Diese führt dazu, dass auch Auszahlungen aus dem Vermögen der KG in den Anwendungsbereich des § 30 GmbHG einbezogen werden und einen Rückzahlungsanspruch nach § 31 GmbHG begründen können. Das in § 30 GmbHG enthaltene Verbot von Auszahlungen regelt eine vergleichbare Ausgangslage, die Gefährdung von Gläubigern durch übermäßige Aushöhlung des Gesellschaftsvermögens durch die Gesellschafter, und ist daher auf die Auszahlung aus dem KG-Vermögen übertragbar. Ausgangspunkt für den möglichen Verstoß gegen § 30 GmbHG ist nach der Rechtsprechung stets die Frage, ob durch Vermögensabflüsse aus der KG das Stammkapital der GmbH angegriffen wird.[469] Eine Anwendung der §§ 30, 31 GmbHG scheidet von vornherein aus, wenn der Gesellschafter eine angemessene Gegenleistung für den Vermögensabfluss erbringt, da das KG-Vermögen in seinem Gesamtbestand dann nicht vermindert wird.[470]

Besteht ein Anspruch aus § 31 GmbHG, so tritt dieser neben die in der Regel ebenfalls begründete Haftung des Kommanditisten nach §§ 171 Abs. 1, 172 Abs. 4 HGB.[471] Er reicht jedoch weiter, da er nicht summenmäßig auf die Höhe der Hafteinlage der Kommanditisten beschränkt ist.[472]

Wie dargestellt, setzt die ausdehnende Anwendung der §§ 30, 31 GmbHG voraus, dass Auszahlungen aus dem KG-Vermögen auch das Stammkapital der GmbH angreifen. Nach allgemeiner Auffassung kommen zwei Konstellationen in Betracht, die nachfolgend mit ihren bilanziellen Auswirkungen herausgearbeitet werden sollen:

a. Schmälerung der Aktiva der GmbH

Eine Unterbilanz kann zum einen dadurch entstehen, dass die Summe der Aktiva der GmbH indirekt vermindert wird.

468 BGH, BGHZ 60, S. 324 ff.

469 *Habersack* in GroßKomm-GmbHG, § 30 Rn. 102. Zur abweichenden Meinung, die sich am Kapital der KG orientiert, vgl. Teil D. III.

470 Vgl. § 30 Abs. 1 S. 2 GmbHG; dies war auch vor Inkrafttreten des MoMiG bereits anerkannt (siehe dazu etwa BGH, BGHZ 69, S. 274, 279); allgemein zur Auszahlung auch *Hueck/Fastrich* in Baumbach/Hueck, GmbHG, § 30 Rn. 33 ff. m. w. N.

471 *Habersack* in GroßKomm-GmbHG, § 30 Rn. 102.

472 Dazu *Hopt* in Baumbach/Hopt, HGB, § 172 Rn. 4 ff.

Der am häufigsten beschriebene[473] Fall aus dieser Gruppe ist die Entwertung einer Kapitalbeteiligung der Komplementär-GmbH an der KG.[474] In der Bilanz der GmbH wird eine solche Beteiligung zunächst zu den Anschaffungskosten aktiviert.[475] Gemäß § 253 Abs. 2 S. 3 HGB ist der Ansatz zu berichtigen, falls der nach dem Ertragswert[476] zu ermittelnde Wert dauerhaft hinter den Wertansatz in der Bilanz zurückfällt.[477] Dies ist insbesondere dann der Fall, wenn die Abflüsse aus dem Vermögen der KG so groß sind, dass das wirtschaftliche Fortbestehen der KG zweifelhaft ist. Kleinere Abflüsse aus dem KG-Vermögen, die den Fortbestand und die Ertragskraft der KG nicht beeinträchtigen, führen dagegen nicht zu notwendigen Abschreibungen.[478]

Eine zweite, praktisch häufiger anzutreffende[479] Alternative ist, dass die GmbH ein Darlehen an die KG ausgereicht hat.[480] Die so entstandene Darlehensforderung wird bei der GmbH zunächst in Höhe des Nennwertes aktiviert, sofern der Rückzahlungsanspruch nicht schon anfänglich wegen zweifelhafter Solvenz der GmbH wirtschaftlich wertlos ist.[481] Steigt das Risiko der Realisierbarkeit später an, so ist

473 Freilich besteht hier ein Missverhältnis zwischen der Breite der Darstellung und der tatsächlichen Verbreitung. In der Praxis kommt es eher selten vor, dass eine solche Kapitalbeteiligung der GmbH vereinbart wird.

474 So bereits BGH, BGHZ 60, S. 324, 329; ebenso z. B. *Verse* in Scholz, GmbHG, § 30 Rn. 130; *Habersack* in GroßKomm-GmbHG, § 30 Rn. 102; *Hommelhoff* in Lutter/Hommelhoff, GmbHG, § 30 Rn. 60; *Schiessl* in Hesselmann/Tillmann, Hdb. GmbH & Co. KG, § 5 Rn. 103.

475 *Blaum* in Westermann, Hdb. d. PersGes, § 56 Rn. 3322; *Zimmermann* in Hesselmann/Tillmann, Hdb. GmbH & Co. KG, § 8 Rn. 9; Baetge/Kirsch/Thiele, Bilanzen, S. 320.

476 Ausführlich zum Ertragswert Baetge/Kirsch/Thiele, Bilanzen, S. 322 f.

477 Baetge/Kirsch/Thiele, Bilanzen, S. 322; *Hoyos/Gutike* in Besck'scher Bil. Komm., § 253 Rn. 401 ff.; *Blaum* in Westermann, Hdb. d. PersGes, § 56 Rn. 3322; *Zimmermann* in Hesselmann/Tillmann, Hdb. GmbH & Co. KG, § 8 Rn. 9.

478 *Blaum* in Westermann, Hdb. d. PersGes, § 56 Rn. 3323.

479 Ob dies so bleibt, ist zweifelhaft. Der BGH hat in der Weiterreichung des Stammkapitals der GmbH als Darlehen an die KG einen Verstoß gegen die effektive Kapitalaufbringung (§ 19 Abs. 2 GmbHG) gesehen (vgl. BGH, BGHZ 174, S. 370 ff. = ZIP 2008, S. 174 ff.). Daraus ergibt sich, dass das Stammkapital allenfalls nach Abwarten einer Schamfrist oder auch gar nicht als Darlehen an die KG ausgereicht werden darf (vgl. dazu K. Schmidt, ZIP 2008, S. 481, 484.)

480 *Schiessl* in Hesselmann/Tillmann, Hdb. GmbH & Co. KG, § 5 Rn. 106; *Blaum* in Westermann, Hdb. d. PersGes, § 56 Rn. 3324; vgl. zur Upstreamfinanzierung nach dem MoMiG auch Winter, DStR 2007, S. 1484 ff.

481 Baetge/Kirsch/Thiele, Bilanzen, S. 326. Zweifelhaft ist, ob die Darlehensforderung als Teil des Anlagevermögens- oder des Umlaufvermögens zu aktivieren ist. Ausleihungen können nicht pauschal zugeordnet werden. Anlagevermögen liegt vor, wenn ein dauerhaftes Dienen i. S. d. § 247 Abs. 2 HGB erfüllt ist. Dieses wird primär durch die Darlehensdauer bestimmt, ist also eine Frage des Einzelfalles (zum Ganzen vergleiche *Hoyos/F. Huber* in Bech'scher Bil. Komm, § 247 Rn. 356 f.). Die Unterscheidung ist aber nur insoweit relevant, als bei Zuordnung zum Anlagevermögen eine nur vorübergehende Wertminderung nicht zu einer Abschreibungspflicht, sondern zu einem Wahlrecht des Bilanzierenden führt. Liegt dagegen

diese Forderung nach § 253 Abs. 2 S. 3 oder § 253 Abs. 3 HGB ganz oder teilweise abzuschreiben.[482] Eine solche Risikosteigerung wird hervorgerufen, wenn die Vermögenslage der KG wegen der Auszahlungen an die Gesellschafter keine hinreichende Sicherheit für die Erfüllung der übrigen Verbindlichkeiten mehr bietet.[483]

b. Erhöhung der Passiva

Neben der Verringerung der Aktiva kann eine Unterbilanz der GmbH auch durch Erhöhung der Gesamtsumme der Passiva der Gesellschaft erfolgen. Diese Erhöhung beruht darauf, dass die GmbH, unabhängig von einer möglichen Kapitalbeteiligung an der KG, bilanzielle Vorsorge durch Bildung einer Rückstellung für ihre mögliche Haftung aus §§ 161 Abs. 2, 128 HGB treffen muss.[484]

Die jederzeit mögliche Inanspruchnahme der Komplementär-GmbH durch Gläubiger der KG aufgrund von §§ 161 Abs. 2, 128 HGB wirkt sich im Ergebnis nicht auf die Bilanz der GmbH aus, solange die KG solvent ist.[485] Die Bildung einer Rückstellung für unsichere Verbindlichkeiten aus der Inanspruchnahme als Komplementär gem. §§ 161 Abs. 2, 128 HGB kann unterbleiben. Denn zum einen ist die tatsächliche Inanspruchnahme hieraus durch Dritte völlig ungewiss. Zudem stünde der Komplementärin selbst bei Inanspruchnahme ein Freistellungs- oder Ausgleichsanspruch nach § 110 HGB gegen die KG zu, der aktivierbar wäre und den Zuwachs auf der Passivseite ausgliche.[486] Eine Inanspruchnahme der GmbH wäre also vermögensneutral.[487]

Dies ändert sich, wenn sich die wirtschaftliche Situation der KG verschlechtert. Ist diese bereits insolvenzreif oder steht die Insolvenzreife bevor, kann die Bilanzierung auf Ebene der GmbH nicht mehr auf Basis der Annahme vorgenommen werden, dass die GmbH von Gläubigern der KG nicht in Anspruch genommen werden wird und/oder die Komplementär-GmbH den Freistellungs-

---

Umlaufvermögen vor, bestünde stets die Abschreibungspflicht (vgl. *Zimmermann* in Hesselmann/Tillmann, Hdb. GmbH & Co. KG, § 8 Rn. 15).

482 *Kozikowski/Roscher* in Beck'scher Bil. Komm, § 253 Rn. 569ff.; zu den Risiken auch Baetge/Kirsch/Thiele, Bilanzen, S. 326, 330.

483 *Blaum* in Westermann, Hdb. d. PersGes, § 56 Rn. 3324.

484 BGH, BGHZ 60, S. 324, 329; aus der Literatur z.B. *Habersack* in GroßKomm-GmbHG, § 30 Rn. 102; *Hommelhoff* in Lutter/Hommelhoff, GmbHG, § 30 Rn. 60; grundsätzlich auch *Hueck/Fastrich* in Baumbach/Hueck, GmbHG, § 30 Rn. 68.

485 *Düll* in Sudhoff, GmbH & Co. KG, § 22 R. 8; *Blaum* in Westermann, Hdb. d. PersGes, § 56 Rn. 3276.

486 Eine direkte Passivierung von Verbindlichkeiten aus dem Geschäftsbetrieb der KG scheidet von vornherein aus, denn diese werden nur für die KG begründet und sind daher auch nur dort zu bilanzieren.

487 *Blaum* in Westermann, Hdb. d. PersGes, § 56 Rn. 3276.

anspruch gegen die KG wird realisieren können.[488] Eine vom Vorsichtsprinzip geprägte Bilanzierung bei der GmbH gebietet, eine Rückstellung für unsichere Verbindlichkeiten in Höhe der möglichen Inanspruchnahme durch Gesellschaftsgläubiger der KG zu bilden. Gleichzeitig besteht zwar noch immer der Freistellungsanspruch nach § 110 HGB, dieser kann jedoch nicht aktiviert werden, da er wirtschaftlich (überwiegend) wertlos ist.[489] Die Rückstellung für unsichere Verbindlichkeiten ist bei der Ermittlung der möglichen Unterbilanz der GmbH wie eine echte Verbindlichkeit zu berücksichtigen.[490] Schon eine Auszahlung aus dem Vermögen der KG, die deren Kapitalbasis derart schwächt, dass der Eintritt eines Insolvenzgrundes hervorgerufen wird, erhöht somit die Passiva der GmbH und kann deren Überschuldung herbeiführen. Die zeitlich später erfolgende tatsächliche Inanspruchnahme durch Gläubiger der KG wirkt sich dagegen in der Bilanz der Komplementärin nicht mehr aus.

2. Rechtsfolge verbotener Auszahlung

Erfolgt eine nach § 30 GmbHG unzulässige Auszahlung dennoch, ist diese nach Maßgabe des § 31 GmbHG zurückzuerstatten. Auch hier sind bei der analogen Anwendung auf die GmbH & Co. KG Besonderheiten zu beachten.

Anerkannt ist, dass der Empfänger von Leistungen aus dem Vermögen der KG dann nach § 31 GmbHG zur Rückzahlung verpflichtet ist, wenn er sowohl Gesellschafter der GmbH und der KG ist,[491] oder auch, wenn er nur Gesellschafter der GmbH ist.[492] Darüber hinaus hat der BGH entschieden, dass auch Gesellschafter, die nur an der KG beteiligt sind, zur Rückzahlung verpflichtet sind.[493] Die herrschende Meinung ist dem nunmehr gefolgt,[494] auch wenn die Einbezie-

488 *Düll* in Sudhoff, GmbH & Co. KG, § 22 R. 8; *Blaum* in Westermann, Hdb. d. PersGes, § 56 Rn. 3277.

489 *Blaum* in Westermann, Hdb. d. PersGes, § 56 Rn. 3277.

490 Vgl. dazu Fn. 464.

491 BGH, BGHZ 60, S. 324, 328 ff.; 110, S. 342, 355; *Habersack* in GroßKomm-GmbHG, § 30 Rn. 103; *Verse* in Scholz, GmbHG, § 30 Rn. 131; *Hueck/Fastrich* in Baumbach/Hueck, GmbHG, § 30 Rn. 68.

492 *Habersack* in GroßKomm-GmbHG, § 30 Rn. 104; *Hueck/Fastrich* in Baumbach/Hueck, GmbHG, § 30 Rn. 70; *Verse* in Scholz, GmbHG, § 30 Rn. 131, alle m. w. N.

493 BGH, BGHZ 110, S. 342, 355 ff.

494 *Habersack* in GroßKomm-GmbHG, § 30 Rn. 107; *Hueck/Fastrich* in Baumbach/Hueck, GmbHG, § 30 Rn. 70; *Hommelhoff* in Lutter/Hommelhoff, GmbHG, § 30 Rn. 64; *Altmeppen* in Roth/Altmeppen, GmbHG, § 30 Rn. 173, alle m. w. N.; Binz/Sorg, GmbH & Co. KG, § 12 R. 51 f.; kritisch zur dogmatischen Herleitung Karollus, FS Kropff, S. 669, 673.

hung von Splitter-Gesellschaftern, die über keinen nennenswerten Einfluss verfügen, anfänglich noch auf Vorbehalte stieß.[495]

Berechtigte des Anspruchs ist nach der Rechtsprechung des BGH die KG, nicht etwa die GmbH.[496] Dies wird vielfach dogmatisch kritisiert, denn die Verankerung im Recht der GmbH spreche dafür, dass der Anspruch auch der GmbH zugeordnet werden müsse, freilich dann aber auf Zahlung an die KG.[497]

3. Übertragbarkeit auf die Ltd. & Co. KG

Falls die soeben dargestellte Rechtslage allein der besonderen Situation der GmbH als Komplementärin Rechnung trägt, wäre ihr Anwendungsbereich auch auf die GmbH & Co. KG beschränkt. Eine Übertragbarkeit auf die Ltd. & Co. KG kommt dagegen dann in Betracht, wenn man der Rechtsprechung einen allgemeinen Geltungsanspruch für alle Kapitalgesellschaften & Co. KG beizumessen hat. Bestünde ein solcher allgemeiner Geltungsanspruch, müsste man die §§ 30, 31 GmbHG als Teil eines Sonderrechts der Kapitalgesellschaft & Co. KG ansehen und folglich auf alle Komplementärgesellschaften – gleich welcher Rechtsform, also UG, Stiftung oder eben ausländische Kapitalgesellschaften wie die *Limited* – anwenden.[498]

In einem ersten Schritt ist daher die intendierte Reichweite der Rechtsprechung zur Anwendung der §§ 30, 31 GmbH auf die GmbH & Co. KG zu untersuchen.

a. Weite Auslegung nach Duys und K. Schmidt

Eine weite Auslegung vertreten, wie bereits an anderer Stelle in der vorliegenden Arbeit erwähnt, insbesondere *K. Schmidt* und *Duys*. Sie meinen, die Rechtsprechung habe ein System der „Normativbestimmungen für die KG“ begründet, das

495 So noch *Westermann* in Scholz, GmbHG, 10. Aufl. Bd. 1, § 30 Rn. 59; die Auffassung wird in der Neuauflage nur noch angedeutet, vgl. *Verse* in Scholz, GmbHG, § 30 Rn. 131.

496 BGH, BGHZ 60, S. 324, 329 f.; zustimmend *Blaum* in Westermann, Hdb. d. PersGes, § 56 Rn. 3330; K. Schmidt, Gesellschaftsrecht, S. 1656; Kuhn, Ehrengabe Heusinger, S. 203, S. 215; vermittelnd nun *Verse* in Scholz, GmbHG, § 31 Rn. 91 (unter Relativierung der in der Voraufl. vertretenen Gegenauffassung).

497 *Hommelhoff* in Lutter/Hommelhoff, GmbHG, § 31 Rn. 3; *Westermann* in Scholz, GmbHG, 10. Aufl. Bd. 1, § 31 Rn. 10; wohl auch *Hueck/Fastrich* in Baumbach/Hueck, GmbHG, § 31 Rn. 7; früher schon Winkler, NJW 1969, S. 109, 111 f.; kritisch auch K. Schmidt, DB 1973, S. 2227, 2330.

498 So Duys, Auslands-Kapitalgesellschaft & Co. KG, S. 56; in diese Richtung auch K. Schmidt, Gesellschaftsrecht, S. 1656, 1664; ders., GmbHR 1989, S. 141, 142 ff.

immer dann greife, wenn keine natürliche Person Komplementär der KG sei.[499] Aus diesen Normativbestimmungen folge, dass das Vermögen der (juristischen Person & Co.) KG selbst vor Kapitalentnahmen zugunsten der Gesellschafter geschützt sei, wenn dadurch mittelbar die Kapitalbasis der Komplementärin so weit geschwächt wird, dass diese nicht mehr über ein Gesellschaftskapital in Höhe des Mindeststammkapitals einer GmbH verfügt. Dieser Schutz setzt somit am Vermögen der Komplementärin an, dies hat jedoch nur den Charakter einer Hilfsüberlegung.[500]

Zur Begründung beziehen sich die Verfechter zunächst auf die Entscheidung des BGH,[501] wonach die Aktivlegitimation für den Anspruch aus § 31 GmbHG bei der KG und nicht bei der GmbH liege. Obwohl bei der Entscheidung noch der Schutz des GmbH-Vermögens im Mittelpunkt stand, habe der Senat damit seinen Blick auch auf das KG-Vermögen gerichtet. Nur so lasse sich die Abweichung von der gesetzlichen Regel erklären, denn eine dogmatisch konsequente Anwendung der §§ 30, 31 GmbHG hätte zur Aktivlegitimation der GmbH führen müssen.[502]

Noch deutlicher werde dies in der BGH-Entscheidung[503] zur Einbeziehung des „Nur-Kommanditisten" in den Anwendungsbereich des § 31 GmbHG. Da der Senat die rechtfertigende planwidrige Regelungslücke im Recht der KG – und eben nicht nur GmbH-Recht – lokalisiert habe, betreffe die Entscheidung den Schutz des KG-Vermögens. Die Lücke beruhe nämlich darauf, dass die Haftungskonzeption der KG leer liefe, sobald die natürliche Person als Komplementär durch eine „tote Vermögensmasse" ersetzt werde.[504] Die Finanzierungsverantwortung für die KG verbleibe bei den Kommanditisten, da eine Kapitalgesellschaft nicht die notwendig korrigierende Steuerungsfunktion einer natürlichen Person als Komplementär übernehmen könne. Dagegen rücke der mittelbare Schutz des GmbH-Stammkapitals in den Hintergrund.[505]

Da es stets zu Verzahnungsproblemen der Gesellschaftsrechte komme, wenn die Stellung des Komplementärs nicht mehr von einer natürlichen Person übernommen werde, müsse ein KG-autonomes Kapitalschutzsystem entwickelt werden.[506] Aufgrund dieser Notwendigkeit lasse sich unter Heranziehung der ratio

---

499 Duys, Auslands-Kapitalgesellschaft & Co. KG, S. 87; K. Schmidt, DB 1973, S. 2227, 2330. Im Ansatz grundsätzlich befürwortend auch *Blaum*, der die §§ 30, 31 GmbHG aber dennoch nicht auf die Ltd. & Co. KG anwenden will, vgl. *Blaum* in Westermann, Hdb. d. PersGes, § 56 Rn. 3488 f.

500 K. Schmidt, Gesellschaftsrecht, S. 1656.

501 BGH, BGHZ 60, S. 324, 329 f.

502 Duys, Auslands-Kapitalgesellschaft & Co. KG, S. 53; zur dogmatischen Kritik daran vgl. auch Fn. 497, wobei die übrigen dort genannten Stimmen nicht den Schluss *Duys'* teilen.

503 BGH, BGHZ 110, S. 342, 355 ff.

504 Duys, Auslands-Kapitalgesellschaft & Co. KG, S. 55.

505 Duys, Auslands-Kapitalgesellschaft & Co. KG, S. 55.

506 Duys, Auslands-Kapitalgesellschaft & Co. KG, S. 55.

decidendi der angeführten Entscheidungen die Anwendung der §§ 30, 31 GmbHG auch auf alle übrigen juristischen Personen begründen.[507]

b. Stellungnahme

i. Kein Geltungsanspruch jenseits der GmbH & Co. KG

Diese Auslegung begegnet jedoch erheblichen Zweifeln. In der zitierten Entscheidung vom 19.2.1990[508] stellt der BGH zur Begründung einer Analogie zu § 30 GmbHG auf zwei Begründungsstränge ab. Zum einen bezieht sich der Senat in der Tat auf das Fehlen einer steuernden und zügelnden natürlichen Person als Komplementär und der daraus folgenden Finanzierungsverantwortung der Kommanditisten.

In der weiteren Begründung führt er aber wörtlich aus: „Schon in dem mehrfach zitierten Urteil hat der Senat darauf hingewiesen, dass die Kommanditgesellschaft wegen der gesellschaftsrechtlichen Verknüpfung der Interessen dafür verantwortlich ist, dass ihr Zuwendungen erstattet werden, die nach GmbH-Recht unzulässig sind. *Diese Verantwortung*,[509] die dem Kommanditisten in der herkömmlichen Kommanditgesellschaft der Komplementär abnimmt, trifft […] auch den Kommanditisten, wenn der unbeschränkt haftende Komplementär die ihm normalerweise zugedachte Bremsfunktion nicht übernehmen kann, […]".[510] Dies bedeutet, dass zunächst die Lücke im Recht der GmbH die Ausdehnung des § 30 GmbHG auf die KG bedingt und sodann die Lücke im Recht der KG zur Überleitung der Pflichten aus §§ 30, 31 GmbHG auf den (Nur-)Kommanditisten führt. Die Argumentationsstränge bauen aufeinander auf und stehen gerade nicht selbständig nebeneinander. Dies müssten sie aber, wenn sie eine Anwendung von §§ 30, 31 GmbHG auch auf andere Komplementärgesellschaften als die GmbH rechtfertigen sollen. Wer dennoch aus der zitierten BGH-Entscheidung einen Paradigmenwechsel in Bezug auf das Gläubiger- bzw. Kapitalschutzsystem der KG herauslesen möchte, verkürzt unzulässig den Blick auf eben die ratio decidendi, die einer solchen Auslegung als Stütze dienen soll.

Darüber hinaus spricht der BGH an keiner Stelle an, dass er eine allgemeine Geltung der Rechtsprechung für alle juristische Personen & Co. KG anstrebt. Auch wenn dazu zugegebenermaßen keine Verpflichtung bestand, kann man

507 Daneben gilt auch § 172a HGB. Auch dies führt *Duys* zur Begründung seiner These an (vgl. Duys, Auslands-Kapitalgesellschaft & Co. KG, S. 43.).
508 BGH, BGHZ 110, S. 343 ff.
509 Hervorhebung durch den Verfasser.
510 BGH, BGHZ 110, S. 342, 357.

doch annehmen, dass der Senat eine so weitreichende Entscheidung explizit angesprochen hätte.

Folgerichtig konstatiert *K. Schmidt*, dass der Schritt hin zu einem eigenständigen Schutz des KG-Vermögens durch die §§ 30, 31 GmbHG erst noch getan werden müsse.[511] Das bedeutet zugleich, dass sich die Rechtsprechung dieser weitergehenden Interpretation noch nicht angeschlossen hat und somit auch nicht zum Beleg für die untersuchte These herangezogen werden kann.[512] Auch *Duys* ist offenbar noch nicht von deren Geltung überzeugt, da er ausführt, dass die Diskussion von der Komplementär-GmbH „zu lösen sei", auf die juristische Person & Co. KG übertragen werden müsse und Ziel die Entwicklung die Herausbildung eines KG-autonomen Kapitalerhaltungsrechts sei.[513] Jedenfalls bleibt in den Ausführungen *Duys* unklar, ob das „System der Normativbestimmungen für die KG" einen Zustand de lege lata oder de lege ferenda beschreibt. Allein das Ziel einer Entwicklung zu identifizieren, also ein KG-autonomes Kapitalerhaltungsrecht, und sodann die Notwendigkeit dieses Ziels zu begründen, genügt jedenfalls nicht, um die Geltung dieser Analogie de lege lata zu belegen.

Letztlich unterstreicht die Rechtslage hinsichtlich der übrigen denkbaren Komplementärgesellschaften die bestehenden Zweifel. Obwohl *Duys* eine allgemeine Geltung dieser Grundsätze rechtsformunabhängig für alle Komplementärgesellschaften annimmt,[514] ist deren Entsprechung bei anderen juristischen Personen & Co. KG allenfalls umstritten. Für die Stiftung & Co. KG ist die analoge Geltung gerichtlich noch nicht geklärt. Die Stellungnahmen aus Literatur sind gespalten.[515] Bei der ebenfalls komplementärfähigen Genossenschaft wird die Frage in der genossenschaftsrechtlichen Literatur noch nicht einmal diskutiert. Auch die Frage, in welchem Verhältnis der ausdehnende Kapitalschutz nach §§ 30, 31 GmbHG beispielsweise zu den eigenen Kapitalschutzregelungen der Genossenschaft[516] gemäß § 22 Abs. 4 und 5 GenG[517] stünde, wird nicht diskutiert, obgleich dies einer Lösung bedürfte.

---

511 K. Schmidt, Gesellschaftsrecht, S. 1656.

512 Dies bestätigt auch eine weitere Aussage von *K. Schmidt*, vgl. K. Schmidt, ZIP 2008, S. 481, 482 Fn. 12, wonach der BGH noch immer lediglich für einen mittelbaren Schutz des GmbH-Stammkapitals eintrete.

513 Duys, Auslands-Kapitalgesellschaft & Co. KG, S. 56.

514 Duys, Auslands-Kapitalgesellschaft & Co. KG, S. 87.

515 Für eine analoge Anwendung Duys, Auslands-Kapitalgesellschaft & Co. KG, S. 56; K. Schmidt, Gesellschaftsrecht, S. 1656, 1664; *Gummert* in Mü-Hdb. GesR, Bd. 5, § 82 Rn. 31 f. Dagegen: *Stengel*, Stiftung, S. 114; Hennerkes/Binz/Sorg, DB 1986, S. 2269, 2271; Hennerkes/Schiffer, BB 1992, S. 1940, 1942; Weimar/Reeh, DB 1988, S. 1637, 1642.

516 *Pöhlmann* in Pöhlmann/Fandrich/Bloehs, GenG, § 22 Rn. 7 ff.

517 Gesetz betreffend die Erwerbs- und Wirtschaftsgenossenschaften vom 16. Oktober 2006 (BGBl. I, S. 2230).

Festzuhalten ist daher, dass es schon auf Grundlage des deutschen materiellen Rechts sehr zweifelhaft ist, ob Regeln zur Kapitalerhaltung in der GmbH & Co. KG tatsächlich Geltung über diese Sonderkonstellation hinaus beanspruchen. Es spricht mehr dafür, dass dadurch lediglich den Anforderungen des GmbH-Rechts Rechnung getragen wurde und daraus keine Rückschlüsse für andere Komplementärgesellschaften gezogen werden können.

ii. Keine Anwendbarkeit auf die Ltd. & Co. KG

Es ist aber nicht nur fraglich, ob überhaupt ein über die GmbH & Co. KG hinausgehender Geltungsanspruch gefunden werden kann. Selbst wenn man einmal unterstellt, eine solche allgemeine Geltung sei tatsächlich anzunehmen, ist weiter zu untersuchen, ob eine Übertragung auf die Ltd. & Co. KG sinnvoll und/oder zulässig wäre.[518]

(1) Durchführbarkeit und teleologische Rechtfertigung der Ausdehnung

Die Anwendung der §§ 30, 31 GmbHG führt zunächst zu dem Problem, dass diese am Schutz des Mindeststammkapitals der GmbH orientiert sind. Da die Beteiligung der *Limited* an der KG nicht davon abhängig gemacht werden kann, dass für diese in analoger Geltung von § 5 GmbHG zuvor ein Stammkapital von 25 000 € aufzubringen wäre,[519] müsste man fragen, wie diese analoge Anwendung des §§ 30, 31 GmbHG durchgeführt werden könnte.

Denkbar wäre allenfalls eine modifizierte Anwendung, bei der die §§ 30, 31 GmbHG vom Stammkapital gemäß § 5 GmbHG losgelöst werden. Stattdessen könnte als Bezugsgröße auf das *Issued Share Capital*, das am ehesten mit dem Stammkapital vergleichbar ist, abgestellt werden. Die Vergleichbarkeit ergibt sich daraus, dass das *Issued Share Capital* eine Kapitalziffer bezeichnet, die der Gesellschaft – zumindest theoretisch – von den Gesellschaftern zur Verfügung gestellt werden muss. Dies wäre zwar auf den ersten Blick konstruktiv denkbar, ist aber auf den zweiten Blick nicht überzeugend.

Dagegen spricht, dass eine vergleichbare Funktion des Stammkapitals und des *Issued Share Capital*[520] nicht gegeben ist.[521] Der dargestellte Aufbau des englischen Kapitalerhaltungsrechts der *Limited* über Sec. 830 Abs. 1 CA zeigt, dass das *Issued Share Capital* kein vor dem Zugriff der Gesellschafter geschütztes

518 Dagegen *Blaum* in Westermann, Hdb. d. PersGes, § 57 Rn. 3488 f.; Schlichte, DB 2006, S. 1357, 1358 ff.; a. A. Haidinger, ausländische Kapitalgesellschaft & Co. KG, S. 129.

519 EuGH, NJW 2003, S. 3332 ff. („Inspire Art"). Vergleiche zum Ganzen auch Teil B. III. 1. a.

520 Vgl. dazu Teil D. I.

521 Ebenso *Blaum* in Westermann, Hdb. d. PersGes, § 57 Rn. 3488.

Mindestkapital ist, weil dieser Ansatz dem Recht der *Limited* fremd ist. Ein Mindestkapital ist zwar nach Sec. 831 Abs. 1 CA 2006 das *Called-up Capital*[522] einer *Public Company*, dies gilt jedoch nicht für die *Limited*. Zudem taugt auch das *Issued Share Capital* nicht als Basis einer modifizierten Anwendung der §§ 30, 31 GmbHG, denn die Gesellschaft unterliegt keiner Pflicht, dieses tatsächlich zu irgendeinem Zeitpunkt einzufordern. Dann wäre die Anwendung der §§ 30, 31 GmbHG aber Makulatur.[523]

Zudem weist *Blaum* zu Recht darauf hin, dass eine isolierte Anwendung einzelner Normen aus dem integrierten Kapital- und Gläubigerschutzkonzept der GmbH nicht widerspruchsfrei durchgeführt werden könne und somit unterbleiben müsse.[524] Die Bestimmungen entfalteten ihren Schutz erst in Zusammenschau mit den übrigen Vorschriften zur Kapitalaufbringung und den korrespondierenden Geschäftsführerpflichten und der Geschäftsführerhaftung.[525] [526]

(2) Prüfung am Maßstab des IPR?

Weiterhin wäre zu prüfen, ob die Ausdehnung der Kapitalerhaltungsvorschriften gemäß §§ 30, 31 GmbHG auf die Ltd. & Co. KG auf Grundlage des IPR zulässig ist.

Allerdings kommt das IPR nicht zur Anwendung, wenn Sachverhalte bzw. Regelungen ohne Auslandsbezug in Rede stehen. Die Anwendbarkeit des deutschen Gesellschaftsrechts auf eine deutsche KG und ggf. „ihre“ Komplementärin ist nicht am Maßstab der IPR zu prüfen. Dies ändert sich auch dann nicht, wenn eine ausländische Gesellschaft, die einem anderen Gesellschaftsstaut unterliegt, die Stellung der Komplementärin einnimmt. Würde man dem Ansatz von *Duys* [527] folgen, hat man davon auszugehen, dass die mittelbare Anwendung der §§ 30, 31 GmbHG auf

522 Vgl. dazu Teil D. I.

523 Daher haben *Duys* und *K. Schmidt* ihre Forderung auch in Zusammenhang mit einer gleichzeitigen Geltung des § 5 GmbHG erhoben (K. Schmidt, Gesellschaftsrecht, S. 1662; Duys, Auslands-Kapitalgesellschaft & Co. KG, S. 87).

524 *Blaum* in Westermann, Hdb. d. PersGes, § 57 Rn. 3488.

525 *Westermann* in Scholz, GmbHG, Anhang § 4a Rn. 49; *Blaum* in Westermann, Hdb. d. PersGes, § 57 Rn. 3488.

526 In der Literatur werden zudem Probleme bei der Feststellung der Unterbilanz angeführt, denn für die GmbH – für die grundsätzlich eine bilanzielle Betrachtungsweise maßgeblich ist – erfolgt die Beurteilung einer Unterbilanz entsprechend der Buchwerte der Jahresbilanz nach HGB (vgl. *Hueck/Fastrich* in Baumbach/Hueck, GmbHG, § 30 Rn. 17), während die *Limited* nach UK-GAAP oder IAS bilanziert (allgemein zur Bilanzierung der *Limited* Just, Limited in der Praxis, Rn. 261 ff. und oben unter Teil D. I. 5. b.), vgl. den Hinweis bei *Blaum* in Westermann, Hdb. d. PersGes, § 57 Rn. 3488; ausführlich noch *Westermann* in Scholz, GmbHG, 10. Aufl. Einl. Rn. 131 (in der aktuellen Auflage wird dieser Aspekt dort aber nicht mehr hervorgehoben).

527 Duys, Auslands-Kapitalgesellschaft & Co. KG, S. 87.

die Komplementärgesellschaften gleich welcher Rechtsform bei der Kapitalgesellschaft & Co. KG Teil eines allgemeinen KG-autonomen Kapitalerhaltungsrechts sind. Dann wäre eine Prüfung der Anwendung der §§ 30, 31 GmbHG auf die Ltd. & Co. KG am Maßstab des IPR ausgeschlossen.

Die letztgenannte Sichtweise würde aber die Herleitung der behaupteten Verankerung der Anwendung der §§ 30, 31 GmbHG in einem KG-autonomen Kapitalerhaltungsrecht ausblenden. Es ist bereits herausgearbeitet worden, dass der angestrebte Schutz des Vermögens der KG nicht getrennt von dem eigentlichen Anwendungsbereich der §§ 30, 31 GmbHG, dem Schutz des GmbH-Stammkapitals, betrachtet werden kann, sondern vielmehr darauf aufbaut.[528] Daher besteht nur dann eine Grundlage für die ausdehnende Anwendung der §§ 30, 31 GmbHG auf das Vermögen der KG, wenn die Komplementärgesellschaft ebenfalls den Bestimmungen in §§ 30, 31 GmbHG unterliegt. Anders gewendet: Hat die Komplementärin selbst die Verpflichtung, „ihr" Kapital in bestimmter Höhe zu erhalten, nimmt die KG an dieser Pflicht gegenüber der Komplementärin teil.[529] Muss das Kapital der Komplementärin dagegen nicht nach §§ 30, 31 GmbHG geschützt werden, kann das Kapital der GmbH & Co. KG ebenso wenig über diese Normen zu schützen sein.[530]

Damit führt die Ansicht von *Duys* bei genauer Betrachtung dazu, dass zunächst die Frage geklärt werden muss, ob die §§ 30, 31 GmbHG auf die *Limited* selbst angewendet werden können. Dies ist ohne Zweifel nach dem Internationalen Privatrecht zu beurteilen.

(3) Prüfung am Maßstab der Niederlassungsfreiheit?

Zudem könnte selbst dann, wenn man mit Blick auf die vorstehend diskutierte Frage zu einem anderen Ergebnis gelangen sollte,[531] eine Beschränkung[532] der Niederlassungsfreiheit nach Art. 49, 54 AEUV in Betracht kommen. Denkbar wäre es, darin eine verdeckte Diskriminierung oder eine Behinderung zu erblicken. Eine direkte Diskriminierung scheidet hingegen von vornherein aus, wenn § 30 GmbHG unterschiedslos auf alle denkbaren juristischen Personen als Komplementäre, unbeschadet ihrer jeweiligen Gesellschaftsform oder Herkunft, angewendet werden soll.

---

528 Vgl. Teil D. II. 3. b. i.

529 Vgl. auch Karollus, FS Kropff, S. 669, 672.

530 Im Ergebnis ebenso, jedoch mit leicht abweichender Begründung, Schlichte, DB 2006, S. 1357, 1359.

531 Vgl. soeben unter Teil D. II. 3. a.

532 Siehe dazu Teil B. II. 4. a.

Wie bereits ausgeführt, sind verdeckte Diskriminierungen Maßnahmen, die zwar formal unterschiedslos anzuwenden sind, Ausländer aber typischerweise stärker belasten als Inländer. Behinderungen sind unterschiedslos anwendbare nationale Regelungen, die geeignet sind, die Ausübung von Grundfreiheiten zu unterbinden, zu behindern oder weniger attraktiv zu machen.[533] Gegen die Annahme einer verdeckten Diskriminierung spricht, dass auch Genossenschaften oder Stiftungen durch die Anwendung von § 30 GmbHG einer erheblich andersartigen und strengeren Kapitalkontrolle ausgesetzt wären, als dies nach dem jeweils anwendbaren Recht bislang der Fall ist. Eine Schlechterstellung allein der *Limited* ist vor diesem Hintergrund nicht gegeben. Allerdings würde die Anwendung von §§ 30, 31 GmbHG auf die Ltd. & Co. KG zu einer teilweisen Überlagerung des Kapitalerhaltungsrechts der *Limited* führen. Damit wäre der umfassende Geltungsanspruch des Gründungsrechts eingeschränkt, was die Ausübung der Niederlassungsfreiheit zumindest behindern würde. Es liegt auch kein Fall des reinen Inlandsbezugs vor, der nicht unter die Beschränkung der Niederlassungsfreiheit nach Art. 49, 54 AEUV subsumiert wird, weil die Auswirkungen auf die Niederlassungsfreiheit zu ungewiss und zu mittelbar sind.[534] Ein fehlender Auslandsbezug kann nicht schon mit Hinweis darauf bejaht werden, dass es sich um Sonderrecht der KG handle, das für alle Kapitalgesellschaften gelte. Denn die unterschiedslose Anwendung einer Regelung ist eine Frage der Rechtfertigung, nicht bereits des Vorliegens einer Beschränkung.

Die Vorschriften über die Kapitalerhaltung sind Teil des Kernbereichs des Gesellschaftsrechts. Die Anerkennung des Gesellschaftsstatuts in Fragen der Kapitalausstattung und der Haftung ist ein wesentlicher Abwägungsaspekt bei der Entscheidung für die Ausübung der Niederlassungsfreiheit und betrifft diese somit nicht nur mittelbar.[535] Auch somit zeigt sich, dass eine ausdehnende Anwendung der §§ 30, 31 GmbHG auf die *Limited* nur zulässig ist, wenn sie als Einschränkung der Niederlassungsfreiheit gerechtfertigt werden kann.

(4) Keine Anwendbarkeit der Kapitalerhaltung

Somit ist weiter zu prüfen, ob das Recht der Kapitalerhaltung auf eine Auslandsgesellschaft mit Verwaltungssitz in Deutschland anzuwenden ist. Da die §§ 30, 31 GmbHG gesellschaftsrechtlich zu qualifizieren sind und somit das

---

533 Vgl. zu diesen Begriffen ebenfalls die Nachweise in Teil B. II. 4. a.

534 Dann läge keine Beschränkung vor. Vergleiche zu diesen Einschränkungen *Tiedje/Troberg* in von der Groeben/Schwarze, EUV/EGV, Art. 43 EGV Rn. 98 ff. (entspricht nunmehr Art. 49 AEUV).

535 Ebenso Schlichte, DB 2006, S. 1357, 1359.

Personalstatut der Gesellschaft zur Anwendung kommt,[536] führt die Gründungsrechtsanknüpfung zu deren Unanwendbarkeit auf die *Limited.* Etwas anderes ergibt sich nur dann, falls diesbezüglich eine Sonderanknüpfung in Betracht kommt.

Auf Grundlage der Rechtsprechung des BGH scheidet eine Sonderanknüpfung bei den Vorschriften der Kapitalerhaltung aus. Auch wenn dies in der Entscheidung des Senats nicht entscheidungserheblich war, führte er wörtlich aus:[537] „Da die Bestimmungen über das Mindestkapital insoweit mit der durch den Vertrag garantierten Niederlassungsfreiheit unvereinbar sind, gilt zwangsläufig dasselbe für die Sanktionen, die an die Nichterfüllung der fraglichen Verpflichtungen geknüpft sind, das heißt die Anordnung einer persönlichen (gesamtschuldnerischen) Haftung der Geschäftsführer in dem Fall, dass das Kapital nicht den im nationalen Recht vorgeschriebenen Mindestbetrag erreicht oder *während des Betriebs unter diesen sinkt“.*[538] Da der Senat mit dieser Haftung der Geschäftsführer nur auf die an einen Verstoß gegen § 30 GmbHG gebundene Haftung des Geschäftsführers aus § 43 Abs. 3 GmbHG[539] rekurriert haben kann, ergibt sich daraus auch eine Absage an die Geltung des § 30 GmbHG für Auslandsgesellschaften, die unter dem Schutz der Niederlassungsfreiheit stehen.

Die Stellungnahmen in der Literatur sind hingegen gespalten,[540] obgleich auch hier die eine ablehnende Auffassung dominiert.[541]

Der ablehnenden Haltung der Rechtsprechung und der herrschenden Meinung in der Literatur ist zuzustimmen. Vor dem Hintergrund der herausgearbeiteten Beeinträchtigung der europarechtlichen Niederlassungsfreiheit nach Art. 49, 54 AEUV käme eine Anwendung nur dann in Betracht, wenn sie nach den Kriterien des EuGH zu rechtfertigen wäre.[542] Die Anwendung des Kapitalerhaltungsrechts scheitert jedoch zumindest an der Erforderlichkeit. Danach muss eine Anwen-

---

536 BGH, BGHZ 148, S. 167 f. = BGH, NJW 2001, S. 3123; ausführlich auch Berlin, Kapitalschutz der Limited, S. 137 ff. m. w. N.

537 BGH, NJW 2005, S. 1648, 1649.

538 Hervorhebung durch den Verfasser.

539 Ausführlich *Zöllner/Noack* in Baumbach/Hueck, GmbHG, § 43 Rn. 49 ff.

540 Für die Anwendbarkeit etwa, wenn auch mit Abweichungen im Einzelnen (Auswahl): Ulmer, NJW 2004, S. 1201, 1209; Altmeppen/Wilhelm, DB 2004, S. 1083, 1089; Bitter, WM 2004, S. 2190, 2194 ff.

541 Auswahl: *Behrens* in GroßKomm-GmbHG, Einleitung B Rn. B 84 f.; *Eidenmüller* in Eidenmüller, Ausländische Kapitalgesellschaften, § 4 Rn. 13; *Fleischer* in Lutter, Europäisches Auslandsgesellschaften, S. 115 ff.; Paefgen, ZIP 2004, S. 2253, 2259 f.; grunsätzlich auch *Westermann* in Scholz, GmbHG, Anhang § 4a Rn. 49.

542 Vgl. die Darstellung unter Teil B. II. 4. a. iii.

dung des Sitzrechts des Verwaltungsstaates ausscheiden, wenn das Gründungsrecht ein ausreichendes Regelungssystem zur Bewältigung eines Problemkreises enthält.[543] Da das englische Recht aber, wie dargestellt,[544] umfassende Regelungen zum Verbot der Aushöhlungen des Gesellschaftskapitals durch Auszahlungen an Gesellschafter kennt und diese Regelungen auch zur Erreichung des Ziels nicht schlechthin ungeeignet sind, ist einer rechtfertigendes Regelungsdefizit nicht erkennbar.[545]

III. Eigener Kapitalschutz der KG

Über die vorgenannte Ansicht noch hinaus geht ein Ansatz, der das Vermögen der KG selbst in den Mittelpunkt des Kapitalschutzes stellt, falls keine natürliche Person Komplementärin einer KG ist.[546] Das Vermögen der Komplementärin wäre dagegen noch nicht einmal mittelbar von Belang. An eine solche Regelung wäre auch die *Limited* gebunden, ohne dass es auf die Einschränkungen, die sich aus der Niederlassungsfreiheit ergeben, ankäme.[547]

Dabei besteht Uneinigkeit zwischen den Vertretern dieser Auffassung darüber, auf welche Kapitalbasis, die durch Ausschüttungen an Gesellschafter nicht unterschritten werden darf, bei der KG abzustellen wäre. *K. Schmidt* erwägt eine Berechnung aus der Summe der Aktiva der KG, abzüglich der Summe aus Komplementärstammkapital (welches freilich dem Mindeststammkapital der GmbH entsprechen muss) und der Summe aller Hafteinlagen der Kommanditisten.[548] *Karollus* will dagegen die Grenze erst bei der bilanziellen Überschuldung der

---

543 In diesem Sinne etwa *Fleischer* in Lutter, Europäische Auslandsgesellschaften, S. 117; *Behrens* in GroßKomm-GmbHG, Einleitung B Rn. B 85; *Westermann* in Scholz, GmbHG, Anhang § 4a Rn. 49. A. A. Ulmer, NJW 2004, S. 1201, 1208, der zweifelt, ob das Recht des Inkorporationsstaats tatsächlich zum Vergleich herangezogen werden muss. Dies ist indessen nicht überzeugend, da die Erforderlichkeit gerade Ausdruck der prinzipiellen Gleichwertigkeit der Rechtsordnungen ist, selbst wenn im Einzelnen unterschiedliche Ansätze gewählt werden.

544 Siehe Teil D. I. 5.

545 So auch, spezifisch für die *Limited, Fleischer* in Lutter, Europäisches Auslandsgesellschaften, S. 115 ff.

546 So Karollus, FS Kropff, S. 669, 675 ff.; Überlegungen in diese Richtung auch bei K. Schmidt, GmbHR 1989, 141, 143; daneben entsprechend *Joost* für Voraussetzungen des § 172 HGB, Joost, ZGR 1987, S. 3370, 389; dagegen jedoch zu Recht *Huber*, der beispielhaft die praktische Unbrauchbarkeit dieses Ansatzes belegt, Huber, ZGR 1988, S. 1, 14 Rn. 37; dagegen auch Schön, ZGR 1990, S. 220, 244.

547 Vgl. zur Begründung soeben Teil D. II. 3. b. ii. (4).

548 K. Schmidt, Gesellschaftsrecht, S. 1656.

KG ziehen und das Stammkapital der Komplementärin sowie die Kommanditeinlagen außer Betracht lassen.[549]

Während *K. Schmidt* jedoch klargestellt hat, dass er diese Ausführungen lediglich als einen Denkanstoß betrachtet wissen möchte und nicht davon ausgeht, dass diese die geltende Rechtslage widerspiegeln,[550] hält *Karollus* eine Rechtsfortbildung schon de lege lata für begründet. Die Legitimation der Rechtsfortbildung beruht laut *Karollus* darauf, dass die gewählte Form der Typenverbindung dazu führe, dass die juristische Person & Co. KG eine „Personengesellschaft mit beschränkter Haftung" sei und daher Sonderregeln gelten müssten.[551] Der Gesetzgeber habe bei den Personengesellschaften auf einen gesonderten Kapitalschutz verzichtet, da die Gläubiger ersatzweise einen oder mehrere Gesellschafter persönlich in die Haftung nehmen können. Dieser Grundentscheidung werde die „Personengesellschaft mit beschränkter Haftung" nicht gerecht, denn das Haftungsmodell läuft wegen der beschränkten Haftung der Komplementärgesellschaft ins Leere. Daher werde dem Verzicht auf den gesetzlichen Kapitalschutz die Grundlage entzogen.[552]

Entgegen der Auffassung *Karollus'* trägt das geltende Recht eine solche Rechtsfortbildung nicht.[553] Zutreffend hat *Duys* bereits darauf hingewiesen, dass die Rechtfertigung einer Analogie, also die Lücke in den §§ 161 ff. HGB, auf diese Weise überkompensiert würde und daher zur Begründung auch nicht herangezogen werden könne.[554] In der Tat haftet auch eine Kapitalgesellschaft unbeschränkt mit ihrem ganzen Vermögen für die Verbindlichkeiten der KG. Ihr Einsatz ist keineswegs ein geeignetes Mittel, um das Haftungskonzept der KG als solches auszuhebeln. Eine Lücke im Recht der KG besteht nur insoweit, als die §§ 161 ff. HGB den Kapitalschutz der Komplementärgesellschaft unter den Rahmenbedingungen der KG nicht gerecht werden. Das Vermögen der KG ist nach der Entscheidung des Gesetzgebers als solches bewusst nicht gegen Aushöhlung geschützt,[555] so dass man schon das Vorliegen einer planwidrigen Regelungslücke anzweifeln muss. Jedenfalls besteht keine ausreichende Basis, um die grundsätzliche Trennung der Konzepte der von gesamthänderischer Bindung und persönlicher Haftung der Gesellschafter gekennzeichneten Personengesellschaften und der vom Prinzip der Normativbestimmungen und des Stammkapitals gekennzeichneten Kapitalgesellschaften „einfach" aufzuheben.

---

549 Karollus, FS Kropff, S. 669, 678.

550 „[...] dies noch nicht anerkannt und de lege ferenda fragwürdig ist", vgl. K. Schmidt, Gesellschaftsrecht, S. 1656 Fn. 131.

551 Karollus, FS Kropff, S. 669, 676.

552 Karollus, FS Kropff, S. 669, 677.

553 Sie hat sich daher nicht durchgesetzt und wird kaum rezipiert. Ebenso K. Schmidt, Gesellschaftrecht, S. 1656 Fn. 131; Duys, Auslands-Kapitalgesellschaft & Co. KG, S. 57.

554 Duys, Auslands-Kapitalgesellschaft & Co. KG, S. 57.

555 So auch Schlichte, DB 2006, S. 1357, 1360.

De lege ferenda kann man einen solchen Schritt sicher erwägen. Meines Erachtens wäre dies allerdings nicht gerechtfertigt.[556] Die Probleme im Recht der GmbH lassen sich mit den Regeln, die die Rechtsprechung erarbeitet hat und über die in der Praxis weitgehender Konsens herrscht, weit überwiegend regeln. Es wäre auch nicht damit getan, die KG der Kapitalerhaltung zu unterwerfen. Man müsste sogleich auch einen Kapitalbetrag festlegen, der zur Ermittlung einer Unterbilanz maßgeblich sein soll. Die Grenze kann freilich nicht bei der bilanziellen Überschuldung gezogen werden, da der Schutz dann nicht über den schon geltenden § 130a HGB hinausreicht. Ein Vergleich der Aktiva der KG mit der Summe aus Verbindlichkeiten und Kommanditeinlagen führt dazu, dass die Kapitalbindung der GmbH & Co. KG sogar strenger wäre als die der GmbH allein – ein jedenfalls sehr merkwürdiges Ergebnis. Überdies beachtet diese Bemessungsgrundlage nicht, dass Kommanditeinlagen nicht den Charakter einer Einlageverpflichtung haben, sondern Haftungshöchstbeträge sind. Entgegen den §§ 171, 172 HGB würde somit die KG nicht nur einer Kapitalbindung, sondern auch einer Kapitalaufbringungspflicht „durch die Hintertür" unterworfen. Der Weg ginge somit zu einer Personengesellschaft mit echtem Stammkapital. Eine solche Zwittergesellschaft wäre aber ein weiterer Fremdkörper im Recht und sollte nicht ohne Not aus der Taufe gehoben werden.[557]

IV. Kapitalschutz analog Sec. 830 CA 2006

Kommt nach alledem ein Schutz des Vermögens der Ltd. & Co. KG über die entsprechenden Regelungen des GmbHG nicht in Betracht, ist weiter zu prüfen, ob ein Kapitalschutz stattdessen die Ausdehnung der Kapitalerhaltung nach dem CA 2006, also dem materiellen Recht der Komplementärgesellschaft, angezeigt und zulässig ist.[558] Zu erwägen ist, ob bei der Ltd. & Co. KG auch Auszahlungen aus dem Vermögen der KG an Sec. 830 Abs. 1 CA 2006 zu messen sind. Es wäre also für die Zulässigkeit der Auszahlung aus dem KG-Vermögen danach zu fragen, ob diese dazu führen, dass die *Limited* unmittelbar eine ihren Jahresgewinn übersteigende Ausschüttung vornimmt.

---

556 Die rechtspolitischen Bedenken können und sollen hier nicht weiter vertieft werden, vgl. dazu ausführlich Zacher, Kapitalsicherung GmbH & Co. KG, S. 197 ff.

557 Ebenso Zacher, Kapitalsicherung GmbH & Co. KG, S. 197 ff.

558 In diese Richtung bereits Schlichte, DB 2006, S. S. 1357, 1360 ff.

1. Praxistauglichkeit

Vorab ist zu überlegen, ob die Herausbildung eines Kapitalschutzes für die Ltd. & Co. KG unter Anwendung von Sec. 830 Abs. 1 CA 2006 überhaupt praktisch umsetzbar wäre.

Dazu bietet es sich an, die Fallgruppen, die für die GmbH & Co. KG diskutiert werden, heranzuziehen und zu erwägen, ob diese durch die ersatzweise Anwendung der Ausschüttungssperre englischen Rechts auf die Ltd. & Co. KG einer befriedigenden Lösung zugeführt werden können.

a. Minderung der Aktiva

Zu untersuchen ist daher, wie sich Veränderungen im Vermögen der KG auf die Bilanz der Komplementär-*Limited* auswirken und welche Rückschlüsse dies auf eine Zulässigkeit von Auszahlungen an Gesellschafter zulässt, wenn man die Ltd. & Co. KG in den Anwendungsbereich der Sec. 830 Abs. 1 CA 2006 einbezieht.

i. Kapitalbeteiligung an der KG

Hält die *Limited* einen eigenen Kapitalanteil an der KG, so ist dieser in der Bilanz der *Limited* zu aktivieren.

Bilanziert sie nach IAS, wird die Beteiligung an der KG im Einzelabschluss der *Limited* nach IAS 27.37[559] nach Wahl des Bilanzierenden zu den Anschaffungskosten oder zum *Fair Value* aktiviert.[560] Im Ergebnis führen beide Methoden zu einer Bilanzierung zu Anschaffungskosten,[561] also in Höhe der geleisteten Einlagen. Die jeweils gewählte Methode der Bilanzierung ist bei der Folgebewertung fortzuführen.[562]

Außerordentliche Abschreibungen auf Beteiligungen, die zu Anschaffungskosten bilanziert wurden, richten sich nach IAS 36[563]. Sie sind nach IAS 36.59

---

559 Die maßgebliche Vorschrift für die Bilanzierung von Beteiligungen an anderen Unternehmen richtet sich nach der Art der Beteiligung. Für die Beteiligung an einem Tochterunternehmen gilt IAS 27, für die an einem assoziierten Unternehmen IAS 28 und einfache Beteiligungen richten sich nach IAS 39. Zum Ganzen vergleiche *Kozikowski/Kreher* in Beck'scher Bil. Komm, § 271 Rn. 46; *von Oertzen* in Beck'sches IFRS-Hdb, § 7 Rn. 43 ff.

560 *Lüdenbach* in Haufe IFRS Kommentar, § 33 Rz. 33; *von Oertzen* in Beck'sches IFRS-Hdb, § 7 Rn. 48; *Watrin/Hoehne/Lammert* in MüKo-Bilanzrecht, IAS 27 Rn. 333.

561 Dies beruht darauf, dass für die KG-Anteile kein Markt und somit auch kein Marktpreis existiert (vgl. dazu auch *von Oertzen* in Beck'sches IFRS-Hdb, § 7 Rn. 54).

562 *Oertzen* in Beck'sches IFRS-Hdb, § 7 Rn. 53.

563 *Freiberg/Hoffmann* in Haufe IFRS Kommentar, § 11 Rn. 4; *Oertzen* in Beck'sches IFRS-Hdb, § 7 Rn. 53.

dann vorzunehmen, wenn der „erzielbare Betrag" aus der Beteiligung geringer ist als ihr Buchwert. Anzeichen für das Vorliegen einer Wertminderung werden in IAS 36.12 aufgezählt und erfassen eine Reihe wesentlicher Veränderungen im Vermögen und in den wirtschaftlichen und/oder finanziellen Rahmenbedingungen des Beteiligungsunternehmens.[564] Ergibt sich ein Anhaltspunkt für eine Wertminderung, ist eine ausführliche Neubewertung der Beteiligung nach IAS 36.1 und nach IAS 36.59 eine Abschreibung vorzunehmen. Der erzielbare Betrag ist nach IAS 36.6 entweder der Nutzungswert oder der beizulegende Zeitwert abzüglich der Veräußerungskosten. Der höhere der beiden Werte ist entscheidend.[565] Den beizulegenden Zeitwert definiert IAS 36.6 ebenfalls. Hierunter ist, zusammengefasst, ein realistischer Veräußerungswert zu verstehen. Beide Werte fallen auf null, wenn Auszahlungen aus dem KG-Vermögen dieses so weit schmälern, dass deren wirtschaftliche Grundlage zur Erzielung von Gewinnen oder deren Überlebensfähigkeit aufgehoben ist. Denn für die Zukunft sind dann weder Erträge aus Gewinnzuweisung noch aus einer Veräußerung zu erwarten. Somit können solche Auszahlungen aus dem KG-Vermögen ebenso wie bei der GmbH zur Folge haben, dass die Aktiva der *Limited* vermindert werden.

Abschreibungen auf Anteile, die mit dem *fair value* Wert angesetzt wurden, erfolgen nach IAS 39.66 ff.[566] Anzeichen für eine notwendige Neubewertung sind in IAS 39.59 aufgezählt und beschreiben eine wesentliche Verschlechterung der Finanzlage des Beteiligungsunternehmens. Liegen solche Anzeichen vor, ist eine Neubewertung vorzunehmen und die Differenz zwischen Bilanzansatz und beizulegendem Wert außerordentlich abzuschreiben.[567] In Ermangelung eines Marktwertes für die KG-Beteiligung ergibt sich aus IAS 39.63 die Maßgeblichkeit eines anhand des zukünftig generierbaren *cash flows* zu berechnenden Barwerts. Da Auszahlungen aus dem KG-Vermögen, die deren wirtschaftliche Aktivität oder sogar deren Fortbestand beeinträchtigen, dazu führen, dass künftig voraussichtlich keine Erträge mehr generiert werden können, liegt auch hier eine Verminderung der Aktiva der *Limited* vor.

ii. Darlehen

Hat die *Limited* Gesellschaftskapital im Wege des Darlehens an die KG weitergereicht, wird die Darlehensforderung bei der *Limited* nach IAS 39 aktiviert. Da das Darlehen in aller Regel bis zur Rückzahlung gehalten und nicht veräußert

564 Ausführlich dargestellt in *Freiberg/Hoffmann* in Haufe IFRS Kommentar, § 11 Rn. 16 ff.; *Bartels/Jonas* in Beck'sches IFRS-Hdb, § 27 Rn. 9 ff.

565 *Bartels/Jonas* in Beck'sches IFRS-Hdb, § 27 Rn. 18.

566 *Senger* in Beck'sches IFRS-Hdb, § 7 Rn. 54.

567 *Senger* in Beck'sches IFRS-Hdb, § 7 Rn. 54.

werden soll, wird die Darlehensforderung als „Forderung“ nach IAS 39 und nicht als Handelsware aktiviert.[568] Die Aktivierung erfolgt nach IAS 39.43 zum *Fair Value*, der bei der erstmaligen Ausreichung eines Darlehens dem Nominalbetrag der Darlehensforderung entspricht.[569] Außerordentliche Abschreibungen sind vorzunehmen und richten sich nach demselben Verfahren wie Abschreibungen auf Beteiligungen, die zum *Fair Value* aktiviert wurden.[570] Auf diese Ausführungen wird daher verwiesen.[571]

b. Erhöhung der Passiva

Die zweite Fallgruppe, die bei der GmbH & Co. KG zu einem Verstoß gegen § 30 GmbHG führen kann, ist die Erhöhung der Passiva der GmbH aufgrund einer notwendigen Rückstellung für die mögliche Inanspruchnahme aus § 128 HGB. Auch hier zeigt sich kein Unterschied zur Ltd. & Co. KG. Solange die KG in der Lage ist, ihre Verbindlichkeiten zu erfüllen, ist die Inanspruchnahme der *Limited* aus § 128 HGB nicht hinreichend wahrscheinlich. Die Bildung einer Rücklage kann zunächst unterbleiben. Verschlechtert sich jedoch die Vermögenslage der KG durch Auszahlungen aus deren Vermögen so weit, dass die Inanspruchnahme durch die Gläubiger der KG aus § 128 HGB zumindest überwiegend wahrscheinlich wird, dann trifft die *Limited* nach IAS 37.15 die Verpflichtung zur Bildung einer Rückstellung für ungewisse Verbindlichkeiten.[572] Den gleichzeitig bestehenden Ausgleichsanspruch aus § 110 HGB kann sie nicht aktivieren, da der *Fair Value* dieser Forderungen wegen der voraussichtlichen Uneinbringlichkeit mit null anzusetzen ist.

c. Ausdehnende Anwendung des Sec. 830 Abs. 1 CA 2006

Es hat sich gezeigt, dass die bilanziellen Auswirkungen von Vermögensabflüssen aus der KG ebenso wie bei der GmbH & Co. KG zu bilanziellen Auswirkungen auf das Vermögen der Komplementärgesellschaft führen.

Zu fragen wäre nunmehr, wie sich die Beurteilung der Auszahlungen ändert, wenn man die KG in den Anwendungsbereich der Sec. 830 Abs. 1 CA 2006 einbezöge.

---

568 *Von Oertzen* in Beck'sches IFRS-Hdb, § 7 Rn. 14f.; *Lüdenbach* in Haufe IFRS Kommentar, § 28 Rn. 116.

569 *Von Oertzen* in Beck'sches IFRS-Hdb, § 7 Rn. 19.

570 Soeben unter Teil D. IV. 1. a.

571 Vgl. auch die Darlegung bei *von Oertzen* n Beck'sches IFRS-Hdb, § 7 Rn. 24ff.; *Lüdenbach* in Haufe IFRS Kommentar, § 28 Rn. 125ff.

572 *Hoffmann* in Haufe IFRS Kommentar, § 21 Rn. 35ff. und 110ff.

Eine Auszahlung von Vermögen der KG an die Gesellschafter oder ein anderer gleichgerichteter Vermögenstransfer erfüllt die Definition einer *Distribution* i. S. d. Sec. 830 Abs. 1 CA 2006. Da *Distributions* nur aus zuvor erzielten akkumulierten Gewinnen erfolgen dürfen, wäre zu prüfen, wie sich die Auszahlungen auf die Bilanz der *Limited* auswirken. Für diese *Limited* müsste daher in Vorbereitung der Ausschüttung eine Bilanz erstellt werden, um zu ermitteln, ob ein Gewinn festgestellt werden kann, der die bilanziellen Verluste der *Limited*, die durch die Auszahlung aus dem Vermögen der KG hervorgerufen werden, ausgleichen kann. Ist dies nicht der Fall, verstößt die Auszahlung gegen Sec. 830 Abs. 1 CA 2006 und ist, wenn sie dennoch erfolgt, von den Empfängern zurückzugewähren. Sollte dagegen kein Verstoß vorliegen, wäre aus Gläubigerschutzgesichtspunkten nicht erkennbar, inwieweit die Gläubiger durch die Auszahlung beeinträchtigt würden.

d. Folgen für andere Ausschüttungen?

Eine funktionale Betrachtung der ausdehnenden Anwendung des Sec. 830 Abs. 1 CA 2006 kann sich aber nicht nur darauf beschränken, sicherzustellen, dass die vom Kapitalschutz bei der GmbH & Co. KG erfassten Fälle ebenfalls abgesichert sind. Es ist darüber hinaus die Frage zu stellen, ob sich die Ausschüttungsgrenze im normalen Geschäftsbetrieb der Ltd. & Co. KG als übertriebenes Hindernis darstellt.

Die oben angestellten Betrachtungen haben zu dem Ergebnis geführt, dass Ausschüttungen aus dem Vermögen der KG nur dann Auswirkungen auf das Vermögen der *Limited* haben, wenn sie die Ertragskraft der KG erheblich senken. Entnahmen und Gewinnausschüttungen aus dem Vermögen der KG an die Gesellschafter, die sich im Rahmen des Geschäftsüblichen halten, lassen dagegen die Ertragskraft und den wirtschaftlichen Fortbestand der KG unberührt. Sie lösen keine bilanziellen Auswirkungen im Vermögen der *Limited* als Komplementärin aus und sind daher stets zulässig.

Problematisch ist allerdings, dass Sec. 830 Abs. 1 CA 2006 Ausschüttungen nur aus Gewinnen der Gesellschaft zulässt. Nach dem Wortlaut der Vorschrift müsste selbst bei Auszahlungen aus dem Vermögen der KG, die keine Auswirkungen auf die Bilanz der *Limited* haben, gefragt werden, ob sie durch vorhergehende Gewinne gedeckt sind. Nicht ausreichend nach dem Wortlaut von Sec. 830 Abs. 1 CA 2006 ist es dagegen, wenn Ausschüttungen lediglich nicht zu einem Verlust der *Limited* führen. Der CA 2006 regelt die Zulässigkeit bilanzneutraler Ausschüttungen nicht. Auch in der Literatur finden sich, soweit erkennbar, dazu keine Stellungnahmen. Trotz des Wortlautes spricht eine teleologische Auslegung dafür, auch bilanzneutrale Ausschüttungen zuzulassen. Die Begrenzung der Auszahlungsmöglichkeit auf zuvor erzielte Gewinne soll verhindern, dass die Kapitalgrundlage der *Limited* durch Auszahlungen geschwächt wird. Ist eine Schwächung aber ausgeschlossen, weil es keine Auswirkung auf die Bilanz gibt, wäre es eine bloße Förmelei, auf dem Vorhandensein eines Gewinns zu bestehen.

e. Zwischenergebnis

Aus der vorstehenden Analyse ergibt sich, dass eine Einbeziehung der KG in den Anwendungsbereich von Sec. 830 Abs. 1 CA 2006 möglich ist, wenn eine *Limited* die Stellung des einzigen persönlich haftenden Gesellschafters einer KG übernimmt. Die Anwendung würde einerseits sicherstellen, dass die wirtschaftliche Aushöhlung der KG durch Auszahlungen an die Gesellschafter ebenso wie der GmbH & Co. KG zulässig ist und anderseits Auszahlungen, die sich im ordnungsgemäßen wirtschaftlichen Rahmen halten und im Interesse der Gesellschafter zulässig bleiben müssen, unberührt bleiben.

2. Rechtfertigung der Analogie

Ist eine Anwendung von Sec. 830 Abs. 1 CA 2006 nach dem Vorstehenden also möglich, ist aber noch nichts darüber gesagt, ob sie auch rechtlich zulässig und geboten ist.

Bei der ausdehnenden Einbeziehung der KG in den Anwendungsbereich des Sec. 830 Abs. 1 CA 2006 würde es sich grundsätzlich um eine Analogie handeln. Eine Analogie setzt voraus, dass das Gesetz eine planwidrige Regelungslücke enthält und der zu beurteilende Sachverhalt in rechtlicher Hinsicht so weit mit dem geregelten Tatbestand vergleichbar ist, dass angenommen werden kann, der Gesetzgeber wäre bei einer Interessenabwägung, bei der er sich von den gleichen Grundsätzen hätte leiten lassen wie bei dem Erlass der herangezogenen Gesetzesvorschrift, zu dem gleichen Abwägungsergebnis gekommen. Die Lücke muss also Ausdruck eines unbeabsichtigten Abweichens des Gesetzgebers sein.[573] Daneben soll eine Analogie nach der Ansicht der Rechtsprechung auch möglich sein, wenn ein unabweisbares Bedürfnis des Rechtsverkehrs die Gleichbehandlung des geregelten und des nicht geregelten Tatbestands gebietet.[574]

Die Betrachtung der notwendigen Regelungslücke fällt für die Ltd. & Co. KG ebenso aus wie für die GmbH & Co. Auch hier erweist sich das Recht der *Limi-*

---

573 BGH, BGHZ 170, S. 187, 191 = ZIP 2007, S. 352 ff.; BGHZ 155, S. 380, 389 f. = NJW 2003, S. 2601 ff.; Würdiger, AcP 2006, S. 946, 947 ff. m. w. N. aus der Literatur.

574 BGH, MDR 1988, S. 955 = NJW 1988, S. 2109.

ted, also der Anwendungsbereich von Sec. 830 Abs. 1 CA 2006, als lückenhaft. Er ist seinem Wortlaut nach nicht geeignet, Vermögensabflüsse zu unterbinden, die durch die bilanziellen Rückkopplungen der Vermögen der *Limited* und der KG entstehen. Daneben lässt sich das Fehlen des Korrektivs der persönlichen Haftung im Recht der KG auch feststellen, denn die *Limited* ist ebenso wie die GmbH eine haftungsbeschränkte Kapitalgesellschaft. Diese Regelungslücke ist auch planwidrig, da eine grenzüberschreitende Typenverbindung im englischen Recht ebenso wenig vorgesehen ist wie im Recht der KG.

Vergleichbar sind weiterhin der geregelte und der zu erfassende Sachverhalt. Sec. 830 Abs. 1 CA 2006 verbietet Ausschüttungen aus dem Vermögen der *Limited*, die nicht durch zuvor erwirtschaftete Gewinne gerechtfertigt werden können. Da aber gezeigt worden ist, dass auch Ausschüttungen aus dem Vermögen der KG Auswirkungen auf die Bilanz der *Limited* haben können, die ebenfalls von ihr als Komplementärin ausgeführt werden, ist nicht erkennbar, weshalb es interessengerecht ist, diese Ausschüttungen von den Schranken der Sec. 830 Abs. 1 CA 2006 unberührt zu lassen.

Auch wenn die Voraussetzungen der Analogie somit zunächst erfüllt sind, ist die Anwendung der Sec. 830 CA 2006 auf die Ltd. & Co. KG dennoch dogmatisch nicht problemfrei. Sie würde dazu führen, dass ein „deutscher" Sachverhalt, die Auszahlung an Gesellschafter aus der KG, einer englischen Rechtsnorm unterworfen wird. Ob ausländische Rechtsnormen überhaupt im Wege der Analogie auf inländische Sachverhalte angewendet werden können, wird, soweit erkennbar, in diesem Zusammenhang nicht diskutiert. Allerdings handelt es sich um ein allgemeines internationalprivatrechtliches Problem, ob die sich zunächst ergebende Rechtslage – kein besonderer Kapitalschutz der Ltd. & Co KG, da die die Anwendung der Sec. 830 CA 2006 auf die Ltd & Co. KG keine unmittelbare Grundlage hat –, ein durch die Anwendung des IPR hergerufenes Schnittstellenproblem darstellt und daher zu korrigieren ist (Problem der Normenhäufung).[575] Aus den vorstehenden Darlegungen lässt sich ableiten, dass es weder den Wertungen des englischen Rechts der *Limited* noch des deutschen Rechts der KG entspricht, trotz der besonderen Verfechtungen zwischen dem Vermögen der Komplementärin und der KG auf einen besonderen Kapitalschutz für die *Limited* als Komplementärin einer KG zu verzichten. Die Anwendung des IPR führt daher zu einer Rechtslage, die der Interessenlage nach beiden beteiligten Rechtsordnungen widerspricht. Internationalprivatrechtlich können solche Schnittstellenprobleme auf materiellrechtlicher Ebene durch Angleichung in der Weise gelöst werden, dass das an sich nicht zur Anwendung berufene materielle Sachrecht – hier Sec.

575 Allgemein dazu *Sonnenberger* in MüKo-BGB, Bd. 10, Einl, IPR Rn. 589 ff.

830 CA 2006 – auch auf die KG angewendet wird.[576] Allerdings wird abzuwarten bleiben, ob die Literatur und Praxis den beschriebenen Weg der Angleichung in diesem Fall tatsächlich gehen werden.

V. Ergebnis Teil D

Die Untersuchung hat gezeigt, dass auf die Ltd. & Co. KG die Rechtsprechungsregeln zur Anwendung von §§ 30, 31 GmbHG nicht anwendbar sind. Ebenso scheitert ein am Vermögen der KG selbst orientierter, originärer Kapitalschutz der *Limited*, da er de lege lata keine Stütze im Gesetz findet.

Es bleibt aber die Option, einen Kapitalschutz für die Ltd. & Co. KG unter entsprechender Anwendung der Regelung des englischen Gesellschaftsrechts herauszubilden. Sie wäre technisch möglich und würde eine Aushöhlung des Vermögens der KG unterbinden, ohne im regelmäßigen Geschäftsverlauf nicht gerechtfertigte Beeinträchtigungen hervorzurufen. Da die dogmatische Begründung einer solchen Analogie im Wege der Angleichung allerdings gewissen Zweifeln unterliegt, kann ein abschließendes Urteil für die praktische Rechtsanwendung hier nicht festgestellt werden.

576 Vgl. zur Angleichung und zu den weiteren Voraussetzungen *Sonnenberger* in MüKo-BGB, Bd. 10, Einl, IPR Rn. 593 ff.

E. Haftung und Haftungsdurchgriff

Aus dem vorangegangenen Kapitel ergab sich, dass es nicht eindeutig ist, ob die Ltd. & Co. KG besonderen Regeln über den Schutz des Kapitals der KG unterliegt. Daher ist weiter zu untersuchen, ob und inwieweit der Gläubigerschutz über eine persönliche Haftung der Beteiligten an der Ltd. & Co. KG realisiert wird.

Fragen der Durchgriffshaftung in Zusammenhang mit Auslandsgesellschaften, vor allem der *Limited*, werden regelmäßig primär unter dem Aspekt der möglichen analogen Anwendung einzelner Anspruchsgrundlagen des deutschen Rechts auf diese diskutiert.[577] Der nicht zuletzt (rechts-)politisch sehr stark aufgeladenen Diskussion soll hier kein weiteres Kapitel hinzugefügt werden. Stattdessen zielt die vorliegende Ausarbeitung darauf ab, das Regelungssystem für einen Haftungsdurchgriff zu untersuchen, das sich aus den jeweils unmittelbar anwendbaren gesellschaftsrechtlichen Bestimmungen der deutschen KG und der englischen *Limited* ergibt. Anhand eines Vergleichs mit dem Gläubigerschutz bei der GmbH & Co. KG soll eruiert werden, ob die Ltd. & Co. KG auch ohne eine analoge Anwendung deutscher Haftungsregeln über ein befriedigendes Schutzniveau verfügt oder ob es einer ergänzenden analogen Anwendung von Regelungen des deutschen materiellen Gesellschaftsrechts bedarf.

Vor dem Hintergrund der abweichenden Kapitalaufbringungs- und erhaltungsregeln des englischen Rechts[578] stellt sich in erster Linie die Frage, ob der Rechtsverkehr, insbesondere die Gläubiger, hinreichend davor geschützt ist, dass die Gesellschafter die KG trotz Insolvenzreife weiter am Geschäftsverkehr teilnehmen lassen oder eine Insolvenz gar durch „Ausplünderung" des Vermögens der KG herbeiführen. Dies führt zu einer sachlichen Beschränkung des nachfolgenden Untersuchungsumfangs auf die persönliche Haftung in Konstellationen der „Existenzvernichtung wegen Vermögensentzugs" und der „Insolvenzverschleppung". Von den hier angesprochenen Fragen abzugrenzen sind die Haftungsfälle, in denen der Geschäftsführer oder andere für die Gesellschaft tätig werdende Per-

577 Dazu sehr ausführlich zuletzt z. B. die Ausführungen von *Zessel* (vgl. Zessel, Durchgriffshaftung)

578 Vgl. dazu Teil D. I.

sonen einer quasivertraglichen[579] oder deliktischen[580] Haftung gegenüber Gläubigern unterliegen, weil sie diese über die bevorstehende Unternehmenskrise nicht aufgeklärt bzw. getäuscht haben oder ihnen andere Pflichtverletzungen zur Last fallen. Solche Haftungssituationen treten zwar häufig anlässlich der untersuchten Konstellationen auf, haben aber gleichwohl eine andere Schutz- und Zielrichtung und werden daher hier ausgeklammert.

I. Haftung der KG und der Kommanditisten

Den Gläubigern der KG stehen primär das Vermögen der KG selbst sowie das der Komplementärgesellschaft zur Befriedigung ihrer Ansprüche zur Verfügung. Die Komplementärin haftet den Gläubigern der KG gem. §§ 161 Abs. 2, 128 HGB unmittelbar und mit ihrem gesamten Vermögen.[581] Die Kommanditisten sind, wenn und soweit sie ihre ins Handelsregister eingetragene Einlage, die sog. Haftsumme, an die KG geleistet haben, von einer persönlichen Haftung befreit, § 171 Abs. 1 HGB.[582] Eine darüber hinausgehende persönliche Haftung der Kommanditisten kommt nur bei Vorliegen besonderer Verpflichtungsgründe in Betracht,[583] wobei die Dogmatik des Haftungsdurchgriffs auf den Kommanditisten einer KG weitaus weniger ausdifferenziert ist als in Bezug auf den Gesellschafter einer GmbH.

Die Anwendung der oben genannten Regeln hängt nicht davon ab, ob als Komplementärgesellschaft eine *Limited* oder eine GmbH fungiert. Da allein das Recht der KG betroffen ist, führt die Trennung der Gesellschaftsstatute der KG und der Komplementärgesellschaft dazu, dass kein Sachverhalt mit grenzüberschreitenden Bezügen vorliegt und die rechtliche Behandlung der *Limited* insoweit keine Relevanz erlangt. Eine Einschränkung besteht für die Haftung des Kommanditisten, die nicht durch eine ausdehnenden Anwendung der §§ 30, 31 GmbHG,[584] son-

579 Insbesondere §§ 280 Abs. 1, 311 Abs. 2 und 3 BGB (die ehemals sogenannte cic-Haftung). Die Heranziehung im Vorfeld von Insolvenzen wird in der Rechtsprechung jedoch restriktiv behandelt, vgl. dazu BGH, NJW 1994, S. 2220 ff. = BGHZ 126, S. 181 ff.

580 Z.B. § 823 Abs. 2 BGB i.V.m § 263 StGB oder auch § 826 BGB. Vgl. zu beidem BGH, WM 1995, S. 31 f.; weitere Erläuterungen bei *Habersack* in Staub, HGB, § 130a Rn. 45; *K. Schmidt* in Scholz, GmbHG, Anhang § 64 Rn. 89 ff.

581 *K. Schmidt* in MüKo-HGB, § 128 Rn. 1; *Wagner* in Wagner/Rux, GmbH & Co. KG, Rn. 305.

582 *K. Schmidt* in MüKo-HGB, § 172 Rn. 4.

583 Ausführlich *Schiessl* in Hesselmann/Tillmann, Hdb. GmbH & Co. KG, § 5 Rn. 66 ff.; *Wagner* in Wagner/Rux, GmbH & Co. KG, Rn. 330 ff.

584 Vgl. dazu Teil D. II. 3.

dern allenfalls über eine Anwendung der Sec. 830 CA 2006 geschlossen werden könnte.[585]

II. Haftungsdurchgriff auf Ebene der Komplementärgesellschaft

Unterschiede können sich vor allem dort ergeben, wo die persönliche Haftung der Leitungsorgane und/oder der Gesellschafter der Komplementärgesellschaft für die Verbindlichkeiten der KG in Rede stehen, da hier die Unterschiede der anwendbaren Gesellschaftsstatute zum Tragen kommen.

1. Persönliche Haftung der Vertreter der Komplementärgesellschaft

a. Haftung des Geschäftsführers der Komplementär-GmbH

Als Grundlage für einen Vergleich sind vorab die möglichen Anspruchsgrundlagen für eine persönliche Haftung des Geschäftsführers einer Komplementär-GmbH herauszuarbeiten.

i. Existenzvernichtung/Vermögensentzug

Das „Recht der GmbH & Co. KG“ kennt verschiedene Anspruchsgrundlagen für eine mögliche Haftung des Geschäftsführers der Komplementär-GmbH, falls der KG dasjenige Vermögen entzogen wird, welches sie für die Erfüllung ihrer Verbindlichkeiten benötigt.

(1) Haftung aus § 130a Abs. 2 HGB

Eine persönliche Haftung des Geschäftsführers der Komplementärin kann sich zunächst aus §§ 130a Abs. 2, 177a HGB[586] ergeben. Die Vorschrift umfasst drei verschiedene Haftungsgründe, namentlich die Verletzung der Pflichten aus § 15a

585 Vgl. oben Teil D. IV.

586 Die Haftung ist in § 130a Abs. 2 HGB in der Fassung des MoMiG enthalten. Dieser gibt unverändert den Inhalt des bisherigen § 130a Abs. 3 HGB wieder.

Abs. 1 InsO[587], diejenigen aus § 130a Abs. 1 HGB (Masseerhaltung) und das Verbot insolvenzverursachender Zahlungen.[588]

α. Masseschmälerung

Zunächst führt eine Verletzung der Masseerhaltungspflicht aus § 130a Abs. 1 S. 1 HGB zur persönlichen Haftung des Geschäftsführers.[589] Nach dieser Vorschrift darf der Geschäftsführer der Komplementärgesellschaft nach Eintritt der Zahlungsunfähigkeit oder der Überschuldung[590] der KG nur noch solche Zahlungen aus deren Vermögen bewirken, die in dieser Situation mit der Sorgfalt eines ordentlichen und gewissenhaften Geschäftsleiters vereinbar sind.[591]

Der Begriff der Zahlung ist nach Ansicht der Rechtsprechung[592] weit auszulegen.[593] Er ist nicht auf die Verminderung liquider Mittel beschränkt, sondern erfasst alle Vorgänge, bei welchen der Insolvenzmasse ein Wert entzogen wird, der andernfalls zur (teilweisen) Befriedigung aller Insolvenzgläubiger zur Verfügung gestanden hätte.[594] Nicht tatbestandsmäßig sind nur solche Vermögens-

---

587 *Von Gerkan/Haas* in Röhricht/Graf von Westphalen, HGB, § 130a Rn. 21; Sie steht dann neben einer Haftung aus §§ 15a Abs. 1 InsO i. V. m. § 823 Abs. 2 BGB, vgl. dazu *Hopt* in Baumbach/Hopt, HGB, § 130a Rn. 11.

588 Nach dem Wortlaut von § 130a HGB Abs. 2 soll eine Haftung eintreten, wenn „entgegen Abs. 2 Zahlungen geleistet" werden. Hierbei handelt es sich um ein eindeutiges Redaktionsversehen.

589 Neben ihm sollte nach bisheriger Praxis auch ein faktischer Geschäftsführer Normadressat sein (BGH, NJW 1988, S. 1789 = BGHZ 104, S. 44 ff.; bestätigt und präzisiert in BGH, NJW 2002, S. 1803 ff. = BHZ 150, S. 61 ff.). Obgleich Gesellschafter künftig der subsidiären Antragspflicht des § 15a Abs. 3 InsO unterliegen, ist nicht ersichtlich, dass diese Praxis aufgegeben werden wird. Andernfalls käme es ohne einen erkennbaren Grund zu einer Besserstellung des faktischen Geschäftsführers.

590 Der Begriff der Zahlungsunfähigkeit ist in § 17 Abs. 2 InsO, der der Überschuldung in § 19 Abs. 2 InsO legaldefiniert. Der Fristbeginn ist nach Auffassung der Rechtsprechung nach objektiven Kriterien zu ermitteln (BGH, NJW 2000, S. 668 = BGHZ 143, S. 184; ebenso die überwiegende Ansicht in der Literatur, vgl. etwa *Haas* in Baumbach/Hueck, GmbHG, § 64 Rn. 84; *K. Schmidt* in MüKo-HGB, § 130a Rn. 29; *Habersack* in Staub, HGB, § 130a Rn. 18, alle m. w. N.). Positive Kenntnis des Geschäftsführers über das Vorliegen eines Insolvenzgrundes ist nicht mehr erforderlich (in diesem Sinne noch BGH, NJW 1979, S. 1823 ff. = BGHZ 95, S. 76 ff. (zu § 92 Abs. 2 AktG).

591 *K. Schmidt* in MüKo-HGB, § 130a Rn. 32.

592 Zuletzt BGH, NJW 2009, S. 1598, 1599 = ZIP 2009, S. 956 ff.

593 Der Begriff übernimmt die Regelung aus § 130a Abs. 2 S. 1 HGB a. F. wortgleich. Eine Änderung der Auslegung ist somit nicht veranlasst.

594 BGH, NJW 2000, S. 668 = BGHZ 143, S. 184 ff.; zustimmend *K. Schmidt* in MüKo-HGB, § 130a Rn. 30; *Hopt* in Baumbach/Hopt, HGB, § 130a Rn. 5.

abflüsse, die der Geschäftsführer nicht veranlasst hat, die also nicht mit seinem Wissen und Willen geschehen sind oder die er nicht verhindern konnte.[595]

Die Haftung tritt nicht ein, wenn der Geschäftsführer mit der Sorgfalt eines ordentlichen und gewissenhaften Geschäftsleiters gehandelt hat. Dies ist dann gegeben, wenn durch die Zahlung den Vermögensabfluss übersteigende Nachteile für die Insolvenzmasse abgewendet werden sollen, insbesondere eine Beeinträchtigung der Sanierungschancen der KG.[596]

Die Haftung des Geschäftsführers ist auf den Ersatz aller pflichtwidrig geleisteten Zahlungen und somit auf die vollständige Wiederauffüllung der Masse gerichtet.[597] Der Anspruch ist nicht auf den Ersatz des sog. Quotenschadens[598] der Gläubiger beschränkt.[599]

β. Insolvenzverursachung

Über die soeben dargestellten Varianten hinaus ist durch das MoMiG in § 130a Abs. 1 S. 3 HGB eine persönliche Haftung des Geschäftsführers der GmbH[600] für solche Zahlungen aus dem Vermögens der KG neu eingeführt worden, die zur Insolvenz der Gesellschaft führen mussten.[601]

Der Tatbestand knüpft an das Vorliegen einer Zahlung aus dem KG-Vermögen an, wobei sich die Auslegung des Begriffs Zahlung nach anfänglicher Unsicherheit in Folge der Einführung durch das MoMiG weitgehend geklärt hat. Die Regierungsbegründung[602] und die zutreffende herrschende Meinung aus der Literatur legen ein weites Verständnis zu Grunde, wonach grundsätzlich alle Leistungen in Geld oder geldwerten Leistungen aus dem Gesellschaftsvermögen tatbestandsmäßig sind.[603] Allerdings sind solche Leistungen ausgenommen, die

---

595 BGH, NJW 2009, S. 1598, 1599 = ZIP 2009, S. 956 ff.

596 BGH, GmbHR 2008, S. 142 = NZG 2008, S. 75.

597 Explizit für § 130a HGB: BGH, GmbHR 2007, S. 596 = ZIP 2007, S. 1006; GmbHR 2007, S. 936 = ZIP 2007, S. 1501. Für die Parallelnorm § 64 Abs. 1 GmbHG n. F. ständige Rechtsprechung seit BGH NJW 2001, S. 1280 = BGHZ 146, S. 264.

598 Vgl. zum Begriff des Quotenschadens unter Teil E. II. 1. a. ii. (2).

599 In der Literatur ist diese ständige Rechtsprechung umstritten. A. A. etwa *K. Schmidt* in MüKo-HGB, § 130a Rn. 39; *ders.* ausführlich in K. Schmidt, ZIP 2005, S. 2177, 2184 f.

600 Auch hier sind ebenfalls faktische Geschäftsführer erfasst, vgl. *Kleindiek* in Lutter/Hommelhoff, GmbHG, § 64 Rn. 23.

601 Art. 1 Nr. 43 MoMiG. Die Norm ist wortgleich mit dem ebenso neu eingeführten § 64 S. 3 GmbHG n. F. Auf die Stellungnahmen zu dieser weitaus häufiger kommentierten Norm kann daher zurückgegriffen werden.

602 BT-Drucks. 16/6140 S. 112.

603 *K. Schmidt* in MüKo-HGB, § 130a Rn. 44, 30; *Hopt* in Baumbach/Hopt, HGB, § 130a Rn. 6; *K. Schmidt* in Scholz, GmbHG, § 64 Rn. 75; *H. F. Müller* in MüKo-GmbHG, § 64 Rn. 159; *Haas* in Baumbach/Hueck, GmbHG, § 64 Rn. 98; Böcker/Poertzgen, WM 2007, S. 1203.

keine unmittelbaren Auswirkungen auf die Liquidität der KG haben.[604] Tatbestandsmäßig sind ausweislich des Wortlauts der Bestimmung nur Leistungen an Gesellschafter. Darüber hinaus wird in der Literatur gefordert, auch Leistungen an Dritte einzubeziehen, soweit diese Dritten wie Gesellschafter zu behandeln sind.[605]

Verboten sind nach § 130a Abs. 1 S. 3 HGB nur solche Zahlungen, die zur Zahlungsunfähigkeit der Gesellschaft führen mussten. Nicht erfasst sind folglich Zahlungen, die allein zum Eintritt der bilanziellen Überschuldung KG führen.[606] Wann eine Zahlung zur Zahlungsunfähigkeit führen musste, ist noch nicht geklärt. Eine Verschärfung des Wortlauts gegenüber dem Referentenentwurf[607] macht zumindest deutlich, dass bloße Kausalität für den Eintritt der Zahlungsunfähigkeit nicht ausreicht. Die Regierungsbegründung führt an, die Zahlung müsse „ohne Hinzutreten weiterer Kausalbeiträge zur Zahlungsunfähigkeit der Gesellschaft führen. [...], es muss sich in diesem Moment aber klar abzeichnen, dass die Gesellschaft unter normalem Verlauf der Dinge ihre Verbindlichkeiten nicht mehr wird erfüllen können."[608] In der Literatur gehen die Auffassungen weit auseinander.[609] Einigkeit besteht jedoch darin, dass die Feststellung objektiv mittels einer Solvenz-Prognose getroffen werden soll.[610]

Eine Haftung des Geschäftsführers tritt nur ein, wenn er fahrlässig gehandelt hat. Dies wird vermutet, jedoch steht ihm der Beweis offen, dass der Eintritt der

604 Vgl. im Einzelnen *K.Schmidt* in Scholz, § 64 GmbHG Rn. 75; *Kleindiek* in Lutter/Hommelhoff, GmbHG, § 64 Rn. 24, alle m. w. N.

605 *Von Gerkan/Haas* in Röhricht/Graf von Westphalen, HGB, § 130a Rn. 19; *Kleindiek* in Lutter/Hommelhoff, GmbHG, § 64 Rn. 25; *K. Schmidt* in Scholz, GmbHG, § 64 Rn. 77; Knof, DStrR 2007, S. 1536, 1538.

606 *Kleindiek* in Lutter/Hommelhoff, GmbHG, § 64 Rn. 27; *K. Schmidt* in Scholz, GmbHG, § 64 Rn. 81.

607 BT-Drucks. 16/6140 S. 112.

608 BT-Drucks. 16/6140 S. 112.

609 Auswahl: *Von Gerkan/Hase* plädieren für eine Aufweichung der Anforderungen und wollen bereits einen wesentlichen Beitrag zur Herbeiführungen oder Beschleunigung der Zahlungsunfähigkeit genügen lassen (vgl. *Von Gerkan/Hase* in Röhricht/Graf von Westphalen, HGB, § 130a Rn. 20). Nach *Hölzle* genügt bereits das mittelbare Verursachen der Zahlungsunfähigkeit durch zunächst verursachte Überschuldung (Hölzle, GmbHR 2007, S. 729, 731). *K. Schmidt* hält es für erforderlich und ausreichend, wenn die Leistung nicht hinweggedacht werden kann, ohne dass die Zahlungsunfähigkeit im konkreten Zeitpunkt entfiele (*K. Schmidt* in Scholz, GmbHG, § 64 Rn. 83). Nach *Knof* ist danach zu fragen, ob die Verursachung der Zahlungsunfähigkeit wahrscheinlicher war als dass diese ausblieb (Knof, DStrR 2007, S. 1536, 1540). Noch enger *Kleindiek:* Nur solche Zahlungen sind tatbestandsmäßig, die unausweichlich zur Zahlungsunfähigkeit führen mussten (*Kleindiek* in Lutter/Hommelhoff, GmbHG, § 64 Rn. 36).

610 *Kleindiek* in Lutter/Hommelhoff, GmbHG, § 64 Rn. 36; Wicke, GmbHG, § 64 Rn. 29, beide m. w. N.

Zahlungsunfähigkeit auch bei Anlegung der Sorgfalt eines ordentlichen Kaufmanns nicht erkennbar war.[611] Vor dem Hintergrund des objektiven Beurteilungsmaßstabs und des voraussichtlich eng auszulegenden objektiven Tatbestands dürfte dieser Beweis im Regelfall kaum gelingen.

Soweit der Tatbestand erfüllt ist, hat der Geschäftsführer die pflichtwidrig geleisteten Zahlungen an die Gesellschaft zurückzuerstatten.

(2) Haftung für Auszahlungen aus gebundenem Kapital

Eine Haftung des Geschäftsführers kann sich überdies aus § 43 Abs. 3 GmbHG ergeben. § 43 Abs. 3 GmbHG begründet eine Haftung des Geschäftsführers, soweit unter Verletzung der §§ 30, 31 GmbHG Leistungen an Gesellschafter erfolgen. Neben Zahlungen aus dem Vermögen der GmbH sind nach gefestigter Rechtspraxis auch Auszahlungen aus dem Vermögen der (GmbH & Co.) KG in den Schutzbereich der §§ 30, 31 GmbHG einbezogen,[612] so dass eine Haftung aus § 43 Abs. 3 GmbHG auch den Geschäftsführer der GmbH & Co. KG treffen kann.[613]

§ 43 Abs. 3 GmbHG ist ein spezieller Schadenersatzspruch.[614] Die Pflichtverletzung besteht darin, dass der Geschäftsführer Auszahlungen aus dem Gesellschaftsvermögen an Gesellschafter, die gegen § 30 GmbHG verstoßen, selbst bewirkt oder solche nicht verhindert.[615] Die Haftung ist verschuldensabhängig, wobei einfache Fahrlässigkeit genügt.[616] Soweit der Ersatz der ausgezahlten Mittel zur Befriedigung der Gläubiger erforderlich ist, kann sich der Geschäftsführer selbst mit Verweis auf eine dahin gehende Weisung oder Genehmigung der Gesellschafter nicht entlasten, vgl. § 43 Abs. 3 S. 3 GmbHG.

Der der Gesellschaft zu ersetzende Schaden umfasst die gegen § 30 GmbHG verstoßende Vermögensminderung. Gleichlaufende Ansprüche der Gesellschaft gegen die Zahlungsempfänger aus § 31 Abs. 1 GmbHG bleiben bei der Berechnung

---

611 Ausführlich *Kleindiek* in Lutter/Hommelhoff, GmbHG, § 64 Rn. 38; Knof, DStR 2007, S. 1580, 1584.

612 Vgl. ausführlich oben unter Teil D. II. 1. und 2.

613 BGH, NJW 1990, S. 1725, 1728 = BGHZ 110, S. 342 ff.

614 Ständige Rechtsprechung und ganz h. M., vgl. BGH, NJW 1993, S. 1922, 1923 = BGHZ 123, S. 333 ff.; BGH, GmbHR 2008, S. 1319, 1321 = NJW 2009, S. 68 ff. Nach a. A. handelt es sich bei § 43 Abs. 3 GmbHG um einen Folgenbeseitigungsanspruch, vgl. Habersack/Schürnbrand, WM 2005, S. 957, 960 f.

615 BGH, NJW 2001, S. 3123 = BGHZ 148, S. 167 ff.; *Paefgen* in GroßKomm-GmbHG, § 43 Rn. 143 ff.; *Uwe H. Schneider* in Scholz, GmbHG, § 43 Rn. 269.
Daneben erfasst § 43 Abs. 3 GmbHG in der 2. Alternative auch den pflichtwidrigen Erwerb von eigenen Anteilen, vgl. dazu *Paefgen* in GroßKomm-GmbHG, § 43 Rn. 146; *Zöllner/Noack* in Baumbach/Hueck, GmbHG, § 43 Rn. 50.

616 *Paefgen* in GroßKomm-GmbHG, § 43 Rn. 148; *Uwe H. Schneider* in Scholz, GmbHG, § 43 Rn. 274.

außer Betracht, es sei denn, der Schaden der Gesellschaft wurde bereits durch Erfüllung dieser Ansprüche tatsächlich ausgeglichen.[617] Über den ausgezahlten Betrag hinausgehende Schäden sind dagegen nicht nach § 43 Abs. 3 GmbHG, sondern allenfalls im Rahmen der allgemeinen Geschäftsführerhaftung gemäß § 43 Abs. 2 GmbHG erfasst.[618]

(3) Haftung als Teilnehmer einer Existenzvernichtung

Einer selbständigen Haftung für existenzvernichtende Eingriffe in das KG-Vermögen unterliegt der Geschäftsführer nur im Rahmen der oben dargestellten Anspruchsgrundlagen.[619] Nachdem der BGH die entsprechende Haftung des Gesellschafters nunmehr auf § 826 BGB stützt,[620] wird aber zudem eine mögliche Teilnehmer-Haftung des Geschäftsführers aus §§ 826, 830 Abs. 2 BGB diskutiert.[621] Auch wenn es noch an entsprechenden Nachweisen aus der Praxis fehlt, gibt es keinen Grund dafür, eine Teilnehmerhaftung des Geschäftsführers bei Vorliegen der entsprechenden Voraussetzungen abzulehnen.

Auf objektiver Ebene verwirklicht der Geschäftsführer den Tatbestand, soweit er Anstifter oder Gehilfe einer fremden, vorsätzlichen Tat ist.[622] Die Begriffe sind dem Strafrecht entnommen und wie dort auszulegen.[623] Anstiftung ist demnach das Fördern des Tatentschlusses eines Anderen, Beihilfe die Förderung oder Erleichterung einer fremden Tat.[624] Ausreichend ist jedes Fördern der Haupttat, eine Kausalität im strengen Sinne ist nicht erforderlich. Subjektiv setzt die Haftung den „doppelten Vorsatz“ voraus, sowohl mit Blick auf die eigene Teilnehmerhandlung wie auch in Bezug auf die Haupttat, die er zumindest in groben Zügen in seinen Vorsatz aufgenommen haben muss.[625] Liegen die Voraussetzungen vor, richtet sich der Haftungsumfang des Geschäftsführers nach dem Haftungsumfang des Haupttäters. Mit diesem zusammen haftet er in vollem Umfang als Gesamtschuldner.[626]

---

617 BGH, GmbHR 2008, S. 1319, 1321 = NJW 2009, S. 68 ff.

618 *Paefgen* in GroßKomm-GmbHG, § 43 Rn. 148.

619 *Casper* in GroßKomm-GmbHG, Anh. § 77 Rn. 123.

620 Vgl. dazu sogleich unter Teil E. II. 2. a. i.

621 Für die Anwendbarkeit des § 830 BGB Vetter, BB 2007, S. 1965, 1968 f.; Fleischer, NJW 2009, S. 2337, 2341.

622 BGH, NJW 2005, S. 3137, 3139 = BGHZ 164, S. 50 ff.; *Sprau* in Palandt, BGB, § 830 Rn. 4.

623 BGH, NJW 1998, S. 377, 381 f. = BGHZ 137, S. 89 ff.; NJW 2005, S. 3137, 3139 = BGHZ 164, S. 50 ff.

624 BGH, NJW 2005, S. 3137, 3139 = BGHZ 164, S. 50 ff.; *Sprau* in Palandt, BGB, § 830 Rn. 4.

625 Bayer/Lieder, WM 2006, S. 1, 10 mit Nachweisen zur Rechtsprechung.

626 *Sprau* in Palandt, BGB, § 830 Abs. 14.

ii. Insolvenzverschleppung

Ebenso wie hinsichtlich des Vermögensentzugs kommen auch mit Blick auf eine Gläubigerschädigung durch verspätete Einstellung der Geschäftstätigkeit verschiedene Anspruchsgrundlagen in Betracht.

(1) Haftung aus § 130a HGB

Neben den bereits oben dargestellten Alternativen führt § 130a HGB auch zu einer Haftung des Geschäftsführers in Fällen der Insolvenzverschleppung. § 15a Abs. 1 S. 2 InsO erstreckt die Insolvenzantragspflicht auch auf solche Personengesellschaften, bei welchen keine natürliche Person als persönlich haftender Gesellschafter fungiert. Der Geschäftsführer der Komplementär-GmbH unterliegt bei der GmbH & Co. KG damit auch der Insolvenzantragspflicht.[627]

Dieser ist verpflichtet, unverzüglich, spätestens jedoch drei Wochen nach Eintritt der Zahlungsunfähigkeit oder Überschuldung bei der KG, den bestehenden Insolvenzgrund zu beseitigen[628] oder einen Insolvenzantrag zu stellen. Zahlungsunfähigkeit ist in § 17 Abs. 2 InsO, Überschuldung in § 19 Abs. 2 InsO legaldefiniert. Der Fristbeginn ist nach Auffassung der Rechtsprechung nach objektiven Voraussetzungen zu ermitteln,[629] positive Kenntnis des Geschäftsführers über das Vorliegen eines Insolvenzgrundes ist nicht erforderlich.[630] Nur die verschuldete Nichterfüllung der Antragspflicht führt zur Haftung, wobei bereits einfache Fahrlässigkeit genügt.[631]

---

627 Vgl. *K. Schmidt* in MüKo-HGB, § 130a Rn. 13; *Kirchhof* in Kreft, InsO, § 15a Rn. 10. Neben ihm sollte nach bisheriger Praxis auch ein faktischer Geschäftsführer Normadressat sein (BGH, NJW 1988, S. 1789 = BGHZ 104, S. 44 ff.; bestätigt und präzisiert in BGH, NJW 2002, S. 1803 ff. = BHZ 150, S. 61 ff.). Obgleich Gesellschafter künftig der subsidiären Antragspflicht des § 15a Abs. 3 InsO unterliegen, ist nicht ersichtlich, dass diese Praxis aufgegeben werden wird. Andernfalls käme es ohne einen erkennbaren Grund zu einer Besserstellung des faktischen Geschäftsführers.

628 Obwohl der Wortlaut dies nahelegt, sanktioniert die Norm nicht das Unterlassen eines Insolvenzantrages, sondern die pflichtwidrige Fortführung des insolventen Unternehmens. *K. Schmidt* hat sie daher als deutsche Variante des „*wrongful trading*" bezeichnet. Vgl. *K. Schmidt* in Schmidt/Uhlenbruck, Kap. 11.1.

629 BGH, NJW 2000, S. 668 = BGHZ 143, S. 184. Ebenso die überwiegende Ansicht in der Literatur, vgl. etwa *K. Schmidt* in MüKo-HGB, § 130a Rn. 14; *Habersack* in Staub, HGB, § 130a Rn. 18, beide m. w. N.

630 In diesem Sinne noch BGH, NJW 1979, S. 1823 ff. = BGHZ 95, S. 76 ff. (zu § 92 Abs. 2 AktG); zustimmend z. B. *Haas* in Baumbach/Hueck, GmbHG, § 64 Rn. 84.

631 BGH, NJW 1979, S. 1823, 1827 = BGHZ 95, S. 76 ff.; NJW 1994, S. 2220, 2224 = BGHZ 126, S. 181 ff.; aus der Literatur etwa *Habersack* in Staub, HGB, § 130a Rn. 36; *Hopt* in Baumbach/Hopt, HGB, § 130a Rn. 7, beide m. w. N.

Soweit diese Voraussetzungen vorliegen, ist der Geschäftsführer der Gesellschaft zum Ersatz des daraus entstehenden Schadens durch Zahlung an die Masse verpflichtet. Berechtigter des Anspruchs ist die KG, die aber nicht ihren Vermögensschaden liquidiert.[632] Vielmehr kann sie den kumulierten Schaden aller Gläubiger geltend machen, der diesen dadurch entsteht, dass die Masse durch Erhöhung der Passiva oder durch Verminderung der Aktiva der Gesellschaft seit Eintritt der Insolvenzantragspflicht geschmälert wurde.[633]

(2) Haftung aus §§ 823 Abs. 2 BGB, 15a InsO

Neben der gesellschaftsrechtlichen Haftung aus § 130a Abs. 2 HGB kommt auch eine deliktische Haftung des Geschäftsführers in Betracht. Stellt der Geschäftsführer einen notwendigen Insolvenzantrag nicht oder nicht rechtzeitig, kommt eine Haftung wegen sog. „Insolvenzverschleppung" in Betracht. Nach Schaffung der rechtsformunabhängigen Insolvenzantragspflicht in §15a InsO beruht diese Haftung auch für die GmbH & Co. KG auf §§ 823 Abs. 2 BGB i. V. m. § 15a Abs. 1 S. 2 InsO. § 15a InsO ist ebenso als Schutzgesetz zugunsten der Gläubiger einer (GmbH & Co.) KG anzusehen,[634] wie dies für die die Insolvenzantragspflicht begründenden Vorgängernormen von der Rechtsprechung[635] und der herrschenden Meinung in der Literatur[636] angenommen wurde. Verpflichtet ist hier abermals der Geschäftsführer, wobei auch faktische Geschäftsführer haftbar gemacht werden können.[637]

---

632 Dann würde die Haftung nahezu ausnahmslos leer laufen, denn der KG selbst entsteht – worauf Hillmann zutreffend hinweist – kein Schaden dadurch, dass sie das Insolvenzverfahren nicht früher durchläuft (vgl. *Hillmann* in Ebenroth/Boujong/Joost/Strohn, HGB B, § 130a Rn. 24).

633 *Von Gerkan/Haas* in Röhricht/Graf von Westphalen, § 130a Rn. 22; *K. Schmidt* in MüKo-HGB, § 130a Rn. 20 und 49; *Hillmann* in Ebenroth/Boujong/Joost/Strohn, HGB, § 130a Rn. 24; missverständlich *Hopt* in Baumbach/Hopt, HGB, § 130a Rn. 8f.

634 *K. Schmidt* in MüKo-HGB, § 130a Rn. 16; *Haas* in Baumbach/Hueck, GmbHG, § 64 Rn. 109; *Kleindiek* in Lutter/Hommelhoff, GmbHG, § 64 Rn. 64; *Casper* in GroßKomm-GmbHG, § 64 Rn. 185.

635 Grundlegend BGH, NJW 1959, S. 623 = BGHZ 29, S. 100; bestätigt etwa in BGH, NJW 1979, S. 1823, 1825 f. = BGHZ 75, 96ff.; NJW 1987, S. 2433 = BGHZ 100, S. 19ff.; GmbHR 2007, S. 482 = BGHZ 171, S. 46, 49ff. Zu § 130a HGB zuletzt OLG Düsseldorf vom 20.02.2008, Az: I-15 U 10/07 (zitiert nach juris).

636 *Habersack* in Staub, HGB, § 130a Rn. 33; *Kleindiek* in Lutter/Hommelhoff, GmbHG, § 64 Rn. 64; *Casper* in GroßKomm-GmbHG, § 64 Rn. 117; *Haas* in Baumbach/Hueck, GmbHG, § 64 Rn. 109; *K. Schmidt* in Scholz, GmbHG, § 64 Rn. 44.
Nach der Gegenauffassung von *Altmeppen* und *Wilhelm* ist der Schutzgesetzcharakter hingegen zu verneinen. Sie sehen in § 64 GmbHG und den Parallelnormen abschließende Regelungen, vgl. Altmeppen/Wilhelm, NJW 1999, S. 673, 679; *Altmeppen* in Roth/Altmeppen, GmbHG, § 64 Rn. 33.

637 Vgl. oben unter Teil E. II. a. i.

Die haftungsbegründende Pflichtverletzung liegt in dem Unterlassen des Geschäftsführers, rechtzeitig i. S. d. § 15a Abs. 1 S. 1 InsO einen Insolvenzantrag zu stellen.[638] Damit erfordert der objektive Tatbestand zudem das Bestehen eines Insolvenzgrundes als Anknüpfungspunkt für die Pflicht aus § 15a Abs. 1 InsO.[639]

Die Haftung ist verschuldensabhängig, wobei nach der Rechtsprechung einfache Fahrlässigkeit notwendig, aber auch ausreichend ist.[640] Das Verschulden wird bei Vorliegen der objektiven Voraussetzungen vermutet, so dass der Geschäftsführer die Beweislast für eine etwaige Exkulpation trägt.[641]

Für den Haftungsumfang ist zwischen Alt- und Neugläubigern zu unterscheiden. Die Differenzierung erfolgt danach, ob der Anspruch bereits vor oder erst nach dem Zeitpunkt begründet wurde, zu dem ein Insolvenzantrag nach den geseztlichen Bestimmungen zu stellen war.[642] In jedem Falle steht ein Anspruch nur solchen Gläubigern zu, deren Forderung bereits vor Eröffnung des Insolvenzverfahrens begründet war. Später hinzutretende Gläubiger sind ebenso wenig geschützt[643] wie gesetzliche Gläubiger.[644]

Altgläubigern ist nur der sog. „Quotenverschlechterungsschaden" zu ersetzen.[645] Dies ist die Differenz zwischen der Befriedigungsquote im Insolvenzverfahren, die Gläubiger bei pflichtgemäßer Antragsstellung erhalten hätten, und derjenigen, die tatsächlich ausgeschüttet werden konnte.[646] Der Anspruch kann im Insolvenzverfahren nur durch den Insolvenzverwalter geltend gemacht werden, da es sich um einen gemeinschaftlich erlittenen Schaden i. S. d § 92 Abs. 1 InsO handelt.[647]

Neugläubigern steht ein einheitlicher Anspruch aus §§ 823 Abs. 2 BGB i. V. m. § 15a Abs. 1 InsO auf Ersatz des negativen Interesses zu.[648] Dieser ist nicht auf

---

638 So etwa BGH, GmbHR 2007, S. 482, 483 = BGHZ 171, S. 46 ff.

639 *Casper* in GroßKomm-GmbHG, § 64 Rn. 119.

640 BGH, NJW 1994, S. 2220, 2224; aus der Literatur etwa *Kleindiek* in Lutter/Hommelhoff, GmbHG, § 64 Rn. 69; *Casper* in GroßKomm-GmbHG, § 64 Rn. 119, beide m. w. N.

641 BGH, GmbHR 2000, S. 182 = BGHZ 143, S. 184, 185 f.; BGH, GmbHR 2007, S. 482, 483 = BGHZ 171, S. 46 ff.

642 Diese Unterscheidung wird bereits in BGH, NJW 1959, S. 623 f. = BGHZ 29, S. 100 ff. vorgenommen. Ausführlich zur dieser Abgrenzung beispielsweise *Casper* in GroßKomm-GmbHG, § 64 Rn. 121.

643 BGH, NJW 1987, S. 2433, 2434 = BGHZ 100, S. 19 ff.; NJW 1990, S. 1725, 1730 = BGHZ 110, S. 342 ff.; GmbHR 1999, S. 515, 516 f. = NJW 1999, S. 2182 f.

644 BGH, NJW 2005, S. 3137, 3140 = BGHZ 164, S. 50 ff.

645 So bereits BGH, NJW 1959, 623, 624 f. = BGHZ 29, S. 100 ff.; zuletzt bestätigt in BGH, NJW-RR 2007, S. 759, 760 = BGHZ 171, S. 46 ff.

646 Ausführlich zur Berechung BGH, NJW 1998, S. 2667, 2669 f. = BGHZ 138, S. 211 ff.

647 BGH, NJW-RR 2007, S. 759, 760 = BGHZ 171, S. 46 ff.

648 BGH, GmbHR 1994, S. 539 = BGHZ 126, S. 181 ff.; NJW-RR 1995, S. 289 = ZIP 1995, S. 124; NJW 1999, S. 2182, 2183 = ZIP 1999, S. 967 ff.; zuletzt bestätigt in BGH, NZG 2009, S. 750,

den Quotenschaden begrenzt, muss aber durch den jeweiligen Gläubiger in voller Höhe[649] selbst geltend gemacht werden.[650] Die Einforderung eines Quotenschadens für Neugläubiger durch den Insolvenzverwalter ist nach höchstrichterlicher Praxis ausgeschlossen.[651]

b. Haftung des *Directors* der Ltd. (& Co. KG)

i. Existenzvernichtung/Vermögensentzug

(1) Dogmatische Grundlagen

Das englische Recht kennt keine spezifische Haftungsfigur, die bei einem existenzgefährdenden oder -vernichtenden Eingriff in das Gesellschaftsvermögen zur Anwendung gelangt. Eine Haftung kann aber, neben den in Deutschland unanwendbaren Anspruchsnormen in Sec. 213, 214 IA 1986[652], über allgemeine Regeln der Geschäftsleiterpflichten begründet werden. Diese sind im englischen *Case Law* entwickelt und kontinuierlich ausgebaut worden, ehe sie im CA 2006 in den Sec. 170 ff.[653] nunmehr gesetzlich normiert wurden.[654] Für die hier diskutierte Fallgruppe ist vor allem die in Sec. 172 CA 2006[655] niedergelegte Pflicht zur

---

751 = GmbHR 2009, S. 817 f.

649 Er hat lediglich den Anspruch auf die Insolvenzquote an den Geschäftsführer Zug um Zug gegen Ersatzleistung abzutreten, vgl. dazu BGH, NJW-RR 2007, S. 759 = BGHZ 171, S. 46 ff.

650 BGH, GmbHR 1998, S. 594 = BGHZ 138, S. 211 ff.

651 BGH, GmbHR 1998, S. 594 = BGHZ 138, S. 211 ff. Einen anderen Ansatz verfolgt eine von *K. Schmidt* verfochtene Auffassung, der sich auch in Bezug auf Neugläubiger für eine Einbeziehung in die Gesamtliquidation durch den Insolvenzverwalter und eine Zuerkennung des Quotenschadens ausspricht. Nur der darüber hinausgehende Individualschaden müsse durch die Neugläubiger selbst geltend gemacht werden; vgl. zusammenfassend *K. Schmidt* in Scholz, GmbHG, § 64 Rn. 45 ff.; ebenso z. B. *Casper* in GroßKomm-GmbHG, § 64 Rn. 126 ff.

652 Siehe dazu ausführlich im Folgenden Teil unter E. II. 1. b. ii. (2).

653 Ausführlich zur Kodifikation der *directors' duties* Steffek, GmbHR 2007, S. 810 ff.

654 Sec. 170 Abs. 3 und 4 CA 2006 bezieht die Regelungen in den Sec. 170 ff. CA 2006 ausdrücklich auf die vorgegangen *Case Law*-Prinzipien und erklärt die hierzu ergangenen Urteile als weiterhin maßgeblich für die Auslegung.

655 Dieser lautet wörtlich: „(Sec.) 172 Duty to promote the success of the company
(1) *A Director of a company must act in the way he considers, in good faith, would be most likely to promote the success of the company for the benefit of its members as a whole, and in doing so have regard (amongst other matters) to-*
(a) the likely consequences of any decision in the long term,
(b) the interests of the company's employees,
(c) the need to foster the company's business relationships with suppliers, customers and others,
(d) the impact of the company's operations on the community and the environment,

Förderung des Erfolgs der Gesellschaft von Relevanz. Danach trifft jeden *Director* die Pflicht, im Interesse des Erfolgs und des Fortbestands der Gesellschaft zu handeln und diesem Ziel zuwiderlaufende Handlungen zu unterlassen. Das Gesetz folgt dabei dem sog. *Enlightened Shareholder Value Approach.*[656] Dies bedeutet, dass sich die konkreten Pflichten des *Directors* primär am Interesse der Gesamtheit der Gesellschafter zu orientieren haben. Dabei sind aber auch andere, in Sec. 172 Abs. 1 a) bis f) CA 2006 aufgezählte Personengruppen wie zum Beispiel Angestellte, Lieferanten oder Kunden zu berücksichtigen. Keine ausdrückliche Erwähnung in dieser in Sec. 172 Abs.1 CA 2006 aufgezählten Gruppe finden die sonstigen Gläubiger, die jedoch von der Öffnungsklausel in Sec. 172 Abs. 3 CA 2006 erfasst sind.[657] Der *Director* ist somit auch zur Beachtung der Gläubigerinteressen verpflichtet, soweit eine gesetzliche oder andere Verhaltenspflicht die Beachtung von Gläubigerinteressen erfordert. Damit richtet sich der Blick auf den anerkannten *Common-Law*-Grundsatz, auch *West Mercia*-Doktrin genannt,[658] dass in Insolvenznähe die Interessen der Gesamtheit der Gesellschafter zunehmend durch die der Gläubiger verdrängt werden und die *Directors* ihre Pflichten dann an den Interessen der Gläubiger auszurichten haben.[659]

(2) Tatbestand

Nach einigen anfänglichen Unsicherheiten hat sich mittlerweile die Sichtweise durchgesetzt, dass die *Directors* ihre Förderungspflicht nicht einzelnen Gläubigern oder der Gesamtheit der Gläubiger unmittelbar schulden, sondern dass es sich um eine indirekte Pflicht im Rahmen der allgemeinen Förderungspflicht der Gesell-

---

(e) the desirability of the company maintaining a reputation for high standards of business conduct, and

(f) the need to act fairly as between members of the company.

(2) Where or to the extent that the purposes of the company consist of or include purposes other than the benefit of its members, subsection (1) has effect as if the reference to promoting the success of the company for the benefit of its members were to achieving those purposes.

(3) The duty imposed by this section has effect subject to any enactment or rule of law requiring directors, in certain circumstances, to consider or act in the interests of creditors of the company."

656 Palmer's Company Law, 8.2602; Steffek, GmbHR 2007, S. 810, 812.

657 Dignam & Lowry, Company Law, S. 316 Kap. 14.36; Palmer's Company Law, 8.2625.

658 Steffek, GmbHR 2007, S. 810, 812; diese Bezeichnung beruht auf der grundlegenden Leitentscheidung West Mercia Safetywear v Dodd ((1998) BCLC 250 = Butterworths' Company Law Cases).

659 Dignam & Lowry, Company Law, S. 316f. Kap. 14.37; Palmer's Company Law, 8.2625; Steffek, GmbHR 2007, S. 810, 812; Haug, Gläubigerschutz, S. 261 f.

schaft gegenüber handelt.[660] Anders gesagt, sind die *Directors* somit nicht verpflichtet, die Geschäftsführung allein zugunsten der Gläubiger auszuüben. Vielmehr haben sie auf den Erfolg und die Erhaltung der Gesellschaft hinzuwirken und somit auch die Masse zu vergrößern, zumindest aber nicht zugunsten von Einzelinteressen zu schmälern. Dieses Verhalten dient (reflexartig) dem Interesse der Gläubiger an einer möglichst vollständigen Befriedigung ihrer Ansprüche. Haftungsbegründende Pflichtverletzungen sind demnach alle Handlungen, die nicht geeignet sind, das Wohl der Gesellschaft als solches zu fördern.[661] Ein kompensationsloser existenzvernichtender oder -gefährdender Entzug von Gesellschaftsvermögen ist demgemäß eine tatbestandsmäßige Pflichtverletzung,[662] da sie die Geschäftschancen der Gesellschaft stark vermindert oder sogar ganz aufhebt.

Große Probleme bereitet die Frage, ab wann die Geschäftsführer dergestalt zur Beachtung der Interessen der Gläubiger verpflichtet sind.[663] Einigkeit besteht insoweit, als die Beurteilung anhand der Solvenz der Gesellschaft zu erfolgen hat. Der pflichtenauslösende Zeitpunkt ist jedenfalls bei Insolvenzreife der *Limited* erreicht. Daneben finden sich auch Urteile, die eine flexible, einzelfallabhängige Betrachtung vornehmen und dabei bereits auf die drohende Insolvenz oder gar auf eine gefährliche finanzielle Situation abstellen.[664] Teilweise wurde es als ausreichend angesehen, dass der Vermögensentzug zu einem Zeitpunkt erfolgt, in dem die gläubigergefährdende Situation einem Mehrheitsgesellschafter bekannt war.[665]

Der subjektive Tatbestand ist erfüllt, wenn der *Director* nicht mehr gutgläubig davon ausgehen konnte, im Interesse der Gesellschaft zu handeln.[666] Maßgeblich ist somit die Einschätzung des *Directors* zum Zeitpunkt der Pflichtverletzung, nicht dagegen eine objektive Betrachtung oder gar die individuelle Wertung des Gerichts oder der Gläubiger. Gleichwohl hat sich in der Praxis eine verobjektivierte Beurteilung durchgesetzt, um eine gerichtliche Handhabung zu ermöglichen. Es ist letztlich zu ermitteln, ob ein verständiger und in „*good faith*“[667] handelnder *Director* der spezifischen Gesellschaft berechtigterweise noch davon ausgehen konnte, im Interesse der Gesellschaft zu handeln.[668]

---

660 Dignam & Lowry, Company Law, S. 317 Kap. 14.38; Haug, Gläubigerschutz, S. 263 ff.

661 Palmer's Company Law, 8.2607.

662 In diese Richtung etwa die Entscheidung Yukong Line Ltd. v Rendsburg Investments Corporation of Liberia (The Rialto) (No. 2) ((1998) 1 W. L. R. 294 (= Weekly Law Report), obgleich die Klage aus anderen Gründen abgewiesen wurde; vgl auch Dignam & Lowry, Company Law, S. 316 f. Kap. 14.38.

663 Dignam & Lowry, Company Law, S. 318 Kap. 14.41; Haug, Gläubigerschutz, S. 269.

664 Nachweise zur Rechtsprechung bei Haug, Gläubigerschutz, S. 269 ff.

665 Re MDA Investment Management Ltd. (2004) 1 BCLC 217 (= Butterworths' Company Law Cases).

666 Sec. 172 Abs. 1 CA 2006.

667 Sinngemäß: „gutgläubiger“.

668 Dignam & Lowry, Company Law, S. 312 Kap. 14.28; Palmer's Company Law, 8.2609.

Die Sec. 170 ff. CA 2006 enthalten keine Regelung zum Haftungsumfang, vielmehr verweist Sec. 178 Abs. 1 CA 2006 auf die Fortgeltung der *Common-Law*-Regeln.[669] Danach hat ein Gericht das Recht, die Höhe des Schadensersatzes nach freiem Ermessen festzusetzen. Regelmäßig führt dies jedoch zu einem Ersatz des entstandenen Schadens,[670] im Fall eines kompensationslosen Vermögensentzugs somit also zum Ersatz der entzogenen Vermögensgegenstände.

Aus dem oben Gesagten folgt zudem, dass Gläubiger eines Schadensersatzanspruchs allein die Gesellschaft selbst ist. Der Anspruch kann nur im Rahmen eines Verfahrens nach Sec. 212 IA 1986 geltend gemacht werden, wobei klageberechtigt der Insolvenzverwalter sowie ggf. einzelne Gläubiger sind.[671]

(3) Anwendung auf die Ltd. & Co. KG

Es fragt sich, ob eine Haftung nach Sec. 172 CA 2006 unter den Bedingungen der Ltd. & Co. KG zur Anwendung gelangt. Vollkommen unproblematisch ist dies dann, wenn der Vermögensentzug unmittelbar zu Lasten des Vermögens der *Limited* erfolgt. Es ist kein Grund für eine Herabsetzung der Pflichten eines *Director* gegenüber „seiner" Gesellschaft ersichtlich, nur weil diese Komplementärin einer KG geworden ist.

Praktisch relevant ist aber nicht die Frage einer Anwendbarkeit bei einem Vermögensentzug aus der *Limited*, da diese als Komplementärin in der Regel kaum über eigenes Vermögen in nennenswertem Umfang verfügt. Das Betriebsvermögen befindet sich vielmehr auf Ebene der KG, so dass ein effektiver Schutz nur dann bestehen würde, wenn auch der Entzug von Vermögen aus der KG zu einer Ersatzpflicht des *Directors* führte. Soweit ersichtlich, wurde dies bislang weder in der Rechtsprechung noch in der Literatur problematisiert.

Gegen eine Anwendbarkeit spricht, dass der *Director* nach allgemeiner Auffassung allein zur Wahrung der Interessen der Gesellschaft verpflichtet ist, für die er bestellt ist. Anderen Gesellschaften gegenüber, wie etwa Konzerntöchtern, ist er dagegen nicht verpflichtet.[672] Eine unmittelbare Einbeziehung der KG in den geschützten Kreis kollidiert mit der genannten Einschränkung. Eine Erweiterung wäre nicht systemkonform in das englische materielle Recht zu integrieren. Zudem müsste man sich fragen, ob diese Einbeziehung eine Behinderung der Niederlassungsfreiheit nach Art. 49, 54 AEUV darstellt. Da sie einer Erweiterung des Haftungsumfangs für den *Director* einer *Limited* führen kann, die nach dem Gesellschaftsrecht des Gründungsstaats nicht vorgesehen ist, liegt die Beja-

669 Steffek, GmbHR 2007, S. 810, 812.
670 Haug, Gläubigerschutz, S. 273.
671 Haug, Gläubigerschutz, S. 272 f.
672 Haug, Gläubigerschutz, S. 285 ff.

hung einer Behinderung sehr nahe. Bei der Frage einer Rechtfertigung stieße man aufgrund der skeptischen Haltung des EuGH zu anderen Instrumenten des gesellschaftsrechtlichen Gläubigerschutzes auf die bekannten Rechtfertigungsprobleme.[673]

In Betracht kommt somit allenfalls ein mittelbarer Vermögensschutz für die KG. Aus den obigen Ausführungen ergab sich, dass jede Handlung eines *Directors* pflichtwidrig ist, die nicht geeignet ist, das Wohl der Gesellschaft als solcher zu fördern.[674] Dieser offene Tatbestand erlaubt es, auch mittelbare Eingriffe tatbestandlich zu erfassen. Ein existenzgefährdender oder -vernichtender Entzug von Vermögen aus der KG wird dazu führen, dass die KG voraussichtlich nicht mehr in der Lage ist, ihre Verbindlichkeiten aus dem Gesellschaftsvermögen zu bedienen. Somit wäre die Komplementär-*Limited* zur Bildung einer *Provision* in Höhe der möglichen Inanspruchnahme aus § 128 HGB für die Verbindlichkeiten der KG verpflichtet, ohne den Ausgleichsanspruch aus § 110 HGB aktivieren zu können.[675] Für die regelmäßig sehr schwach kapitalisierte Komplementärgesellschaft dürfte dies zum Eintritt der Überschuldung und somit zur Notwendigkeit eines Insolvenzverfahrens führen. Unter diesen Voraussetzungen ist die Beteiligung eines *Directors* an einem existenzvernichtenden Vermögensentzug aus der KG immer auch eine Handlung, die dem Wohl der Komplementärgesellschaft selbst entgegenläuft.[676] Sofern er nicht argumentieren könnte, dass er davon ausging, zum Wohle der Gesellschaft zu handeln, wäre der *Director* zum Ersatz des daraus entstehenden Schadens verpflichtet. Der Anspruch stünde der *Limited* zu, die so ihrerseits in die Lage versetzt wird, die Ansprüche der Gläubiger der KG aus § 128 HGB zu erfüllen.

Die so begründete mittelbare Verantwortlichkeit des *Directors* für das Vermögen der KG steht auch nicht im Widerspruch zu den europarechtlichen Grundfreiheiten, da sie den Pflichtenkreis der *Directors* nicht erweitert und die Ausübung der Niederlassungsfreiheit somit auch nicht beeinträchtigen kann. Sie steht ferner nicht im Widerspruch zur einschränkenden Auffassung des englischen Rechts bezüglich der Reichweite des Pflichtenkreises des *Directors*, denn die Pflichtverletzung ist allein an der Schädigung der *Limited* orientiert. Unsicherheit besteht jedoch insofern, als es für eine solche Gesetzesanwendung im englischen Recht keinerlei Vorbild gibt.

673 Vgl. oben unter Teil B. III. 3.

674 Vgl. dazu den unmittelbar vorangegangen Abschnitt (2).

675 Vgl. auch Teil D. IV. 1.

676 Vgl. auch die entsprechende Argumentation für die GmbH & Co. KG unter Teil E. II. 2. a. i. (1).

ii. Insolvenzverschleppung

Das englische Recht kennt ferner kein unmittelbares Pendant zur Insolvenzverschleppungshaftung, wie sie in Deutschland vorgesehen ist. Die Sec. 213, 214 IA 1986 legen jedoch Verhaltenspflichten eines *Directors* fest, die im Vorfeld einer Unternehmenskrise zu beachten sind. Sie können zu einer Haftung des *Directors* für Versäumnisse bei der Unternehmensführung im Vorfeld des Insolvenzverfahrens einer *Limited* führen. Die Normen haben im englischen Recht konzeptionell ein bedeutendes Gewicht[677] und ihnen wird auch im deutschen Schrifttum viel Beachtung geschenkt.[678] Weitere Anspruchsgrundlagen kommen dagegen nicht in Betracht.[679]

(1) Anwendungsbereich

Die Sec. 213, 214 IA 1986 behandeln im Einzelnen Fälle des sogenannten *Fraudulent* (Sec. 213 IA 1986) bzw. *Wrongful Trading* (Sec. 214 IA 1986). Über den sehr offen gehaltenen Tatbestand des *Fraudulent Trading* werden alle denkbaren Handlungen sanktioniert, die darauf ausgerichtet sind, vorsätzlich Gesellschaftsgläubiger zu schädigen oder anderweitig zu betrügen. Der Kreis der Verpflichteten ist nicht definiert und kann somit alle Personen erfassen, die faktisch die Möglichkeit haben, *Fraudulent Acts* auszuüben oder zu veranlassen.[680] Die Pflicht ist somit darauf gerichtet, vorsätzliche Schädigungshandlungen zu unterlassen, unabhängig davon, ob die Schädigung auch zu einem Vermögensschaden des Betroffenen führt. Die Frage erhält freilich auf Ebene des Schadensausgleichs Relevanz. Der Tatbestand des *Wrongful Trading* begründet eine weitergehende Pflicht des *Directors*, von dem Moment an, zu welchem er erkennt oder fahrlässig nicht erkennt, dass eine Insolvenz der *Limited* nicht mehr zu vermeiden ist, alle Schritte zu unternehmen, um die Gläubiger der Gesellschaft vor Schaden zu bewahren. Von dem Moment an, an dem er an eine Rettung des Unternehmens vernünftigerweise nicht mehr glauben konnte, hat er daher die Eröffnung des Insolvenzverfahrens zu betreiben, um die Gläubiger vor einer weiteren Verminderung der Masse zu bewahren.[681] Die Haftung wegen *Wrongful Tradings* hat zwar einen weniger spezifischen Anwendungsbereich als die deutsche Insovenz-

677 Hilpert, Haftung, S. 235.

678 Ausführlich dazu Habersack/Verse, ZHR 2004, S. 174 ff.; vgl. Just, Limited in der Praxis, Rn. 185.

679 Ausführlich Heil, Insolvenzverschleppung, S. 118 ff.

680 Ausführlich dargestellt bei Hilpert, Haftung, S. 235 ff.; Haug, Gläubigerschutz, S. 165 ff.

681 Ausführlich dargestellt bei Hilpert, Haftung, S. 241 ff.; Haug, Gläubigerschutz, S. 175 ff.

verschleppungshaftung, weist aber – ab einem bestimmten Entwicklungspunkt der Unternehmenskrise – strukturelle Ähnlichkeit mit dieser auf.

(2) Anwendbarkeit auf eine Ltd & Co. KG mit Verwaltungsitz in Deutschland?

Problematisch ist jedoch, ob diese Normen für den Gläubigerschutz bei der Ltd. & Co. KG fruchtbar gemacht werden können. Das Problem beruht darauf, dass es umstritten ist, ob die Sec. 213, 214 IA 1986 zu Lasten der *Directors* einer in Deutschland tätigen *Limited* überhaupt Anwendung finden.

Ausgangspunkt für die Kontroverse ist die internationalprivatrechtliche Qualifikation der Anspruchsgrundlagen. Während für Normen des Gesellschaftsrechts – wie eingangs der Arbeit gezeigt – regelmäßig das Gründungsrecht zur Anwendung gelangt,[682] richtet sich das auf eine Gesellschaft anwendbare materielle und verfahrensbezogene Insolvenzrecht gem. Art. 3, 4 Abs. 1 EuInsVO nach dem Recht des Staates, in welchem das Insolvenzverfahren eröffnet wird. Nach Art. 3 Abs. 1 S. 1 EuInsVO ist der Staat für die Eröffnung des Insolvenzverfahrens zuständig, in dem die Schuldnerin den Mittelpunkt ihrer Interessen hat (*Center of Main Interest*, der sog. „COMI"). Da sich die geschäftliche Aktivität einer Komplementär-*Limited* auf Deutschland beschränkt, ist dies Deutschland und somit kommt deutsches Insolvenzrecht zur Anwendung.[683] Die Anwendung der insolvenzrechtlichen Normen des Gründungsstaates scheidet aus.

Die Qualifikation der Sec. 213, 214 IA 1986 wird unterschiedlich beurteilt. Die Rechtsprechung geht offenbar von einer insolvenzrechtlichen Qualifikation aus[684]. In der Literatur lassen sich zwei Gruppen ausmachen, wobei keine der beide eine eindeutig vorherrschende Stellung für sich beanspruchen kann.

Eine Reihe von Autoren spricht sich für eine gesellschaftsrechtliche Einordnung und damit für die Anwendbarkeit auf die Ltd. als Auslandsgesellschaft aus.[685]

Auszugehen sei von der Prämisse, dass bei der Anwendung der Haftungsfiguren auf in Deutschland belegene Fälle eine eigenständige internationalprivat-

682 Siehe dazu oben unter Teil B. II. 4.

683 Zum Ganzen Krüger, ZInsO 2007, S. 861, 862; *Bayer* in Lutter/Hommelhoff, GmbHG, Anh. II zu § 4a Rn. 53, 58.

684 KG vom 24.09.2009, Az: 8 U 250/08 Tz. 36 (zitiert nach juris).

685 Zessel, Durchgriffshaftung, S. 244 f.; *Mock/Schildt* in Hirte/Bücker, § 17 Rn. 85; Schumann, DB 2004, S. 743, 748; Riegger, ZGR 2004, S. 510, 525 f.; i. E. auch Krüger, ZInsO 2007, S. 861, 866, der allerdings nicht an die Regelungen selbst, sondern die *Common-Law*-Grundlagen der Haftung für *Wrongful* und *Fraudulent Trading* anknüpfen will.

rechtliche Qualifikation nach der lex fori zu erfolgen habe. Maßgebend sei daher das Verständnis aus deutscher Perspektive und nicht die Übernahme der in England maßgebenden Einordnung.[686]

Für eine Einordnung in das materielle Gesellschaftsrecht spreche, dass Sec. 213, 214 IA 1986 Verhaltenspflichten für die *Directors* festlegen, die als Teil der allgemeinen Organpflichten die Organisationsverfassung der Gesellschaft festlegen.[687] Auch der Zweck der Vorschriften, einen gesellschaftsrechtlichen Gegenpol zur vergleichsweise liberalen Organisationsverfassung der Gesellschaft im Übrigen zu bilden, werde nur erfüllt, wenn auch die Haftungsnormen als gesellschaftsrechtliche Instrumente begriffen würden.[688]

Der Kodifikation der Normen im *Insolvency Act* komme für die Einordnung einer Norm nur minimale Bedeutung zu.[689] Entsprechende Haftungsfiguren hätten bereits vor Aufnahme in den *Insolvency Act* im *Common Law* bestanden und seien nach damaligem Verständnis gesellschaftsrechtlich zu qualifizieren gewesen. Allein die systemwidrige Aufnahme in den *Insolvency Act* ändere diese Qualifikation nicht.[690]

Nach anderer Ansicht soll die Haftung nach Sec. 213, 214 IA 1986 insolvenzrechtlich zu qualifizieren sein.[691]

Für eine solche Qualifikation spreche die Einordnung der Norm in den englischen *Insolvency Act* und die damit verbundene notwendige Anknüpfung an ein Insolvenzverfahren. Der Anspruch könne als persönlicher Rechtsbehelf allein durch den Liquidator im Rahmen eines Insolvenzverfahren geltend gemacht werden.[692] Hinzu komme, dass die vorgenommene Einordnung auch nicht Ergebnis einer eher zufälligen Entwicklung gewesen sei, sondern einen entsprechenden bewussten Willen des Gesetzgebers abbildete.[693]

Der Anspruch ziele auch nicht in erster Linie auf die Aufstellung gesellschaftsrechtlicher Haftungsmaßstäbe, sondern auf die Erhaltung der Insolvenzmasse im Sinne aller Gläubiger der Gesellschaft ab. Dies werde dadurch deutlich, dass Aktiva der Gesellschaft, die aus der Erfüllung von Ansprüchen aus Sec. 213,

686 Zessel, Durchgriffshaftung, S. 245; vgl. Allgemein dazu auch *Thorn* in Palandt, BGB, Einl. vor Art. 3 EGBGB Rn. 27f.

687 Riegger, ZGR 2004, S. 510, 526.

688 Zessel, Durchgriffshaftung, S. 245.

689 Zessel, Durchgriffshaftung, S. 245; Schumann, DB 2004, S. 743, 748.

690 Schumann, DB 2004, S. 743, 748; Krüger, ZInsO 2007, S. 861, 866.

691 *Hirte* in Hirte/Bücker, § 1 Rn. 107; Heil, Insolvenzverschleppung, S. 122f.; Schall, ZIP 2005, S. 965, 972; Greulich/Rau, NZG 2008, S. 565, 567; Röhricht, ZIP 2005, S. 505, 506f.; Lieder, DZWIR 2005, S. 2005, S. 399, 410; Habersack/Verse, ZHR 2004, S. 174, 207.

692 Schall, ZIP 2005, S. 965, 972; Lieder, DZWIR 2005, S. 2005, S. 399, 410; Heil, Insolvenzverschleppung, S. 122.

693 Heil, Insolvenzverschleppung, S. 122.

214 IA 1986 herrühren, nicht in den Haftungsverband der *Floating Charges*[694] fallen. Andernfalls stünden diese Aktiva nämlich nur dieser besonders besicherten Gruppe und nicht der Masse bzw. allen Gläubigern zur Verfügung.[695]

Zudem werden die Rechtsbehelfe in England nach allgemeiner Auffassung als insolvenzrechtlich angesehen, so dass das Interesse an einer einheitlichen Auslegung im Geltungsbereich der EuInsVO für eine entsprechende Qualifikation auch in den übrigen Staaten spricht.[696]

Letztlich deute auch vieles darauf hin, dass der EuGH eine insolvenzrechtliche Qualifikation der Sec. 213 IA 1986 favorisieren würde. Dieses zeige sich an einer entsprechenden Entscheidung zur verwandten *action en comblement du passif*, eine Regelung zur Insolvenzverschleppung des französischen Rechts, die der EuGH[697] insolvenzrechtlich eingeordnet habe.[698]

In der Tat spricht mehr dafür, eine insolvenzrechtliche Qualifikation der Tatbestände anzunehmen. Zuzugeben ist der Gegenauffassung, dass die Tatbestände der Sec. 213, 214 IA 1986 auch die Verhaltenspflichten der *Directors* im Vorfeld einer Insolvenz bestimmen. Allerdings ist dieser Befund unergiebig, denn letztlich zielen Insolvenzrecht und Gesellschaftsrecht gleichermaßen auf ein ordnungsgemäßes Liquidationsverfahren und auf Gläubigerschutz durch Masseerhaltung und rechtzeitige Abwicklung ab.

Neben den genannten Gründen spricht für eine insolvenzrechtliche Qualifikation nicht zuletzt eine einheitliche Rechtspraxis vor dem Hintergrund der Rechtsänderungen durch das MoMiG in Deutschland. Motiv für die Hereinnahme der rechtsformneutralen Insolvenzantragspflicht in § 15a InsO war das Bestreben des Gesetzgebers, eine insolvenzrechtliche Qualifikation der deutschen Insolvenzverschleppungshaftung zu erreichen.[699] Zwar gibt es eine Reihe von Stimmen, die den Erfolg dieses Bestrebens in Zweifel ziehen,[700] dennoch wird die Praxis aller Voraussicht nach der gesetzlichen Entscheidung folgen.[701] Würde man eine Haftung des *Directors* nach Sec. 213, 214 IA 1986 für Schäden aus Insolvenzverschleppung befürworten, käme es zu einer gleichzeitigen

694 Dabei handelt es sich um eine alle Aktiva der Gesellschaft umfassende Unternehmenshypothek des englischen Rechts.

695 Heil, Insolvenzverschleppung, S. 123.

696 Schall, ZIP 2005, S. 965, 972.

697 EuGH, Rs. 133/78, Slg. 1979, 733 („Gourdain/Nadler“).

698 Habersack/Verse, ZHR 2004, S. 177, 207; *Hirte* in Hirte/Bücker, § 1 Rn. 107.

699 BT-Drucks. 16/6140 S. 133; *Bayer* in Lutter/Hommelhoff, GmbHG, Anh. II zu § 4a Rn. 59.

700 Z.B. Hirte in Lüer-FS, S. 387, 390ff.; Bittmann/Gruber, GmbHR 2008, S. 867ff., beide m. w. N.

701 Dafür z. B. aus der Praxis OLG Brandenburg vom 15.07.2009, Az.: 3 U 146/08 Tz. 20 (zitiert nach juris) = ZInsO 2009, S. 1695ff.

Anwendung zweier Rechtsbehelfe aus verschiedenen Rechtsordnungen, die denselben sachlichen Vorwurf sanktionieren. Die dadurch heraufbeschworenen Abgrenzungsschwierigkeiten zwischen den nur partiell gleichlaufenden Rechtsbehelfen kann im Interesse der Rechtssicherheit niemand ernstlich wollen.

Eine Anwendung des *Fraudulent* und *Wrongful Trading* bei der Ltd. & Co. KG scheidet folglich aus, es sei denn, der COMI der Komplementär-*Limited* liegt im Einzelfall in England.

c. Vergleich

Ein Vergleich der Gläubigerschutzregime zeigt, dass die Ltd. & Co. KG im Bereich der Geschäftsführerhaftung auf Grundlage des Gründungsrechts nicht das Schutzniveau der GmbH & Co. KG erreicht.

Bei der GmbH & Co. KG kann eine Haftung des Geschäftsführers für die Mitwirkung an einem Entzug von Vermögen aus der KG auf mehrere Anspruchsgrundlagen gestützt werden. Mit der Haftung aus § 130a Abs. 2 HGB für verbotene Zahlungen und der Erweiterung der Haftung über die mögliche Einbeziehung in eine Haftung des Gesellschafters aus § 826 BGB besteht ein weitgehender Vermögensschutz. Der Befund wird nur dadurch relativiert, dass die Erweiterung durch die Einbeziehung in die Haftung aus § 826 BGB aufgrund des doppelten Vorsatzerfordernisses an eine hohe Hürde für die praktische Durchsetzung gekoppelt ist. Dennoch lässt sich ein umfassender Schutz der Gläubiger feststellen, kehrseitig aber auch ein sehr hohes Haftungsrisiko des Geschäftsführers.

Bei der Ltd. & Co. KG ist eine mögliche Haftung des *Directors* für existenzvernichtende Eingriffe in das Vermögen von erheblicher Unsicherheit geprägt. Falls die Praxis dem vorgeschlagenen Weg einer mittelbaren Einbeziehung in die Pflicht aus Sec. 172 CA 2006 folgen sollte, würde zumindest ein gewisses Schutzniveau bestehen. Während die Handhabung des objektiven Tatbestands in geeigneten Fällen unproblematisch sein wird, dürfte die subjektive Exkulpationsmöglichkeit Probleme bei der Geltendmachung hervorrufen, zumal in der deutschen Gerichtspraxis keine Erfahrung mit einer solchen Haftungsfigur besteht.

Eindeutiger fällt hingegen ein Vergleich mit Blick auf eine mögliche Haftung für Insolvenzverschleppung aus. Hier besteht für die *Limited* & Co. KG eine vollständige Lücke bei alleiniger Betrachtung des Gründungsrechts, da die englischen Haftungssanktionen in Deutschland unanwendbar sind.

2. Haftung der Gesellschafter der Komplementär-GmbH

a. Haftung der GmbH-Gesellschafter

i. Existenzvernichtung/Vermögensentzug

Im Recht der KG findet sich keine unmittelbar anwendbare Vorschrift, die eine Haftung der GmbH-Gesellschafter für Fälle des gläubigerschädigenden Vermögensentzugs aus der KG begründet. Demgegenüber entspricht es der gefestigten Rechtsprechung zum Recht der GmbH,[702] dass die Gesellschafter einer „Haftung für missbräuchliche, zur Insolvenz der GmbH führende oder diese vertiefende kompensationslose Eingriffe in das der Zweckbindung zur vorrangigen Befriedigung der Gesellschaftsgläubiger dienende Gesellschaftsvermögen" unterliegen.[703] Dogmatisch hat der BGH diese Haftungsfigur im Jahr 2007 auf ein neues Fundament gestellt und ordnet sie nunmehr als Fallgruppe des § 826 BGB ein.[704]

(1) Anwendbarkeit auf die GmbH & Co. KG?

Bislang nicht ausjudiziert ist die Frage, ob diese Haftung auch auf andere Rechtsträger angewendet werden kann und muss. Es lassen sich jedoch Anzeichen dafür finden, die eine Anwendung auf die GmbH & Co. KG rechtfertigen.[705] In der Literatur wird eine solche Anwendung wenig diskutiert, dann aber nahezu durchgängig bejaht.[706]

Ruft man sich die wechselseitige Abhängigkeit der Vermögen der KG und der Komplementär-GmbH in Erinnerung, liegt die Anwendung der Haftung

702 Erstmalig in BGH, NJW 1986, S. 188 ff. = BGHZ 95, 330 ff. („Autokran"). Ausführlich zur Entwicklung der Rechtsprechung seither *Casper* in GroßKomm-GmbHG, Anh. § 77 Rn. 96 ff.

703 BGHZ 173, S. 246 ff. = BGH, NJW 2007, S. 2689 ff. („Trihotel").

704 BGHZ 173, S. 246 ff. = BGH, NJW 2007, S. 2689 ff. („Trihotel"); bestätigt BGH, NJW 2008, S. 2437 ff. = BGHZ 176, S. 204 ff. („Gamma"); BGH, NJW 2008, S. 1417 ff. = ZIP 2008, S. 1329 ff.; BGH, NJW 2009, S. 2127 ff. = BGHZ 179, S. 344 ff. („Sanitary"). Für die Praxis dürfte der Streit damit einstweilen zu einem Ende kommen.

705 So z. B. hat das OLG München in einer Entscheidung die Anwendbarkeit noch nicht einmal problematisiert. Allerdings scheiterte die Klage in diesem Verfahren aus anderen Gründen, so dass es nicht eindeutig ist, vgl. OLG München vom 23.7.2007, Az.: 21 U 2279/07 (zitiert nach juris); in dieselbe Richtung auch OLG Düsseldorf, AG 2001, S. 477 f. = NZG 2001, S. 368 ff.

706 *Blaum* in Westermann, Hdb. d. PersGes, § 56 Rn. 3367 f.; *Liebscher* in Sudhoff, GmbH & Co. KG, § 50 Rn. 127; *Schiessl* in Hesselmann/Tillmann, Hdb. GmbH & Co. KG, § 5 Rn. 80.; Binz/Sorg, GmbH & Co. KG, § 12 Rn. 71; *Tröger* in Westermann, Hdb. d. PersGes, § 59 Rn. 4077a (zum Konzernrecht); Schlichte, DB 2006, S. 2672, 2673 f.; a. A. *Mülbert* in MüKO-HGB, Band 3 Abschnitt Konzernrecht der Personengesellschaften, Rn. 179g.

wegen existenzvernichtenden Eingriffs auf die GmbH & Co. KG auf der Hand. Der BGH leitet die Berechtigung für diese Haftungsfigur daraus ab, dass die §§ 30, 31 GmbHG das Stammkapital der GmbH in bestimmten Situationen nicht ausreichend gegen den Zugriff der Gesellschafter schützen können.[707] Die GmbH & Co. KG ist in den Schutzbereich der §§ 30, 31 GmbHG analog ebenfalls einbezogen, da Auszahlungen aus dem Vermögen der KG das Vermögen der GmbH ebenso schmälern können wie solche aus dem Vermögen der KG selbst. Der Grund hierfür besteht in der durch die Typenverbindung hervorgerufenen bilanziellen Abhängigkeit.[708] Diese Wechselwirkung ist nicht auf die Frage der Stammkapitalerhaltung beschränkt, sie gilt vielmehr für alle Vermögensbewegungen in der KG, die eine Inanspruchnahme der GmbH aus § 128 HGB und einen anschließenden Ausfall des Rückgriffsanspruchs aus § 110 HGB herbeiführen können. Dies hat zur Folge, dass ein existenzvernichtender Eingriff in das Vermögen der KG automatisch auch einen mittelbar existenzvernichtenden Eingriff in das Vermögen der GmbH darstellt und somit auch wie ein solcher zu behandeln ist.[709]

(2) Tatbestand und Rechtsfolge

Mit Blick auf den Tatbestand und die Rechtsfolge der Haftung wegen eines existenzvernichtenden Eingriffs kann auf die Erkenntnisse aus der unmittelbaren Geltung bei der GmbH zurückgegriffen werden.[710]

Schuldner des Anspruchs kann in erster Linie jeder eingreifende Gesellschafter sein, wobei es nicht auf die formale Gesellschafterstellung ankommt, so dass auch faktische Gesellschafter eingeschlossen sind.[711] Eine Haftung der übrigen Gesellschafter ist möglich, soweit sie die Voraussetzungen des § 830 BGB verwirklichen.[712]

Haftungsauslösende Handlungen sind mit den Worten des BGH „missbräuchliche, zur Insolvenz der GmbH führende oder diese vertiefende kompensations-

---

707 BGH, BGHZ 173, S. 246, 253 (Tz. 19) = BGH, NJW 2007, S. 2689 ff. („Trihotel").

708 Vgl. zum Ganzen ausführlich Teil D. II. 1.

709 Ebenso Schlichte, DB 2006, S. 2672, 2673 f.; *Blaum* in Westermann, Hdb. d. PersGes, § 56 Rn. 3367; *Liebscher* in Sudhoff, GmbH & Co. KG, § 50 Rn. 127.

710 *Tröger* in Westermann, Hdb. d. PersGes, § 59 Rn. 4077b.

711 BGH, BGHZ 173, S. 246, 263 f. (Tz. 44) = NJW 2007, S. 2689 ff. („Trihotel").

712 Siehe dazu *Casper* in GroßKomm-GmbHG, Anh. § 77 Rn. 120 m. w. N. Nach anderer Auffassung soll allein die Gesellschaftereigenschaft ohne Tatbeitrag ausreichen, um eine Haftung zu begründen (vgl. Wiedemann, ZGR 2003, S. 283, 292). Dies verträgt sich jedoch nicht mit der deliktischen Einordnung des Anspruchs unter § 826 BGB. Da die Stellungnahme *Wiedemanns* vor der dogmatischen Neuausrichtung des Haftungskonzeptes erfolgte, darf man bezweifeln, ob diese Auffassung noch Geltung beansprucht.

lose Eingriffe in das der Zweckbindung zur vorrangigen Befriedigung der Gesellschaftsgläubiger dienende Gesellschaftsvermögen".[713] Dies setzt einen Eingriff in das Gesellschaftsvermögen voraus. Ein Eingriff in diesem Sinne ist jeder kompensationslose[714] Entzug von Vermögenswerten der Gesellschaft durch aktives Tun,[715] die diese zur Begleichung ihrer Verbindlichkeiten benötigt.[716] Der Begriff Vermögenswerte ist weit zu verstehen und erfasst neben der Weggabe von bilanziellen Aktiva auch die Weggabe bilanzneutraler Gegenstände wie Geschäftschancen, Betriebsmittel (Personal, Betriebstätten) sowie Geschäftspartner und Kunden.[717] Es muss sich um einen betriebsfremden Zugriff auf das Gesellschaftsvermögen handeln; Managementfehler genügen dagegen nicht.[718] Eine an weitergehende Voraussetzungen geknüpfte Feststellung der Sittenwidrigkeit ist nicht erforderlich.[719]

Der Eingriff muss dazu führen, dass bei der Gesellschaft – bei analoger Anwendung auf die GmbH & Co. KG also bei der KG und in dieser Folge auch bei der GmbH –[720] die Insolvenzreife herbeigeführt oder eine solche vertieft wird.[721] Fälle, in denen ein Eingriff nicht kausal für die Insolvenzreife der Gesellschaft geworden ist, sind nicht tatbestandsmäßig.[722]

Die Einordnung der Haftung als Fallgruppe des § 826 BGB bringt mit sich, dass eine Haftung subjektiv (bedingten) Vorsatz erfordert. Ausreichend ist es, wenn sich der Vorsatz des Gesellschafters auf die die Sittenwidrigkeit begründenden Tatsachen bezieht, ein Bewusstsein der Sittenwidrigkeit ist nicht erforderlich. Es genügt, wenn er die durch den Eingriff herbeigeführte Unfähigkeit der Gesellschaft zur Erfüllung ihrer Verbindlichkeiten billigend in Kauf nimmt.[723]

---

713 BGH, BGHZ 172, S. 246 = NJW 2007, S. 2689 ff. („Trihotel").

714 Im Sinne einer marktgerechten Gegenleistung, vgl. GmbHR 2005, S. 225, 226 = ZIP 2005, S. 117 ff.

715 Unterlassen einer ausreichender Kapitalausstattung genügt dagegen nicht, BGH, NJW 2008, S. 2437, 2438 = BGHZ 176, S. 204 ff. („Gamma").

716 BGH, BGHZ 172, S. 246, 259 (Tz. 31) = NJW 2007, S. 2689 ff. („Trihotel"). Instruktiv dazu auch die Ausführungen bei Gloger/Goette/van Huet, DStR 2008, S. 1141, 1143 ff.

717 Dauner-Lieb, ZGR 2008, S. 34, 44; Kölbl, BB 2009, S. 1194, 1199; *Lutter/Bayer* in Lutter/Hommelhoff, GmbHG, § 13 Rn. 32; ausführlich auch *Casper* in GroßKomm-GmbHG, Anh. § 77 Rn. 124 ff. mit zahlreichen Nachweisen zur Rechtsprechung.

718 BGH, GmbHR 2005, S. 299 ff. = ZIP 2005, S. 250 ff.; ausführlich Dauner-Lieb, ZGR 2008, S. 34, 45.

719 BGH, BGHZ 172, S. 246, 254 f. (Tz. 22) und 258 f. (Tz. 30) = NJW 2007, S. 2689 ff. („Trihotel"); ebenso Kölbl, BB 2009, S. 1194, 1196; Dauner-Lieb, ZGR 2008, S. 34, 45; tendentiell auch *Lutter* in Lutter/Hommelhoff, GmbHG, § 13 Rn. 39.

720 *Blaum* in Westermann, Hdb. d. PersGes, § 56 Rn. 3367.

721 BGH, BGHZ 172, S. 246, 262 f. (Tz. 39) = NJW 2007, S. 2689 ff. („Trihotel"); BGH, NJW 2009, S. 2127 = BGHZ 179, S. 344 ff. („Sanitary").

722 BGH, BGHZ 172, S. 246, 266 (Tz. 54) = NJW 2007, S. 2689 ff. („Trihotel").

723 BGH, BGHZ 172, S. 246, 258 f. (Tz. 30) = NJW 2007, S. 2689 ff. („Trihotel"); zur dogmatischen Einordnung vgl. Steffek, JZ 2009, S. 77 ff.

Liegen die Tatbestandsvoraussetzungen vor, haftet der Gesellschafter auf Schadensersatz. Er ist verpflichtet, der Gesellschaft die Mittel zu ersetzen, die der Insolvenzverwalter zur Befriedigung aller Gläubiger und der Kosten des Insolvenzverfahrens benötigt. Den weitergehenden (Finanz-)Bedarf zur Wiederherstellung der Gesellschaft als werbendes Unternehmen braucht der Gesellschafter nicht zu ersetzen.[724]

Der Anspruch steht der Gesellschaft zu, fällt in die Insolvenzmasse und ist daher im Insolvenzverfahren durch den Insolvenzverwalter geltend zu machen.[725] Der Anspruch steht in echter Anspruchskonkurrenz zu einem etwaigen Anspruch aus §§ 30, 31 GmbHG, ist diesem gegenüber also nicht subsidiär.[726] Da der BGH in Bezug auf die analoge Anwendung des § 31 GmbHG auf die GmbH & Co. KG den Ausgleichsanspruch der KG zuordnet, [727] hat Gleiches auch für den Anspruch aus § 826 BGB zu gelten.

ii. Insolvenzverschleppung

(1) Eigene Insolvenzantragspflicht?

Durch das MoMiG[728] wurde in § 15a Abs. 3 InsO erstmalig eine subsidiäre eigene Insolvenzantragspflicht der Gesellschafter eingeführt. Bis dahin waren Gesellschafter selbst nicht zur Stellung eines Insolvenzantrags berechtigt oder gar verpflichtet.[729] § 15a Abs. 3 InsO gilt seinen Wortlaut jedoch nur für die GmbH. Damit besteht eine Insolvenzantragspflicht der GmbH-Gesellschafter nur in Bezug auf die GmbH, nach wie vor aber nicht in Bezug auf die KG.[730] Es fehlt also, anders als bei der GmbH,[731] an einem Anknüpfungspunkt für eine Haftung der Gesellschafter aus § 823 Abs. 2 BGB. Auch eine Haftung aus § 130a Abs. 2 HGB scheidet aus, da die Norm ihrem Wortlaut nach nur eine Ersatzpflicht für die organschaftlichen Vertreter der Komplementärgesellschaft statuiert.

---

724 BGH, BGHZ 172, S. 246, 260 (Tz. 32) = NJW 2007, S. 2689 ff. („Trihotel"); ausführlich auch *Casper* in GroßKomm-GmbHG, Anh. § 77 Rn. 145 ff.

725 BGH, BGHZ 172, S. 246, 261 (Tz. 34) = NJW 2007, S. 2689 ff. („Trihotel").

726 BGH, BGHZ 172, S. 246, 262 f. (Tz. 38 ff.) = NJW 2007, S. 2689 ff. („Trihotel").

727 Vgl. oben unter Teil D. II. 2.

728 Art. 9 Nr. 2 MoMiG.

729 *Schulze-Osterloh* in Baumbach/Hueck, GmbHG, 18. Aufl., § 64 Rn. 38; Bayer/Lieder, WM 2006, S. 1, 8.

730 Ebenso *Blaum* in Westermann, Hdb. d. PersGes, § 56 Rn. 3370.

731 Ausführlich dazu *Casper* in GroßKomm-GmbHG, § 64 Rn. 168 ff.

(2) Haftung aus §§ 823 Abs. 2, 830 Abs. 2 BGB, 15a InsO

Eine Haftung der Gesellschafter der GmbH für die verspätete Insolvenzantragsstellung bei der KG kommt als Teilnehmer an der Insolvenzverschleppung des Geschäftsführers gemäß §§ 823 Abs. 2, 830 Abs. 2 BGB i. V. m. § 15a Abs. 1 S. 2 InsO in Betracht,[732] falls die Teilnehmerhandlung und die Haupttat vorsätzlich begangen wurden. Damit werden hauptsächlich Fälle erfasst, in welchen die GmbH-Gesellschafter und Geschäftsführer Kenntnis von der Insolvenzreife der KG hatten und dennoch einverständlich eine Insolvenzantragstellung unterließen. Im Übrigen kann auf die Ausführungen zur Teilnehmerhaftung des Geschäftsführers verwiesen werden.[733]

b. Haftung der Ltd.-Gesellschafter

i. Existenzvernichtung/Vermögensentzug

(1) Anknüpfungspunkt der Durchgriffshaftung auf den Gesellschafter nach englischem Recht

Ebenso wie im deutschen Recht haftet grundsätzlich nur die Gesellschaft selbst für ihre Verbindlichkeiten. Die Gesellschafter einer englischen *Limited* unterliegen dagegen in der Regel keiner Haftung für die Verbindlichkeiten der Gesellschaft. Allerdings werden unter dem Obergriff des *Piercing the (Corporate) Veil* auch in England Konstellationen zusammengefasst, in denen Gerichte auf eine Durchbrechung der Haftungsbegrenzung erkannt haben.[734] Das *Piercing the Veil* ist nicht gesetzlich kodifiziert, es handelt sich ausschließlich um *Case Law*.

Die verschiedenen Aspekte des *Piercing the Veil* können nicht ohne Weiteres mit der Durchgriffshaftung nach deutschem Verständnis gleichgesetzt werden. *Piercing the Veil* bedeutet zunächst nur, dass die eigentlich bestehende rechtliche Selbständigkeit der juristischen Person nicht beachtet wird. Dies kann zur Haftung der Gesellschafter führen. Eine größere Bedeutung hat das Konzept

---

732 Vgl. zur Teilnehmerhaftung bei der GmbH: BGH, NJW 2005, S. 3137 ff. = BGHZ 164, S. 50 ff.; *Casper* in GroßKomm-GmbHG, § 64 Rn. 162 ff.; Bayer/Lieder, WM 2006, S. 1, 8 ff.

733 Siehe oben unter Teil E. II. 1. a. (ii), auch zu Nachweisen hinsichtlich der Voraussetzungen und des Umfangs einer Haftung nach § 830 Abs. 2 BGB.

734 Grundlegend sowohl zur generellen Haftungsbeschränkung bei der Ltd. wie auch zu möglichen Konstellationen des Durchgriffs ist die sog. *Salamon doctrine*, die in der Leitentscheidung Salomon v Salomon & Co. Ltd. entwickelt wurde ((1897) AC 22 (= Appeal Cases (Law Reports)). Übersichten aus jüngerer Zeit dazu etwa bei Hilpert, Haftung, S. 179 ff.; Haug, Gläubigerschutz, S. 84 ff.; Gower and Davies, Company Law, S. 202 ff., Kap. 8 – 7 ff.

aber typischerweise in anderen Konstellationen: Gesellschafter versuchten, die eigene Rechtspersönlichkeit einer *Limited* auszunutzen, um eine Rechtsposition zu erreichen, die ihnen als natürlichen Personen sonst nicht offenstand.[735] Exemplarisch sei hier etwa der Fall *Gilford Motor Co Ltd. v Horne* genannt:[736] Herr Horne unterlag einem nachvertraglichen Wettbewerbsverbot als ehemaliger *Director* der *Gilford Motor Co Ltd.* Dieses Wettbewerbsverbot versuchte er zu unterlaufen, indem er die verbotene Geschäftstätigkeit als wesentliche Einflussperson einer von Strohmännern gehaltenen *Limited* ausübte. Das Gericht ließ die formale rechtliche Selbständigkeit der Ltd. gegenüber Herrn Horne außer Acht und sah ihn persönlich wie auch die neue Gesellschaft als zur Unterlassung verpflichtet an.[737]

Die englische Rechtsprechung tendiert mit Blick auf Möglichkeiten des *Piercing the Veil* zu sehr einzelfallbezogenen Entscheidungen, ohne diese Entscheidungen jeweils in einen größeren dogmatischen Zusammenhang einzuordnen. Daher verzichtet die nachfolgende Darstellung auf eine Systematisierung der Entscheidungen, da eine durchgängige Systematik über die eher holzschnittartige Zusammenfassung in der Entscheidung *Adams v Cape Industries Ltd.*[738] hinaus ohnehin weder in der englischen Rechtsprechung noch in der Literatur durchgängig anerkannt und eingehalten wird.[739]

(2) Entscheidungen zu Vermögensentzug

In der englischen Rechtsprechung lässt sich aber eine Reihe von Fällen finden, in denen ein als unrechtmäßig empfundener Abzug von Vermögen aus einer *Limited* zum Anlass genommen wurde, eine Durchgriffshaftung unter dem Aspekt des *Piercing the Veil* auf die Gesellschafter zu erwägen.

Als Grundlage für eine mögliche Haftung des Gesellschafters einer *Limited* bei Vermögensentzug aus der Gesellschaft wird aber allein die Entscheidung *Creasy v Breachwood Motors Ltd.* [740] zitiert.

In diesem Fall hatten die beiden Alleingesellschafter einer *Limited,* die von einem ehemaligen Arbeitnehmer, Herrn Creasy, wegen unberechtigter Kündigung in Anspruch genommen wurde, nach Befriedigung der Gläubiger mit Aus-

---

735 Gower and Davies, Company Law, S. 200, Kap. 8 – 5; Haug, Gläubigerschutz, S. 90.

736 (1933) C. H. 935 (= Chancery Division (The Law Reports)).

737 (1933) C. H. 935 (= Chancery Division (The Law Reports)).

738 (1990) C. H. 433 (= Chancery Division (The Law Reports)). Dort trennte das Gericht die Fallgruppen nach den Aspekten Agency / Trust, Mißbrauch der Rechtsform und *Single Economic Unit*; vgl. dazu auch Haug, Gläubigerschutz, S. 92 f.

739 Haug, Gläubigerschutz, S. 91; Hilpert, Haftung, S. 183; Zessel, Durchgriffshaftung, S. 251.

740 (1993) BCLC 480 (= Butterworths' Company Law Cases).

nahme des Klägers alle Aktiva der *Limited* ohne Gegenleistung auf die von ihnen ebenfalls kontrollierte *Breachwood Motors Ltd.* übertragen und die beklagte *Limited* daraufhin liquidiert. Herr Creasy nahm sodann die *Breachwood Motors Ltd.* stattdessen in Anspruch. Das Gericht gab der Klage statt. Wesentlich für die Entscheidung war, dass die Gesellschafter unter Missachtung ihrer gesetzlichen Pflichten durch den Entzug der Aktiva der Gesellschaft die rechtliche Selbständigkeit beider Gesellschaften ignoriert hatten, um dadurch einen Gläubiger der Gesellschaft vorsätzlich zu schädigen.[741]

Dessen ungeachtet überwiegt eine ablehnende Haltung zu einer Haftung wegen Vermögensentziehung in der englischen Rechtsprechung.

Am deutlichsten wird dies in der Entscheidung *Ord v Belhaven Pubs Ltd.*,[742] die in der Folge des vorgenannten Urteils erging. Auch dieser Prozess betraf die Verlagerung der Aktiva einer Konzerngesellschaft auf eine andere, um sich der Erfüllung von Verbindlichkeiten zu entziehen. Das Gericht lehnte eine Ausweitung der Haftung unter allen Gesichtspunkten des *Piercing the Veil*, insbesondere wegen unlauterer Vermögensentziehung, ab. Zudem machte es ausdrücklich deutlich, dass die Entscheidung in Sachen *Creasy v Breachwood Motors Ltd.* verworfen werde und an den sie tragenden Annahmen zum *Piercing the Veil* nicht festgehalten werden könne.[743]

Auf derselben Linie liegt die Entscheidung in Sachen *Yukong Line Ltd. v Rendsburg Investments Corporation of Liberia (The Rialto) (No. 2)*,[744] in der ein *Piercing the Veil* ebenfalls abgelehnt wurde, obwohl die Gesellschafter unstreitig einer *Limited* allein aus dem Grund sämtliche Vermögenswerte entzogen, um die Ansprüche des Gläubigers faktisch ins Leere laufen zu lassen.[745]

Eine Durchgriffshaftung zu Lasten der Gesellschafter einer *Limited* auf Grundlage des *Piercing the Veil* für Fälle des existenzvernichtenden Vermögensentzugs scheidet somit aus. Nach Ansicht der englischen Gerichte habe der Schutz der Gläubiger, an dessen Berechtigung nicht grundsätzlich gezweifelt wird, über das Insolvenzrecht und nicht über eine Durchgriffshaftung zu erfolgen.[746] Eben diese Instrumente des Insolvenzrechts bleiben in Bezug auf die Ltd. & Co. KG jedoch ohne Wirkung, da sie in Deutschland nicht zur Anwendung gelangen.

---

741 Vgl. auch die ausführliche Darstellung bei Haug, Gläubigerschutz, S. 117.

742 (1993) BCLC 480 (= Butterworths' Company Law Cases).

743 Haug, Gläubigerschutz, S. 119 f.; Hilpert, Haftung, S. 219.

744 (1998) 1 W. L. R. 294 (= Weekly Law Report).

745 Haug, Gläubigerschutz, S. 118 f.; Hilpert, Haftung, S. 218 f.

746 Gower and Davies, Company Law, S. 208, Kap. 8 – 13; Palmer's Company Law, 2.1519 (FN 6); Haug, Gläubigerschutz, S. 121; Hilpert, Haftung, S. 220.

ii. *Insolvenzverschleppung*

Eine Haftung der Gesellschafter einer Ltd. (Co. & KG) nach englischem Recht für verspätete Stellung des Insolvenzantrages kommt aus denselben Gründen nicht in Betracht, die bereits oben für den *Director* der *Limited* & Co. KG dargestellt wurden. Sie wird dort ausschließlich über die Sec. 213, 214 IA 1986 sanktioniert. Diese Normen könnten zwar aufgrund ihres sehr offen gehaltenen persönlichen Anwendungsbereichs auch zur Lasten der Gesellschafter angewendet werden. Auf die tatbestandlichen Voraussetzungen kommt es jedoch nicht an. Da die Sec. 213, 214 IA 1986 insolvenzrechtlich zu qualifizieren sind und sowohl auf die KG wie auch die Komplementär-*Limited* aufgrund des in Deutschland belegenen COMI nur deutsches Insolvenzrecht zur Anwendung gelangt, scheidet eine Anwendbarkeit der Sec. 213, 214 IA 1986 zu Lasten der Gesellschafter der *Limited* in der untersuchten Konstellation aus.[747]

c. Vergleich

Ein Vergleich der Gläubigerschutzregime zeigt, dass die Ltd. & Co. KG auch im Bereich der Gesellschafterhaftung auf Grundlage des Gründungsrechts hinter dem Schutzniveau der GmbH & Co. KG zurückbleibt.

Bei der Ltd. & Co. KG führt die alleinige Berücksichtigung des Gründungsrechts dazu, dass eine Schädigung der Gläubiger durch verspätete Liquidation wie auch durch Ausplündern der KG für die Gesellschafter der Komplementärin sanktionslos bleibt. Die Problematik rührt daher, dass das englische Recht zwar Instrumente des Gläubigerschutzes bereithält, die eine Haftung der Gesellschafter begründen. Diese sind aber im englischen Insolvenzrecht verortet und finden daher auf die Ltd. & Co. KG regelmäßig keine Anwendung.

Bei der GmbH & Co. KG kann dagegen eine Haftung der Gesellschafter der Komplementär-GmbH in beiden Fällen eintreten. Die deliktische Verortung des Gläubigerschutzes über § 826 BGB (existenzvernichtender Eingriff) führt jedoch dazu, dass in subjektiver Hinsicht eine hohe Hürde für eine solche Haftung, nämlich vorsätzliches Handeln, zu fordern ist. Diese subjektive Einschränkung hebt zwar das Gefälle im Gläubigerschutz keineswegs auf, relativiert es in praktischer Hinsicht jedoch etwas. Denn ein gerichtlicher Nachweis, dass dem Gesellschafter tatsächlich vorsätzliches Handeln zur Last fällt, kann in der Praxis selten erfolgreich geführt werden.

In den Fällen, in denen Gesellschafter lediglich fahrlässig an einem Ausbluten der Gesellschaft mitgewirkt haben oder ein entsprechender Vorsatz nicht nach-

747 Vgl. zum Ganzen oben unter Teil E. II. 1. b. ii. (2).

gewiesen werden kann, besteht für die Gesellschafter der Komplementär-GmbH ebenso wenig ein Haftungsrisiko wie für die Gesellschafter der Komplementär-*Limited*. Gravierende Unterschiede bestehen dagegen in Fällen fahrlässiger Verstöße gegen die Insolvenzantragspflicht.

III. Ergebnis Teil E

Die Untersuchung in diesem Teilbereich hat gezeigt, dass es ohne eine ergänzende Anwendung des deutschen materiellen Gläubigerschutzrechts auf die Ltd. & Co. KG zu Lücken im Gläubigerschutz kommen würde. Dies ist vor allem dadurch begründet, dass die Regelungen der Sec. 213, 214 IA 1986 bei einer in Deutschland ansässigen Ltd. & Co. KG unanwendbar sind. Ein Ausweg, der die bestehende Lücke schließen würde, könnte in der rechtformunabhängigen Anwendung des § 130a HGB auch auf ausländische Komplementärgesellschaften liegen. Dies bedarf mit Blick auf die europäische Niederlassungsfreiheit jedoch noch eingehender Betrachtung.

F. Zusammenfassung und Schlussbetrachtungen

1. Eine Typenverbindung unter Einbindung von Kapitalgesellschaften, die anderen als der deutschen Rechtsordnung entstammen, ist eine zulässige gesellschaftsrechtliche Gestaltungsalternative. Dies gilt zunächst für die englische *Limited*, da sie auch in Deutschland aufgrund der Gründungsrechtsanknüpfung als solche anzuerkennen ist, ein Recht zur Beteiligung an anderen Unternehmen wie der KG hat und der Beteiligung als Komplementärin einer KG keine überzeugenden Argumente entgegengehalten werden können. Dasselbe Recht steht darüber hinaus auch allen anderen Gesellschaften aus dem Geltungsbereich des AEUV zu. Die Zulassung dieser Variante der Kapitalgesellschaft & Co. KG führt zu Folgefragen und -problemen, die in der rechtswissenschaftlichen Diskussion bislang nur unzureichend aufgearbeitet wurden.
2. Für den Fall der Ltd. & Co. KG ist der Rechtsverkehr mit dem deutschen Handelsregistern problematisch. Die Probleme rühren im Kern daher, dass die Vertretungsverhältnisse einer *Limited* nicht über das *Companies House* öffentlich gemacht werden. Dies ist nicht nur im rechtsgeschäftlichen Verkehr mit Dritten misslich, sondern auch für die Kommanditgesellschaft selbst, da die Leitungsorgane ihre Handlungsbefugnis nicht durch eine Registerbescheinigung nachweisen können. Während der ebenfalls notwendige Nachweis der Existenz der *Limited* über ein *Certificate of Good Standing* noch relativ leicht zu führen ist, ist der Nachweis der Vertretungsbefugnis für die *Directors* praktisch schwierig. Sicher kann er nur über eine entsprechende Bescheinigung eines englischen Notars erfolgen, die aber mit etwa £ 500 recht teuer ist. Teilweise geben sich Registergerichte auch mit anderen Nachweisen zufrieden, wie etwa dem schon erwähnten *Certificate of Good Standing,* das aber nur einen Ausweis über die Person des *Directors* enthält, zu dessen Vertretungsmacht jedoch schweigt.

   Es überrascht, dass die Registerpraxis in England insoweit hinter dem Publizitätsniveau anderer Staaten der Europäischen Union zurückbleibt. Eigentlich ergibt sich aus der Publizitätsrichtlinie, dass alle Staaten in der EU verpflichtet sind, ihre Handelsregister so einzurichten, dass für die inkorporierten Gesellschaften nicht nur die Person, sondern auch die Vertretungsbefugnis ihrer Leitungsorgane publiziert werden. Es ist nicht recht ersichtlich, weshalb diese Verpflichtung in England nicht umgesetzt wurde. Falls dieses Defizit in

Zukunft behoben werden sollte, würde ein nicht unerheblicher Hemmschuh für die weitere Verbreitung der *Limited* entfallen.

3. Das soeben beschriebene Problem hat zu verschieden Ansätzen geführt, um eine verpflichtende Publizität der Rechts- und vor allem der Vertretungsverhältnisse der *Limited* über das deutsche Handelsregister zu begründen. Keiner dieser Ansätze vermag zu überzeugen. Die *Limited* ist mit einer Zweigniederlassung in das Handelsregister einzutragen, wenn sie tatsächlich eine Zweigniederlassung in Deutschland begründet hat. Ob dies der Fall ist, ist für jeden Einzelfall zu beurteilen. Ein Automatismus, aus dem sich ergibt, dass mit der Übernahme der Komplementärstellung stets eine Zweigniederlassung der *Limited* in Deutschland begründet wird, besteht nicht. Eine „ersatzweise" Publizität wird auch nicht über den Handelsregistereintrag der KG hergestellt. Ebenso wie bei der GmbH & Co. KG ist dort nur die Komplementärgesellschaft als solche als persönlich haftender Gesellschafter einzutragen sowie ggf. deren Vertretungsbefugnis. Eine Eintragung darüber, welche Personen wann zur Vertretung der Komplementärgesellschaft befugt sind, hat zu unterbleiben. Weder hier noch dort ist der Registereintrag der KG gleichzeitig Ersatzregister der Komplementärgesellschaft, auch wenn dies auf den ersten Blick praktisch erscheinen mag.
4. Als besonders problematisch für den Rechtsverkehr mit der *Limited* werden aus hiesiger Sicht Fragen des Gläubigerschutzes angesehen. In der Tat weicht das englische System des Gläubigerschutzes in erheblicher Weise von der kontinentaleuropäischen, insbesondere der deutschen, Vorstellung ab. Dem Stammkapital einer Gesellschaft wird dort wenig Bedeutung beigemessen, was sich daran zeigt, dass es bei Gründung der Gesellschaft beliebig festgesetzt und eingezahlt werden darf. Entsprechend ist auch der fortlaufende Kapitalschutz durch Ausschüttungsbegrenzungen nicht wie im Deutschland am Erhalt eines Mindestbetrages orientiert, sondern am Erhalt der jeweilig aktuellen Substanz einer Gesellschaft. Durch ein strenges Verbot, Auszahlungen vorzunehmen, die den Gewinn der *Limited* übersteigen, wird dieser Schutz erreicht.
5. Diese Unterschiede führen dazu, dass auch der Kapitalschutz der Ltd. & Co. KG anders ausgestaltet ist als der der GmbH & Co. KG. Eine ausdehnende Anwendung der dem Recht der GmbHG entnommenen Schutzmechanismen gem. §§ 5, 30, 31 GmbHG auch auf die Ltd. & Co. KG ist ausgeschlossen, da eine solche Analogie gegen die Niederlassungsfreiheit der *Limited* verstieße. Überdies ist höchst zweifelhaft, ob sie aus Sicht des deutschen materiellen Rechts überhaupt begründet werden könnte. Auch für ein allgemeingültiges Kapitalaufbringungs- und Kapitalerhaltungsrechts der KG ohne natürliche Person als persönlich haftender Gesellschafter, das unabhängig von der

Rechtsform der Kapitalgesellschaft zur Anwendung kommen soll, findet sich de lege lata keine gesetzliche Grundlage.

6. Eine Abhilfe könnte darin gesehen werden, den zwischenzeitlich etablierten Weg für die Entwicklung eines Kapitalschutzes der GmbH & Co. KG für die Ltd. & Co. KG fortzuschreiben. Der Kapitalschutz der Komplementärgesellschaft aus Sec. 830 CA 2006 kann in die KG verlängert werden, um den bilanziellen Wechselwirkungen zwischen den beiden Rechtsträgern Rechnung zu tragen. Eine solche Anwendung ist praktisch möglich und rechtlich auch geboten. Dennoch besteht insoweit noch praktische Unsicherheit.
   Dieser Weg bringt für die deutschen Gerichte allerdings eine erhebliche Belastung mit sich, da ihnen letzten Endes abverlangt wird, sich für jede Variante der Typenverbindung mit dem jeweiligen gesetzlichen Kapitalschutzsystem der Komplementärgesellschaft auseinanderzusetzen. Dies ist jedoch eine Folge der gesetzlichen Grundentscheidung bei der Ausgestaltung des Rechts der KG. Will man dies verhindern, bestünde nur die Option, das Recht der KG um ein eigenständiges Kapitalschutzsystem für die Fälle der Kapitalgesellschaft & Co KG zu ergänzen, auch wenn sich ein solches vermutlich nicht bruchfrei in das Gläubigerschutzsystem der Personengesellschaften einfügen lassen dürfte.
7. Während die Probleme im Recht der Kapitalerhaltung zu beherrschen sind, bestehen mit Blick auf eine mögliche Durchgriffshaftung bei der Ltd. & Co. KG zu Lasten der *Directors* und der Gesellschafter der Ltd. bei existenzvernichtenden Ausplünderungen der KG oder bei Fortführung ihrer Geschäfte trotz Insolvenzreife beträchtliche Lücken im Gläubigerschutz. Sie rühren aus dem Zusammenspiel der materiellen Rechtsordnungen der KG und der *Limited* her. Betrachtet man jeweils nur die beiden Gesellschaftsrechte und lässt eine mögliche analoge Anwendung deutscher Normen auf die Ltd. außer Betracht, haftet ein *Director* allenfalls bei einer Beteiligung an der Ausplünderung der KG, und dies auch nur gegenüber der Ltd. selbst. Eine Unternehmensfortführung trotz Insolvenzreife der KG kann dagegen nicht sanktioniert werden, da Sec. 213, 214 IA 1986 in Deutschland nicht anwendbar sind. Eine Haftung der Gesellschafter der *Limited* ist auf Grundlage des materiellen englischen Rechts in beiden Fällen ausgeschlossen. Daher bleibt zu prüfen, ob diese Lücken über eine Anwendung der Regelungen in § 130a HGB auf die Ltd. & Co. KG geschlossen werden könnten. Zudem könnte de lege ferenda erwogen werden, die subsidiäre Insolvenzantragspflicht der Gesellschafter nach § 15a Abs. 2 InsO auf die Kapitalgesellschaft & Co. KG auszudehnen.